江戸人の教養

まえがき

古書大国、日本

データ化で〈宝物〉共有

書物とは、時空を超えて何かを伝える道具だ。とりわけ時を超える機能が重要で、そのおかげで人は死者の声を聞くことができ、さればこそ人類の文明は発展してきた。

ありがたいことに、日本は大量の古典籍（ここでは明治維新以前に作られた書物をいう）を保有する古書大国だ。その大部分は江戸時代に作られたもので、二百年以上続いた平和で文化的な時代と、高い識字率のおかげで、世界に誇るべき多彩な文化遺産の山が残された。

それだけではない。古人の筆蹟《ひっせき》を珍重する日本人特有の美徳は、膨大な肉筆資料をも保存させた。特に第三者の目を意識しない書簡は重要で、より直接に古人の人間性に迫る重要な資料となっている。

ところが、せっかくの宝物が十分に活用されていない。最大の理由は、書物や文書《もんじょ》の多くが、くずし字で書かれていることだろうが、どのような資料が存在するのか、簡単には情報を把握しにくい点も、その一因となっている。

私はこの二十年間、日本有数の古書の宝庫、西尾市岩瀬文庫の全調査と書誌データベースの作成に打ち込んできた。詳細な書誌、つまり書物の形態や内容、成立や伝来などについての情報を共有することが、古典籍の活用と保存につながると信じているからだ。嬉《うれ》しいことに、記述的な書誌データベースは、各地で徐々に増えつつある。

また、この数年、古典籍の画像データベースが急速に進展し、国会図書館や国文学研究資料館をはじめとする図書館から、古書の精細な画像がネット上で公開されている。早稲田大学図書館が提供してくれる書簡資料群の画像は、驚異的な豊かさだ。これらを契機として、古書や古文書の世界に直接親しむ人が増えれば、文化の質が変わる可能性がある。

たとえば、国文学研究資料館の提供する「日本古典籍総合目録データベース」、つまり現存する古典籍の戸籍簿ともいうべき基本的サイトを開く。そこから、『西鶴織留《おりどめ》』（第二遺稿集）を検索すると、江戸時代の人が見ていたのと同じ版本を、何本も見ることができる。また早稲田大学の「古典籍総合データベース」から「西鶴　書簡」を検索すると、わずか七通しか知られていない貴重な西鶴書簡のうち、見事な自筆の一通が出現する。

そんな風に、古書をめぐる状況が変化しつつあるいま、岩瀬文庫や古書店を通して知った珍奇な資料たち、あるいは本業の古典文学の中から、さまざまな話題を取り上げ、古書世界の入り口を少しだけ広げてみたい。

江戸人の教養　目次

2章　奇談・笑話

3章　士道覚悟

4章　西鶴の視線

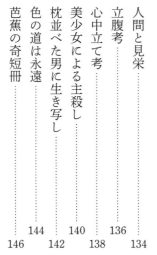

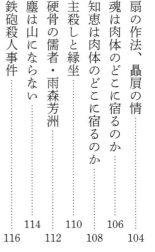

5章　健養・保寿

6章　記録の愉楽

1章　義と理あらばこそ

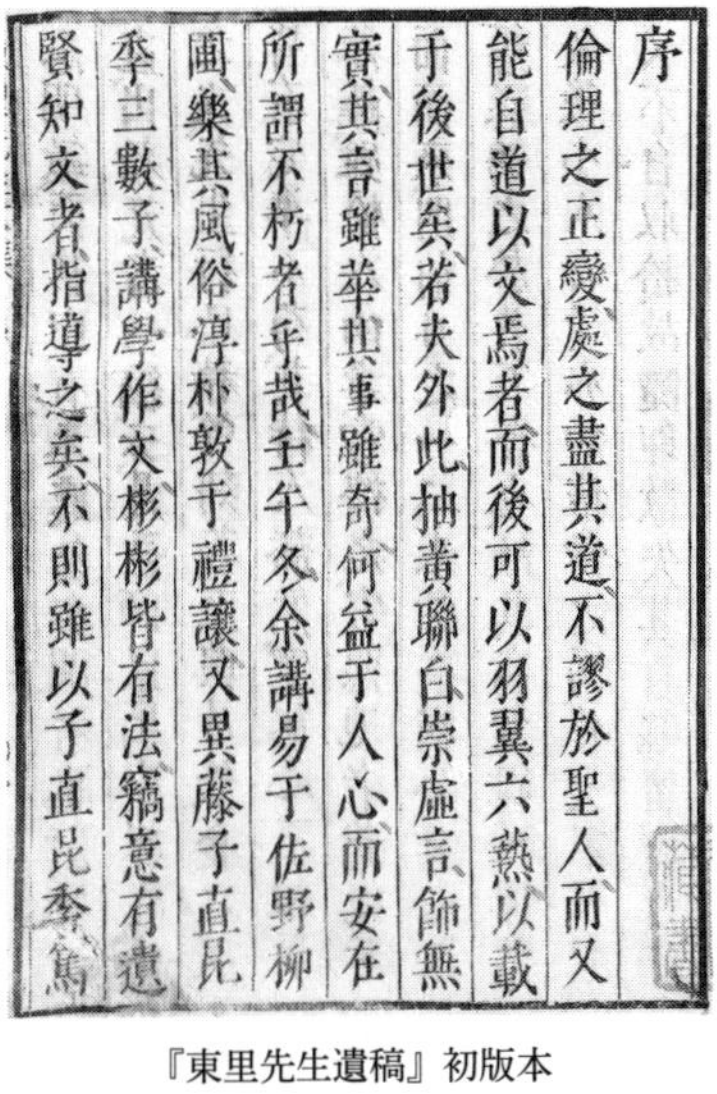

序
倫理之正變處之盡其道不謬於聖人而又
能自道以文焉者而後可以羽翼六藝以載
于後世矣若夫外此抽黄聯白崇虚言飾無
實其言雖華其事雖奇何益于人心而安在
所謂不朽者乎哉壬午冬余講易于佐野柳
圃樂其風俗淳朴敦于禮讓又異藤子直昆
季三數子講學作文彬彬皆有法竊意有遺
賢知文者指導之矣不則雖以子直昆季爲

『東里先生遺稿』初版本

名を好む心は学問の大魔なり

名誉心捨て、義を重んじる――東里外集

中根東里《なかねとうり》（一六九四～一七六五）という漢学者がいる。私の知る限り、隠逸孤高《いんいつここう》と呼ぶに最もふさわしい人だ。岩瀬文庫で見た遺稿集『東里先生遺稿』『東里外集』のおかげで、深く知る人となった。

父は三河出身の浪人で、伊豆下田で生まれた。幼くして禅寺に入り出家、上京して黄檗山《おうばく》で中国語学を学ぶ。当時、黄檗宗は海外に開かれた小さな窓口で、多くの学問好きをひきつけたからだ。ついで、語学的なアプローチで儒学に新風をおこした江戸の荻生徂徠《おぎゅうそらい》に入門、学才詩才を認められる。ある日、『孟子』浩然気章（公孫丑上篇）を読んで発憤、還俗《げんぞく》し、徂徠学を厭《いと》い、それまで作った詩文をすべて焼き捨てる。

その後、朱子学者の室鳩巣《むろきゅうそう》に師事し、ともに数年加賀金沢に移り、また江戸に戻り、今度は陽明学を志すようになる。人となりは高潔で、市井で学問を講じつつ、糸や針を売ったり、草履を作ったりして糊口《ここう》をしのいだ。

それから下野《しもつけ》（栃木県）の佐野の門人に招かれて、四十二歳より六十歳まで同地で私塾を開き生活する。晩年は相模（神奈川県）の浦賀（横須賀市）に住む姉に呼ばれて移る。そこでは海辺を眺めて酒を飲み、和歌を詠んで楽しむ日々だったという。

著述の少ない東里だが、相模に移ってから、佐野の門人に送った手紙がいくつか残っており、その人と思想を知る手がかりとなっているのは、まことに幸いなことだった。その多くは『東里外集』に収められている。

その中に次の一節があった。「名を好む心は学問の大魔なり。早く名を棄《すて》て実《じつ》を勤むべし。……名を惜しむと申し候えば、よき事に聞こえ候えども、聖人の学者（儒学を学ぶ者）は義を惜しみ候間、名には貪着《とんちゃく》致さず候。名を惜しむ心これ有り候えば、事ごとに外聞を飾りて真実の心なく、世上の噂《うわさ》を恐れて気遣い多し。果てにはただ名のために義を棄つるかたに成りゆき申し候」。

ここでは名誉と義（道理）との関係性について、とても重要なことが語られている。日本の伝統的美意識では特に名誉を重視した。が、それはむしろ魔道に陥《おちい》る契機となりやすいことを警告、むしろ名誉心は捨て去るべきというのだ。心すべきことにこそ。

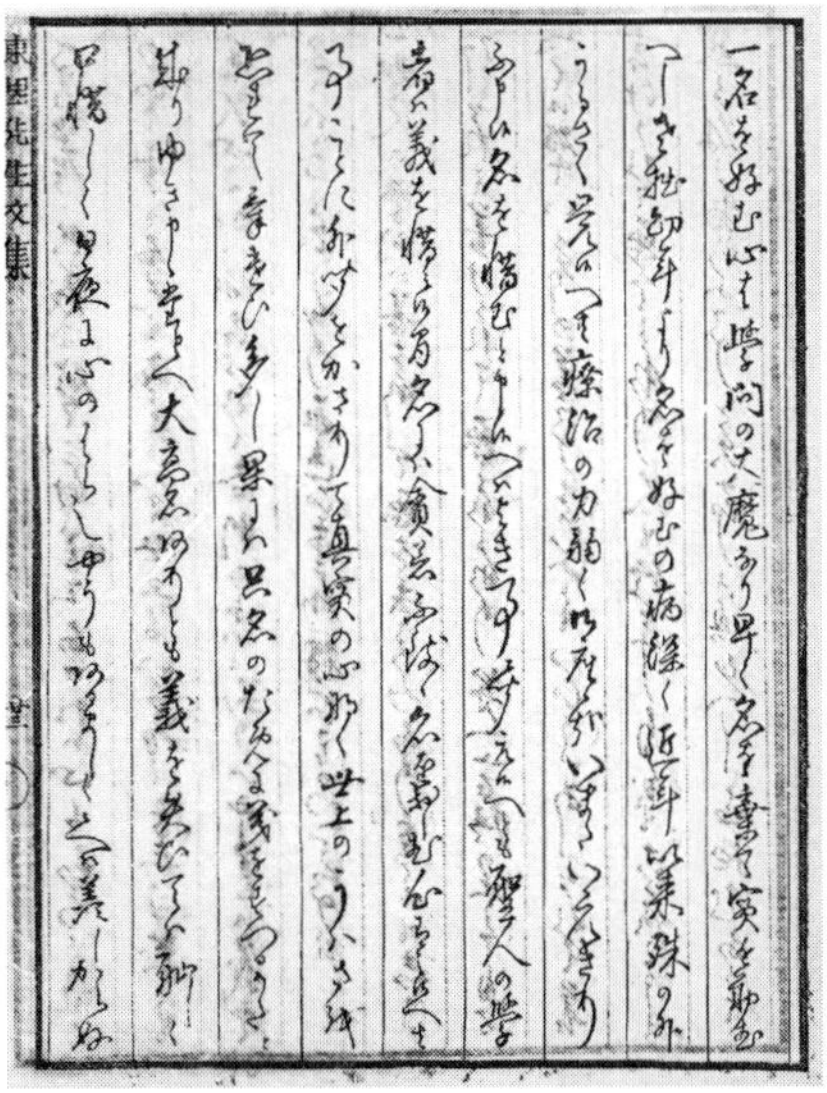

『東里外集』

正しい忖度

他人の悪い心は我が心——新瓦

延享三（一七四六）年、五十三歳の中根東里は弟の娘、芳子三歳を手もとに引き取る。芳子の母は芳子を出産時に死亡、父は貧しく、託児所的なおばさんに芳子を預けて仕事に出かけなくてはならなかった。当時、そのような所でしばしば行われた幼児虐待を恐れたためである。

翌年、東里は幼い姪《めい》が将来読むことを願い、『新瓦《しんが》』という漢文体の書物を残す。実にこれが東里のまとまった唯一の著述となった。そこには幼い芳子がやむなく伯父に預けられるに至る事情、特に父親がいかに芳子を愛したかが丁寧に記されており、これほど涙なくして読みがたい文章をほかに知らない。

たとえば、こんな話だ。芳子は父親と一緒に寝ると朝まで目を覚まさないのに、自分と寝ると必ず夜中に泣く。なぜだろうと思って見ていると、父親は芳子が寝返りをうってからそっと体を動かすことに気づく。自分も真似《まね》をしようとしたが、ついにできなかったという。

圧巻は、芳子が託児おばさんのもとで虐待されてきたと推理する段だ。幼児をかわいがる者は、ものの名を直接いわずに幼児語を用いる。たとえば手をテッテ、寝ることをネンネ、食事をウマウマなどなど。ところが芳子はシイシイといわず、まるで成人のように「小便」といった。そこから託児おばさんの不適切な言動を推理する。まるでホームズだ。
こんな風に傍証を次々と挙げてゆき、さらには「詩にいわずや、〈他人、心有り。予、これを忖度《そんたく》す〉と。況《いわ》んや、嫗《おうな》（託児おばさんのこと）の心、我、固《もと》よりこれ有るをや。因《よ》ってこれを忖度す」と述べるに至る。「詩」とは四書五経の『詩経』のこと。ここに引く一節は、他人の心の中は見えるわけではないが、自分にも同じような心があるから、推測できるとの意だ。

東里は、おばさんの狼《おおかみ》のような邪悪な心が、自分の中にもあるから、何をしたかがわかるとまでいうのだ。自己省察の極みというべきか。

近年、世間を騒がせた「忖度」だが、多くの使われ方は阿諛追従《あゆついしょう》と自己保身の嫌な響きがある。が、本来は他人の悪い心を推知する意で、古人の細やかな心の働きを示すことばだった。

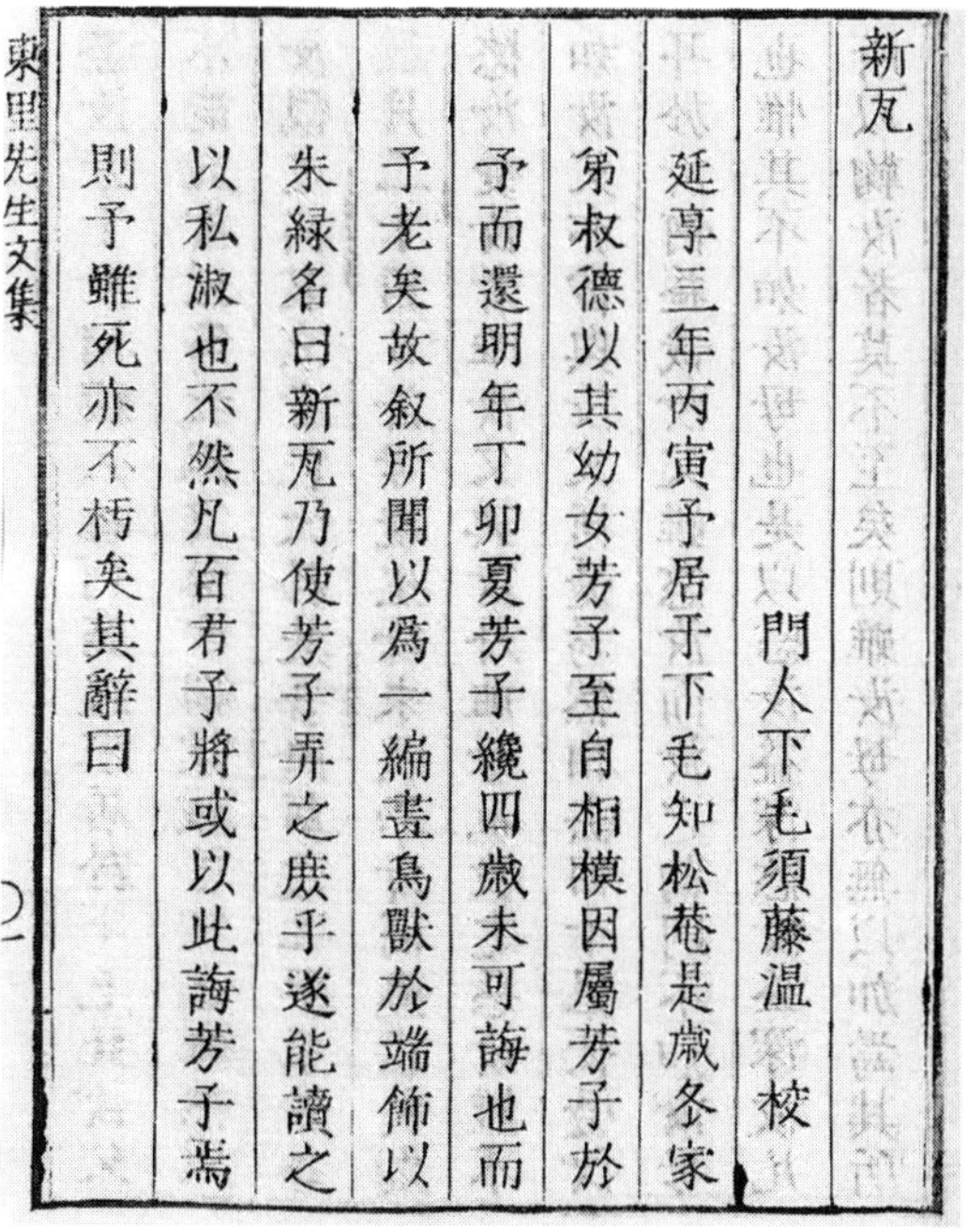
新瓦
門人下毛須藤温 校
延享三年丙寅予居于下毛知松菴是歳冬家
弟叔德以其幼女芳子至自相模因屬芳子於
予而還明年丁卯夏芳子纔四歳未可誨也而
予老矣故叙所聞以為一編畫鳥獸於端飾以
朱緑名曰新瓦乃使芳子弄之庶乎遂能讀之
以私淑也不然凡百君子將或以此誨芳子焉
則予雖死亦不朽矣其辭曰
東里先生文集　〇一

『新瓦』

静立の効能

徳を養い生を養う————中根東里書簡

中根東里が晩年に佐野の門人に送った手紙の一節より（『東里外集』所収）。

「老拙、近来静座《せいざ》を勤め候につき、静立《せいりつ》をも致し候。古来静立という名目は聞き及ばず候えども、愚意を以て作為致し候」。

老拙は老人の自称。静座というのは、心を静めて端座瞑想《たんざめいそう》することで、朱子学で重視した修法だ。東里はそれをさらに進め、立ったまま黙想する静立を編み出したという。老先生の静立は絵になる姿だ。

「静座は時を待ち、所を択《えら》ぶこともこれ有り候えども、静立はその差別なく、内にありても外へ出ても道路を往来するにも心まかせになるべし。殊に山に登り水に臨む時などは、別しての佳興なり」。静立はどこでもできる長所がある。さらに静立は静座と違い、全身を使うから、血流が遅滞せず、体がつらくない。良いことずくめで、「徳を養い生を養うにおいて大いに益あるべし」と推奨する。

私は高校生のころ、ある山奥の禅道場に入ったが、一週間で挫折した悲しい過去がある。以来、座禅の類は敬して遠ざけてきたが、これならば体の硬い私でもできそうだ。ただし、現代社会で

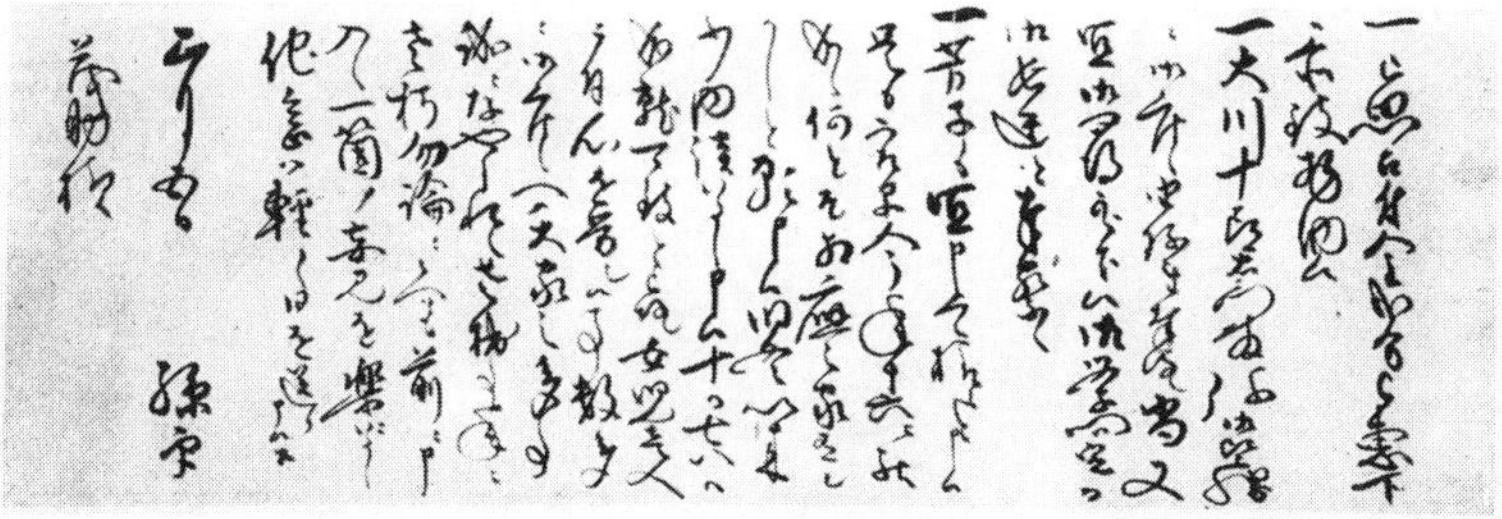

中根東里書簡

は、道路での静立は危険だからやめた方がよい。

東里は、こんなよいことは古人もやっていたはずだとして、次のように語る。

「論語に孔子のことを記して、〈嘗《かつ》て独《ひと》り立てり、鯉《り》趨《はし》りて庭を過ぐ〉といい、〈他日又《また》独り立てり〉云々《うんぬん》というごときは、聖人（孔子）の静立と見えたり。二の独の字を以て想いやるべし」。

文中に引くのは『論語』で、孔子の息子の伯魚《はくぎょ》（鯉《り》）が、父から受けた教えについて語る話だ。かつて孔子が独り立っている時に、伯魚が近くの庭を小走りに過ぎようとして、孔子から詩を学んだかと問われ、他日また同じような場面で、今度は礼を学んだかと問われたという。この孔子の「独立」を、東里は静立をしていたと推定するのだ。

たしかに東里のいうように、二度も繰り返される「独立」は気になる。東里の解釈が正しいかどうかはさておき、このように「ことさらに」書かれた細部にこだわることは、昔の人の文章を読む上で最も肝要な態度だと思う。

激励が書かせた大論文

ただ思索を続けよ――旗峯先生文録

思いがけぬ場所で、会いたかった旧知とばったり出会うことは、人生の喜びの一つだろう。古書の世界でも同じようなことがある。

岩瀬文庫の全調査で出て来た『旗峯《きほう》先生文録』という寛政四（一七九二）年の版本一冊。大阪の船場で私塾を営んだ牛尾旗峯という無名の漢学者の文集で、この岩瀬本のほかには二本しか知られないという稀書《きしょ》だ。

その巻頭に「孔子、管仲《かんちゅう》を称するの論」という漢文が載っていた。中国春秋時代の管仲は、主君を殺したかたきである斉の桓公《かんこう》に宰相として仕えるなど、道徳的に問題があるのに、『論語』の中で、孔子は管仲の仁《じん》を称美している。古来、儒学者の頭を悩ませてきた、この大問題について、和漢の先人の説を批判し、結局『論語』本文の誤りであるに違いないと結論する長文の論文だ。

この文章の中に思いがけず次の一節があった。良い文章なので、読み下しで味わっていただこう。「昔余《よ》、相州に寓居《ぐうきょ》し、諸子と学を講ず。中根敬父なる者有り。年七十余、篤学の人なり。余に問うに管仲のことを以てす。余、対《こた》えて曰《いわ》く、〈平生《へいぜい》これを思えども、いまだその解を得ず〉と。敬父、咨嗟《しさ》（嘆息）すること、やや久し。曰く、〈老夫もまたこれを思うこと、年有り。いまだその人を得てこれを語らざるなり。今、吾子《ごし》の人となりを観《み》るに、年少なれども浮気《ふき》（軽薄さ）有ることなく、書義を沈思す。懈《おこた》らずして、その解を得ん。吾子、それこれを勉《つと》めよ〉と」。

旗峯はこのたった一度の激励が忘れられず、その後三十年間、この問題を思いに思い続け、ついに得た結論がこの論文であるという。

さてこの中根敬父こそ、中根東里の晩年の姿にほかならない。いかにも東里らしい、すばらしい逸話だ。

このような対話では、普通ならば、自らの考えを開陳しそうなところだ。それをあえてせず、ただ思索を続けるように若者を励ましている。教育の要諦はここにある。

自らの人生を変えた東里の人間像について、旗峯は「書を読み義を言う者、なきにしもあらず。しかも、いまだこれを思うこと、中根敬父のごとき者は有らざるなり」と的確に評している。

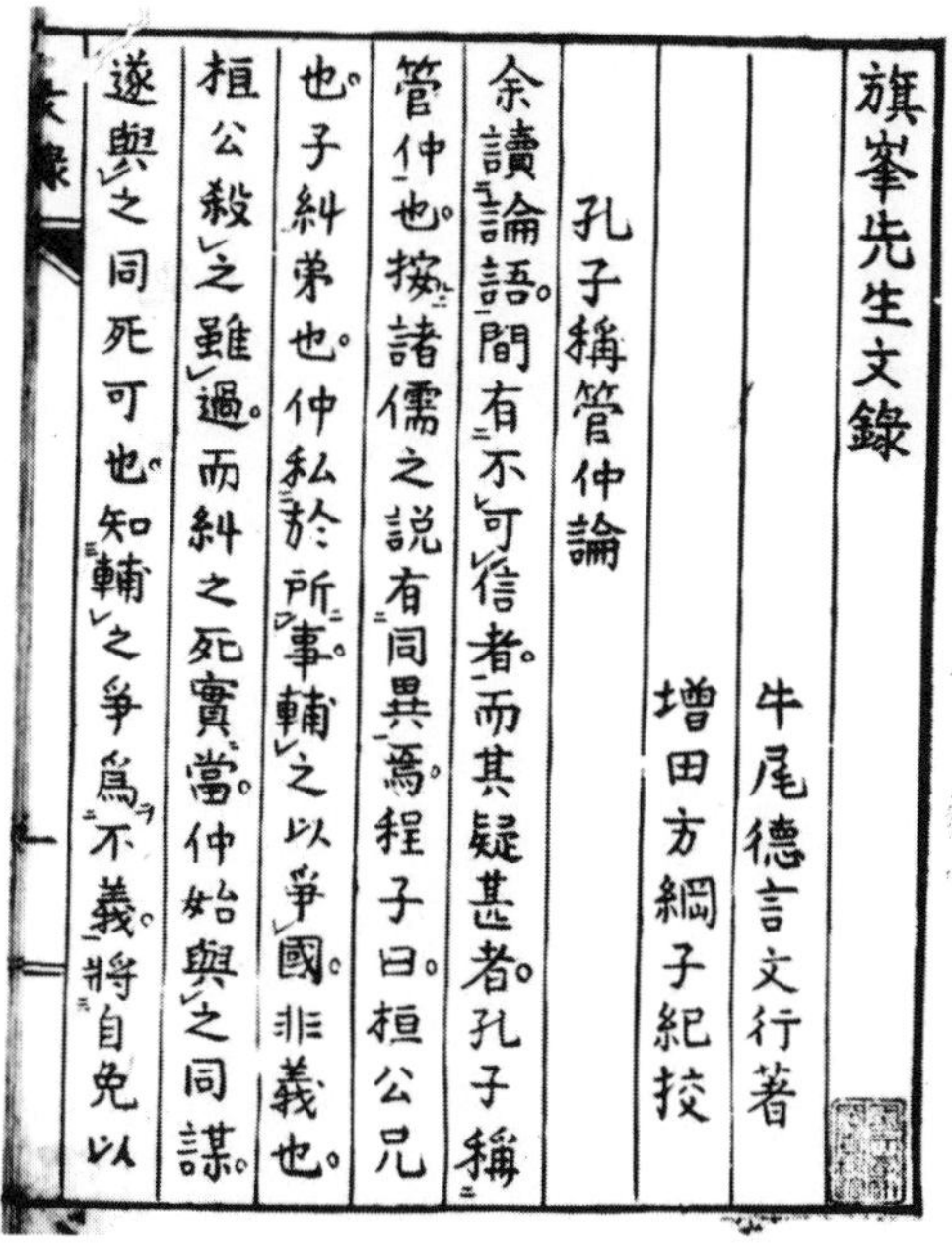
旗峯先生文録
牛尾德言文行著
增田方綱子紀挍
孔子稱管仲論
余讀論語。間有不可信者。而其疑甚者。孔子稱
管仲也。按諸儒之説有同異焉。程子曰。桓公兄
也。子糾弟也。仲私於所事。輔之以爭國。非義也。
桓公殺之雖過。而糾之死實當。仲始與之同謀。
遂與之同死可也。知輔之爭為不義。將自免以

『旗峯先生文録』（国文学研究資料館蔵）

苦労も精神を荒らさず

隠君子の生下手──日蓮宗顕正寺

中根東里の足跡《そくせき》を追って先年、浦賀（神奈川県横須賀市）と佐野（栃木県）に出かけた。長い間、岩瀬文庫に籠もりきりで、尻の重くなった私にとって、久しぶりの調査旅行だった。

まず東浦賀の日蓮宗顕正寺《けんしょうじ》にある東里の墓に詣でた。東里の書簡によれば、六十九歳の宝暦十二（一七六二）年冬、自らの「精神気血」を考え、翌年中に寿命が尽きると考え、自分の墓を建てたという。実際には三年後の明和二（一七六五）年二月に亡くなった。正面の「東里居士墓」の堂々たる楷書の文字は、東里の筆に違いない。墓の左手には中根松庵（東里の養子らしいが伝記不明）、東里の母、東里の弟の墓が並んでいた。

ひときわ苔《こけ》むした弟の墓の文字を何とかたどり読むと、戒名は冬月普明居士、通称は中根清《せい》右衛門《えもん》、諱《いみな》は孔昭、字《あざな》は叔徳。宝暦十一年十月二十九日に西浦賀で六十五歳で病没したとある。この時に六十八歳の東里は、同志のように生きてきた弟を喪《うしな》い、つらい思いをしたことだろう。この墓も東里が建てたはずだ。墓の上部には丸に木瓜紋《もっこう》が刻まれ、中根家の紋と見える。

弟は何も書き残していない。ただ、東里の著述『新瓦《しんが》』から、その人生のいくぶんかがわかる。若いころから兄と一緒に生活することが多かった。鎌倉在住時代には、兄と一緒に下駄《げた》を作って

右端が中根東里、左端が弟の墓

売っていた。兄と違い、妻を迎えるものの、幸せもつかの間、娘が生まれた時に妻が亡くなる。

男手一つで乳飲み子を抱え、乳母を雇う金もなく、気苦労を重ねながら近所の主婦に、もらい乳《ぢ》をして育てる。ちなみに同じ苦労を井原西鶴も経験し、作品中で三度にわたり、微に入り細に入り描写しているが、よく似ている。

その後、弟は困窮のため、娘を佐野に住む東里に預けるに至る。兄以上に生き方が下手な人だった。

その子育ての様子は、子がいたずらをしても決して怒ることがなく、声や顔つきで制するだけだった。それを見て、東里は自分には真似《まね》ができないと感服し、また反省もしている。

生活難は弟の精神を荒らさなかった。実はこの人こそ、真の隠君子《いんくんし》ではなかったか。墓の前に立ちながら、ふとそんなことを考えた。

中根東里の足跡を辿る

栃木・佐野市に残る記憶――東里先生遺稿

これも、中根東里を追いかけた調査旅行の話。終焉《しゅうえん》地の浦賀の次に、東里が二十年近くの長きを過ごした栃木県の佐野を初めて訪ねた。これが収穫の多い旅だった。すべて佐野市の郷土博物館と吉澤《よしざわ》記念美術館の学芸員の方々のお導きによる。

佐野でどうしても見たかったのは『東里先生遺稿』の初版本だ。東里は生涯に何度か自作の詩文を焼き捨てているほどで、自分の著述を公にすることを好まなかった。その没後に佐野の門人、須藤柳圃《すとうりゅうほ》が東里の遺文を集め、明和八（一七六一）年ごろに『東里先生遺稿』として刊行してくれたおかげで、東里の思想をうかがい知ることができる。

ところが、私が見た岩瀬文庫本をはじめ、現存する本は幕末に出た再版本ばかりだった。それが佐野には初版本が二本も保管されていた。しかもその中の一本は、最初の板木彫刻時のミスを訂正していない、初版本中の初版本だった。たとえば図版の柴野栗山《りつざん》序文の二行目の下から三字目の難読文字は「藝（芸の正字）」の誤刻で、もう一つの初版本では訂正されている（その後、国立公文書館内閣文庫にある昌平坂学問所旧蔵本も同じ最初版であることがわかった）。

また、流布の再版本は、初版の覆刻《ふっこく》（板木を作り直した再版）と思われていたが、出現した初版本と比較すると、基本的に同版であることが判明した。これで、今後は安心して『東里先生遺稿』を取り扱うことができる。

それから、伝存が稀《まれ》な東里の自筆書簡を三通も見ることができた。現存する東里書簡のほとんどは、晩年に浦賀に移り住んで以後、佐野の門人たちに送ったもので、この世で再び会うことの難しい人々を、遠く離れた地にあって教え導こうとする豊かな内容を含んでいる。筆蹟《ひっせき》も抜群に優れており、東里書簡は日本の宝だと思う。

さらに須藤柳圃ら門人たちの墓を掃苔《そうたい》した。墓誌が知りたかったからだ。また東里の住んだ知松庵《ちしょうあん》の旧地にある天明《てんみょう》小学校を訪ねた。校庭には東里を記念するモニュメントがあった。同校から東里が朝晩眺めた三《み》毳山《かもやま》をじっくり眺めた。近所の朝日森天満宮では、東里が撰文した立派な菅神廟碑《かんじんびょうひ》の文字を楽しんだ。佐野には、今もあちこちに東里の記憶が残されている。

序
倫理之正變處之盡其道不謬於聖人而又
能自道以文焉者而後可以羽翼六藝以載
于後世矣若夫外此抽黄聯白崇虛言飾無
實其言雖華其事雖奇何益于人心而安在
所謂不朽者乎哉壬午冬余講易于佐野柳
圃樂其風俗淳朴敦于禮讓又異藤子直昆
季三數子講學作文彬彬皆有法竊意有遺
賢知文者指導之矣不則雖以子直昆季爲

『東里先生遺稿』初版本

悪い笑い

他人が知らぬ快楽——東里外集

隠逸孤高の文人中根東里が、晩年に相模浦賀（神奈川県横須賀市）に移り住んでから、下野佐野（栃木県佐野市）の門人に送った書簡の一部を、幕末に編纂《へんさん》刊行された東里の遺文集『東里外集』から引用する。

「老拙（拙者）、近来は一つの笑の字を去るの工夫において力を用い申し候。足下にも試みにお勉め御覧なさるべく候。この笑の字は、〈夫子《ふうし》（孔子）、莞爾《かんじ》（にっこり）として笑う〉〈夫子、楽しみて然《しか》る後に笑う、人、その笑うことを厭《いと》わず〉などいう笑字にてはこれなく候。別に一種の笑字、人知らずして、己《おの》れ独り知るの地に在りて、大罪極悪の本根（根本）となるものを指していう。唐詩にいわゆる〈君王《くんのう》笑いを帯びて看《み》る〉という笑字、是なり」

東里は、ある種の笑いを自分の中から除き去ろうと努力しているという。夫子云々《うんぬん》の二例は『論語』に見える孔子の笑い。そういう健全な笑いでなく、他人は知らぬことを、自分だけが知っている時に浮かべるような笑いで、それこそが諸悪の根源というのである。

ここで東里は、悪い笑いの例として唐詩を引く。これは李白の「清平調詞」の三で、君王とは玄宗皇帝のこと。庭園の牡丹《ぼたん》の花盛りと、傾国の美女楊貴妃《ようきひ》とを、笑いを含んで愛《め》でているさまだ。

正直に言うと、われ独り知る笑いは研究者につきもので、いくらでも身に覚えがある。もとより玄宗ならずとも、これに類した快美に接すれば、自分もにんまりしてしまうだろう。それでも、自己の個人的な快楽に終始する笑いに、恨源的な邪悪があるという東里の考え方に、多くの日本人は共感を覚えるのではないか。

というような話を、ある中国文学者の友人にしたところ、それは中国人の多くには理解されまい、伝統的に中国では権力や財力のある者が、それを存分に行使して、自らの欲望を達成することを罪悪とは考えておらず、そういう快楽への飽くなき欲望の強さこそが、かの華麗な文明を築き上げたのだという。

なるほど、さもありなん。考えてみたら、欧米人の多くもこれと同じなのだろう。カルロス・ゴーン氏の問題も、恨底には彼我の美意識の相違が横たわっているように思う。

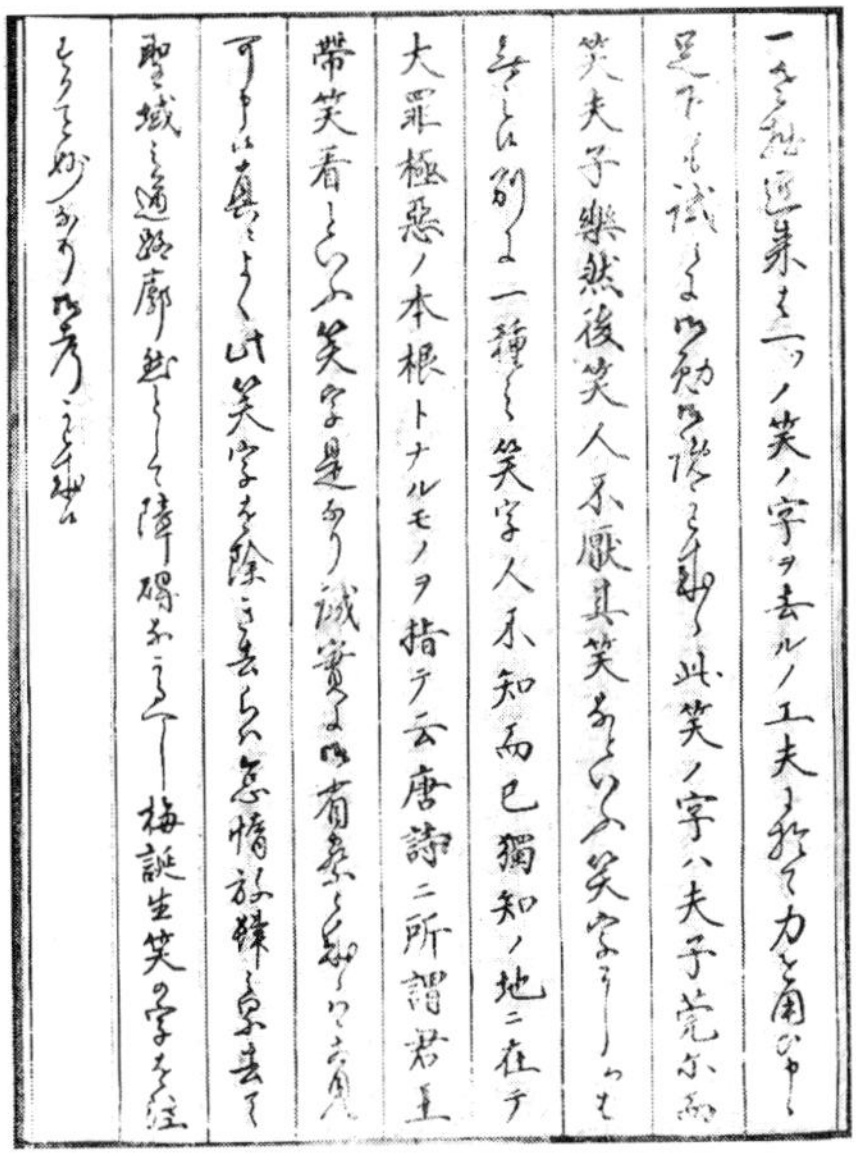

『東里外集』

逆境、楽しむべし

天意として怨まない――東里先生遺稿

栃木県佐野市に鎮座する朝日森天満宮の境内に、立派な石碑「下毛野国天明郷菅神廟碑《しもつけのくにてんみょうごうかんじんびょう》」が建つ。佐野で長年私塾を開いた漢学者、中根東里が撰文《せんぶん》、没後の天明七（一七八七）年に同地の門人らによって建立された。徹底した隠逸肌の東里が後世に残そうとした数少ない著作の一つで、東里の遺文集、明和八（一七七一）年刊『東里先生遺稿』にも収められている。

八百五十字ほどの漢文は「それ他山の石は以《もっ》て玉を攻《みが》くべし」で始まる。石はつまらぬものだが、それで玉を磨くことができる。トリカブトは猛毒だが、附子《ぶす》に加工すると薬となる。君子の身に起きた災難も、その人の徳を明らかにする働きがある。

天のすることは、損を与えるようで益を与え、押さえつけるようで持ち上げ、一見わかりにくいが、天を知る者はそれに身をゆだねる。

菅公《かんこう》（菅原道真）も左遷される難にあったが、天を知る人であったことは明らかで、誰を怨《うら》むこともなかった。それなのに、死後に悪鬼となって怨みを晴らしたなどという言説は、公の徳を傷つけるものだ。そのことを後世にまで永く伝えるために碑を建てるというのが銘文の主意だ。

人生上の不遇を、人の悪意や無理解によるものをも含め、天意として受け入れて他を怨まないというのは、たしかに賢明な生き方だろう。ところが、東里はさらに一歩を進め、その逆境を楽しむのが理想だという。

その域に達した例として、中国古代の古公亶父《ここうたんぽ》、周公旦《しゅうこうたん》、孔子を挙げ、菅公については、彼らにはまだ及ばないものの、それに類した存在とする。古公は周王朝の元祖、周公も孔子も聖人だから、儒学者である東里にとって絶対的な存在なのだ。

右の文章を、石碑に刻まれた文字と比べると、一部に相違がある。たとえば、右の「彼らにはまだ及ばないものの」に相当する部分、原文では「雖未之逮（未《いま》だ之《これ》に逮《およ》ばずと雖《いえど》も）」の四文字が石碑にはない。菅公を顕彰する碑にふさわしくないとして、門人たちが省略したのだろう。

それでも、人生行路で何らかの逆境にあうことを免れない人間にとって、いかに身を処するべきなのか、考えさせてくれる、味わい深い碑文だ。

菅神廟碑

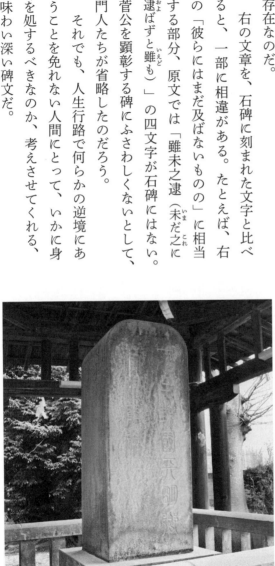

倦むことなかれ

東里も苦しみ門人に説く——中根東里の書簡

岩瀬文庫の書物を通して中根東里と出会い、その極端な隠逸孤高ぶりに大きな衝撃を受け、この数年間、著述の読解と関係資料の捜索に没頭してきた。尻の重い私には珍しく、東里の出身地の伊豆下田から終焉《しゅうえん》の地の相模浦賀まで、関係先を探訪した。東里が長年月を過ごした栃木県の佐野では、地元の皆さんの協力により、佐野の門人たちに宛てた東里の書簡を何通も見ることができた。

その結果、幕末に編纂《へんさん》刊行された『東里外集』以来、百五十年ぶりに書簡を増補集成し、年次順に並べ替え、それによって思想の変遷の大まかな流れを把握できるようになったのは、まことに幸いなことだった。その成果は、『新瓦《しんが》』など東里の主な著述と併せて、佐野市郷土博物館刊『中根東里展図録』(二〇一九年刊)に収めている。

そこからわかったことの一つ。東里は最終的に学問の大魔として退屈を挙げていた。大魔の魔は天狗《てんぐ》のことで、仏道修行をはじめ、さまざまな善なる営みの邪魔をする存在のこと。ここでいう退屈とは、現代よく使う、暇をもてあます意味ではなく、同じ作業を続けることにうんざりして、欠伸《あくび》が出るような精神状態をいう。ありきたりのことのように思われるかもしれないが、こ

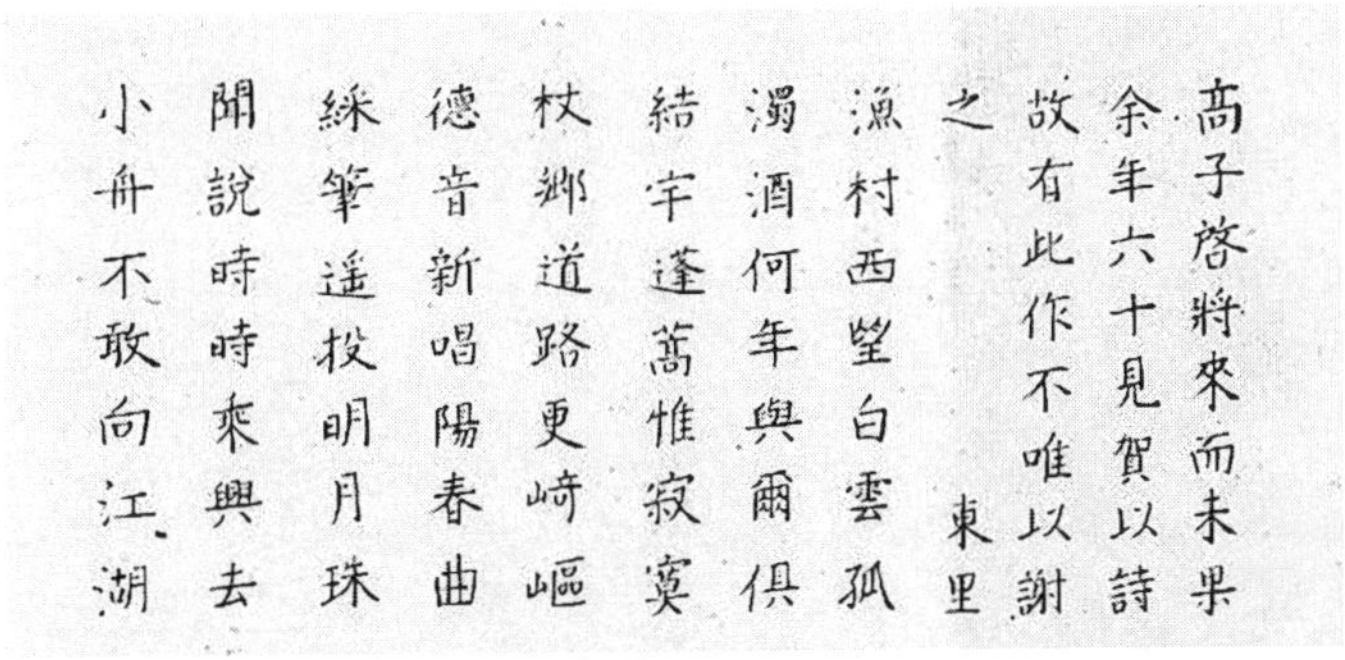
高子啓將來而未果
余年六十見賀以詩
故有此作不唯以謝
之　東里
漁村西望白雲孤
濁酒何年與爾倶
結宇蓬蒿惟寂寞
杖郷道路更崎嶇
德音新唱陽春曲
絲筆遥投明月珠
開說時時來興去
小舟不敢向江湖

中根東里筆蹟

の退屈を克服できるかできないかが、人生を左右する重要事だという。

『論語』子路篇《へん》の冒頭で孔子の語る「無倦（倦《う》むことなかれ）」の「倦む」が、まさにこの退屈で、東里は少年時代より繰り返し読んできた、この行文の真の意味に、老後になって初めて気づいたという。そして「老拙（拙者）退屈の病、殊に甚だしく、苦痛に堪えず候間、同志の為に憂うる事、かくのごとし」と門人に語りかける。東里は一生を学問に捧《ささ》げて何の見返りも求めなかった人だ。自己省察を極めた人のことばは、時代を超えて響いてくる。

図版は昭和十四（一九三九）年刊『近世日本の儒学』に載る東里自筆の漢詩幅。当時は、「朧月夜」や「故郷」の作詞で名高い国文学者の高野辰之（一八七六～一九四七）の所蔵だったが、現在の所在は知られない。端正を極めた見事な楷書で、東里の人間性をよく物語っている。

徳本上人の教え

魅力的な高僧の語り口伝える――徳本上人勧誡聞書

浄土宗の高僧、徳本《とくほん》（一七五八〜一八一八）は、紀州の志賀村（和歌山県日高郡日高町）という農村の出身で、二十七歳という遅めの出家ながら、厳しい修行を実践し、各地を行脚して念仏信仰を平易に説いた。その教えは人々に熱狂的に受け入れられ、たとえば、その自筆の六字名号《みょうごう》（南無阿弥陀仏）を刻んだ供養塔は、広く各地に残されている。

岩瀬文庫蔵『徳本上人勧誡聞書《かんかいききがき》』三冊は、没後の文政三（一八二〇）年に刊行された、徳本の説法を信者が聞き書きにした絵入り本だ。ありがたいのは、口頭の話を文章語に置き換えたりせず、魅力的な語り口をそのままに録している点で、なぜ彼が人々に支持されたのか、しみじみわかる。こんな調子だ。「むさい（汚い）事じゃが、田舎の雪隠《せっちん》（便所）を穢《けが》れた汚いというけれども、地獄よりはきれいだぞ。この徳本が在所《ざいしょ》の田舎方には、雪隠に子どもや年寄の落ちぬように綱を下げておく。それで歌に／念仏は雪隠へ行きし心持ち綱をとらえて息詰めばよい」。他念なく、ただ念仏を唱えよという教えだが、たとえが奇抜だ。また文献資料の少ない田舎の便所の様子を教えてくれる貴重な記述でもある。

「この徳本は……ずっと山家《やまが》の谷の中で産まれた故に、都の唄は何も知らぬ。又《また》大人と遊ばぬから、大人の歌も知らぬ。ようよう田舎の子供の子守唄を覚えている。一ツうとうて聞かそう。／泣くな嘆くな江戸へさえ行くぞ五里や十里の和歌山へ、ハイヨイヨイ」。こんな風に唄まで聞かせて下さるのだから、聴衆はさぞ喜んだことだろう。

中に、こんなありがたい教えもあった。「一ツ大事の事を教えてやろうが、これは心得ておいてよい事じゃ。男でも女でも、こぶら返りという事をするものじゃが、その時に男なら、きんを下から上へなで上げるとたちまち直る。女は乳を下から上へなで上げると直るなり」。

こんな話は初めて聞いた。私もたまに夜中に足がつって苦しむことがあるので、試してみたところ、ほぼ百発百中で快復した。古書を読むことの現実的効能というべきか。ただし、女性については効果のほどを知らないので、念のため。

［付記］右の話を新聞に掲載後、数人の女性読者から「女にも効きました」との報告を得た。

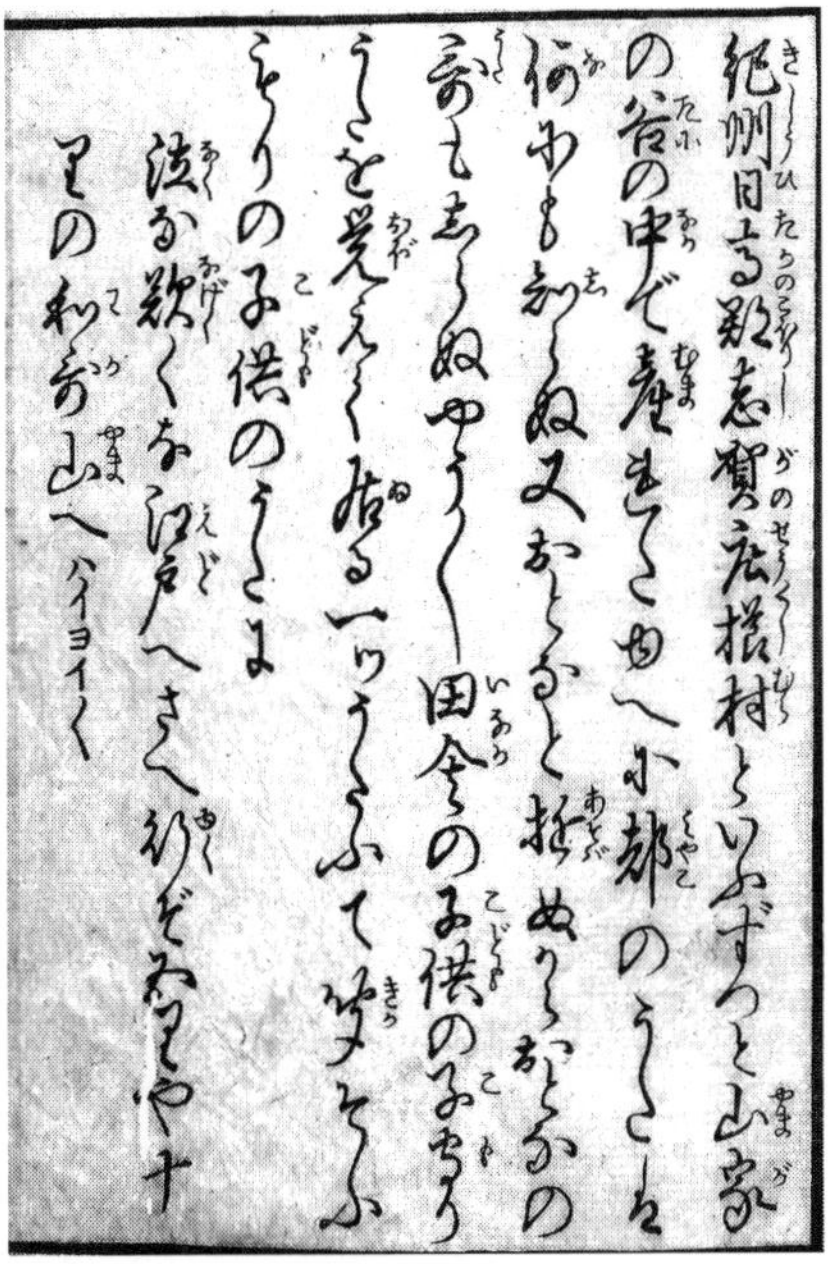

『徳本上人勧誡聞書』

網元の一代記

苦難乗り越え鰯漁で成功――柳意一生記

古書や文書は、武士と比較的裕福な町人や農民の書き残したものが多い。手元にある『柳意《りゅうい》一生記』と題した巻子本《かんすぼん》（巻物）は、珍しいことに、江戸時代前期の瀬戸内海を生きた網元の自叙伝だ。自筆本。

著者の名は赤城小兵衛、隠居後の名を柳意という。寛文十（一六七〇）年、瀬戸内海の西、伊予灘の孤島、青島（愛媛県大洲市長浜町）に生まれた。父は青島を開島し、庄屋役を世襲した赤城九郎左衛門の二代目で、著者はその一子だ。十七歳で元服する。前近代の自叙伝の常として、元服以前の子ども時代の体験はほとんど書かれない。

二十一歳で、父とともに長浜湊（大洲市）に移住し、灘吉丸という四百四十石積の船を使って、米の運送を行う。ところが、その年の六月、加賀米を運ぶ途中、響灘《ひびき》で「古今覚えざる大風」に遭い、十死一生の思いで漸《ようや》く下関にたどり着くが、米の過半を失い、残りも濡《ぬ》れ米となる。

さらに翌年には町内の火事で家が半焼、三貫八百目（約六百万円）の借銀のために家財を売り払い、青島に戻る。

三十六歳で、先祖以来の鰯《いわし》大網が絶えていたのを再興するため、仲間十五人を語らい資金を集める。著者は手持ちの小舟を売り払い、背水の陣で三人分を出資する。幸い鰯漁は好調で、翌年には一人銀三百二十目（約五十万円）ずつの配当となった。鰯は畑の肥料にもなったから、麦の収穫も増え、皆が喜んだ。

それを見て網子《あみこ》（網を引く漁労従事者）の希望者が増え、一株三百目で募り、新網を興した。大網はこのように協同組合式に運営されたらしい。

四十八歳で家督を長男に譲り隠居するが、巻き網の一種「まかせ網」のやり方に習熟した著者は重宝され、他の島へ指導に出かけたりする。

翌年病の床に就く。すると長男は父の介護のために忙しい網支配をやめて麦作専業となり、次男も小舟の漁をして助けた。昔の人は親孝行だ。

五十五歳で病は本復。五十八歳の今年享保十三（一七二八）年、松山の町人、辻屋治右衛門が来て大網を興すよう勧められるが、老齢のためと辞退した、というところで自伝は終わっている。ここで自らの一生を振り返っている点、網再興への意欲ありと見た。江戸時代自叙伝全集があったら、是非《ぜひ》入れたい一書だ。

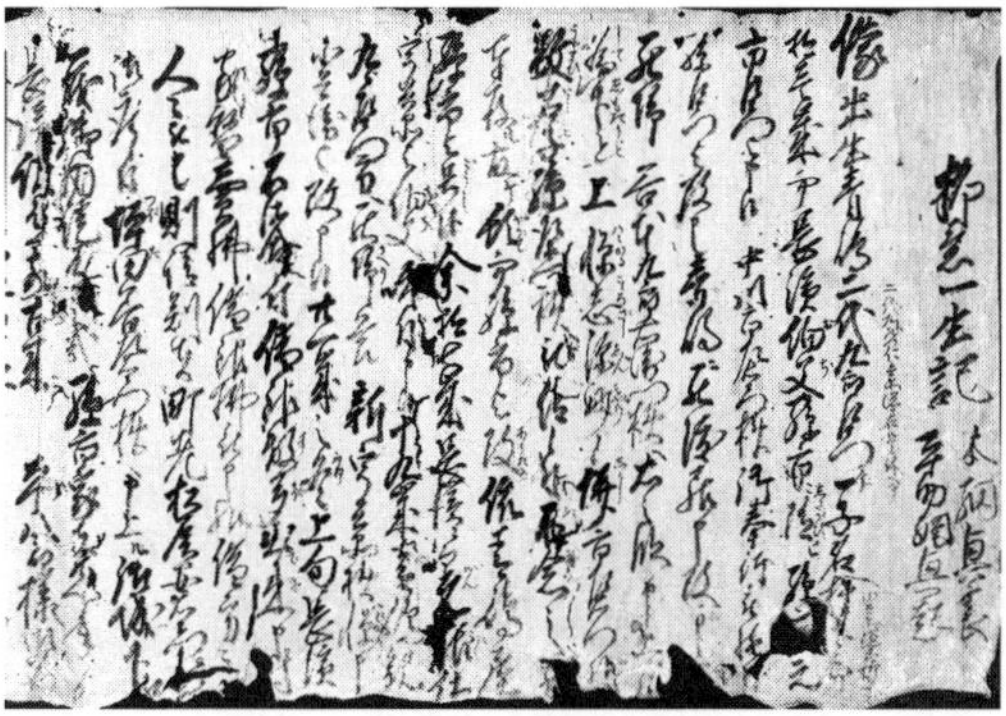

『柳意一生記』

家族の手紙

古書簡が示す親子の絆——藩医松浦元瑞の手紙

　昔の親子や夫婦など家族の間で交わされた手紙を探している。古い書簡は冷凍保存された人間関係であるが、総じて家族の手紙は軽視され、残りにくいからだ。

　最近、東京古書会館の古書展目録から、山勘で注文入手した古書簡一束四万円。読んでみると、幕末ごろ、播磨明石藩の藩医、松浦元瑞《げんずい》という老人が、近隣の小野藩の武家に養子に行った、実子の三戸《みと》俊蔵に宛てた十通だった。

　藩医の職は既に長男の松浦元瑺《げんちょう》が継いでいる。元瑺は大阪の緒方洪庵《おがたこうあん》の門下で、最新の蘭方《らんぽう》を学んだ優秀な医者らしい。元瑞先生は悠々自適の御隠居ながら、他藩の家に養子に出した、下の息子の身をひとしお気遣っている。

　たとえば「小遣いに不自由にて日々困り入り候ては、勤め向き欠け候儀も計り難く察し候につき、有り合わせの小野札百枚《さつ》、この度《たび》指し遣わし候。月々の日費《にっぴ》に相用うべく候。又々《またまた》追って小遣いの処、差し遣わすべく候。必ず必ず大心配無用なり」。どうも俊蔵は、手元不如意を実家の父に泣きついたらしい。これに対して父は、金額不明ながら、小野藩の出した藩札を百枚も送って援助している。

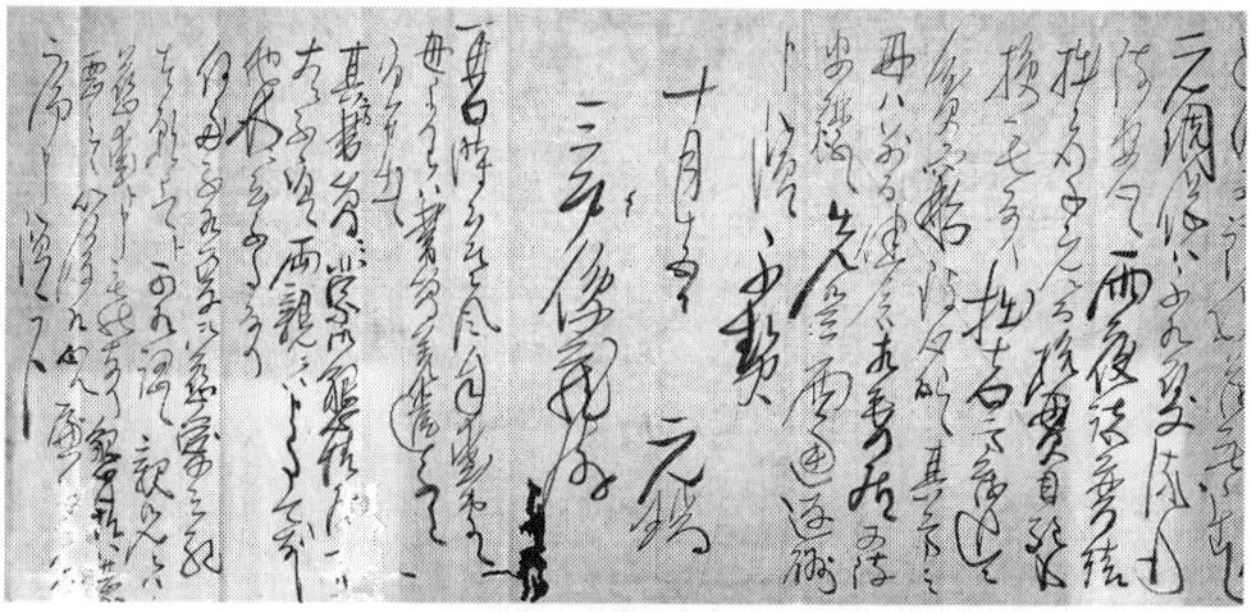

松浦元瑞書簡

別の書簡には「先日俊蔵より鰆《さわら》好み候につき〈好む〉は注文する意）、差し遣わし度《た》くと存じ候処、最早《もはや》鰆は魚島《うおじま》（産卵のため魚が集まる場所）へ通り抜け候て、少しも取れ申さず候。……今日漸《ようや》く一尾、絵島《えじま》（家島《いえしま》のこと）より持ち来たり、相求め候。代三匁《もんめ》也。高直《こうじき》（高値）に相成り候。しかしながら、別して好物ゆえ、張り込み相求め候」。銀三匁は五千円くらいか。小野では入手しにくい鰆を、無理して買ってやっている。

一方で厳しいことばもある。別の一通に「その方《ほう》書簡に〈御懇情を蒙《こうむ》り度く〉などとあり、大いに宜《よろ》しからず候。両親には申す事でなし、他人に言う事なり。〈何卒《なにとぞ》相変わらず、御慈愛の程、願い上げ奉り候〉と相認《したた》むべく候。親兄には慈愛と申すものなり。懇情は甚だ以《もっ》て悪《あ》しく候」とある。つまり息子の手紙のことば遣いが不適切と叱っている。親子ならではの率直な発言で、百五十年後のわれわれにとっても大いに参考となる。

こんな父親を、俊蔵が深く敬愛したことは、この書簡群がちゃんと残されていることから見て、疑いない。

桶屋の正直、なーんだ？

初版本のみに残る皮肉な謎々――粉引歌

白隠禅師（一六八五〜一七六八）は、駿河の原宿《はら》（現・沼津市）を拠点に、独特な語り口の法語や奇抜な書画類を数多く残し、民衆の教化にも尽力した方だ。没後二百五十年を越えた今も人気が高い。

その著述の一つで『粉引歌《こひきうた》』という版本、大型の折本一帖《いちじょう》。絵も本文も、版下（木版本の版木を彫る際の直接原稿）は禅師の自筆と見られる。奥書によれば禅師七十六歳の宝暦十（一七六〇）年十二月の成立だ。塩村蔵。

著者の分身とおぼしい主心《しゅしん》お婆《ばば》のうたう粉引歌（麦や豆などを石臼で引く単調作業のための俗謡）を収める。「忘れまいぞよ、御主《ごしゅう》の御恩、遠きあの世の後までも」「孝行するほど、子孫も繁昌《はんじょう》、親は浮世の福田《ふくでん》じゃ」のように平易に忠孝を説く部分もあるが、全体としては禅の奥旨にわたる深遠な内容で、わかりやすいものではない。

さて、この折本の裏面の片隅に「宝暦《ほうれき》十一巳中夏八日　真定江府土産」との書き入れがあった。本文の成った翌年、宝暦十一年の五月に真定なる人が手に入れたということで、こういうのを取得識語という。刊記がないため、正確な刊行年月がわからなかったが、奥書の後、間もないころの出版とわかる。おそらくこれが初版本だろう。

手元にある『白隠禅師法語全集』所収本とは、版面が微妙に違っており、別版だ。子細に比較すると、塩村本の方が早いとわかる。全集本は初版本に基づき、新たに版を起こした再版本と見られる。

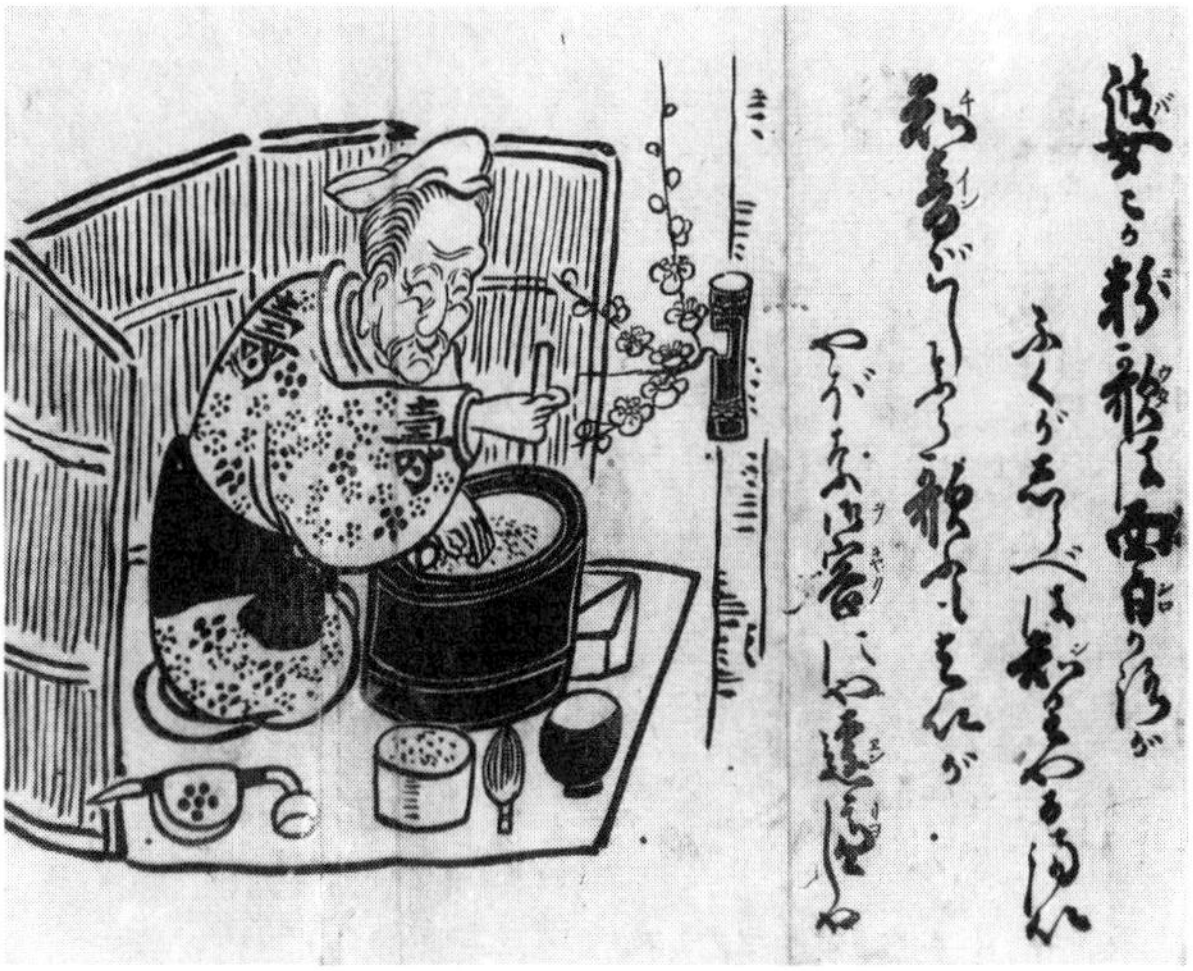

『粉引歌』

初版本には巻末に、再版本にはない「村民の長殿《おさどの》千秋万歳子孫繁昌御祈禱《きとう》の謎々《なぞなぞ》」が付されている。「桶屋の正直なに、村民の長殿とはどうじゃ、はて村を削り取るはさて」などというもの。このなぞなぞの解はわかるだろうか。

正直とは、桶屋が用いる特殊な鉋《かんな》のことだ。桶の側板の継ぎ目を削るのに、板の方を動かして用いる一メートルほどの大型の道具で、むらぬき鉋、長台鉋ともいう。なぞなぞの答は、板のでこぼこをいうムラを削ることに、村を削る（収奪する）意味を掛けている。

もちろん当時の風潮や政治体制に対する強烈な皮肉を含んでいる。その毒がはばかられて、再版本では削除されたのかもしれない。

芝翫贔屓

本物の役者、歌右衛門――芝翫栗毛

芝翫《しかん》といっても現代の人気俳優ではなく、江戸時代後期、上方歌舞伎の大立者《おおだてもの》、三代目中村歌右衛門（一七七八～一八三八）、俳号芝翫のことだ。岩瀬文庫で見た、いくつもの古書を通して、私も芝翫贔屓《びいき》となった。

その一つ、文化十一（一八一四）年刊『芝翫栗毛』は、同年五月に大阪を出発して江戸に向かう芝翫一行の苦難の旅を描く。苦難というのは、当時の人気役者は道中で、ゆすりたかりの餌食となるのが常だったからだ。ところが、さまざまな苦境を軽妙に描き、面白がっている風にさえ見えるから、相当の人物だ。

芝翫一行は関ヶ原まで下るが、この先、木曽路も東海道もゆすりが待ち受けているとの情報を得て、北国街道《ほっこくかいどう》（北陸道）へ回る。富山辺から近道を行こうと山越えの難所にかかり、山奥にあった養蚕農家に休む。そこで飯を炊かせている間、ふと見ると、その家の十八、九の娘のかぶる手ぬぐいに、祇園守りの紋が付いている。芝翫の定紋だ。話を聞くと、去年一家で讃岐の金毘羅《こんぴら》詣《まい》りに行き、帰りに大阪で芝居を見物、芝翫の名人芸を見て贔屓となったという。そして買い集めた、さまざまな歌右衛門グッズを出してきて見せる。中には歌右衛門自筆の扇もあったので

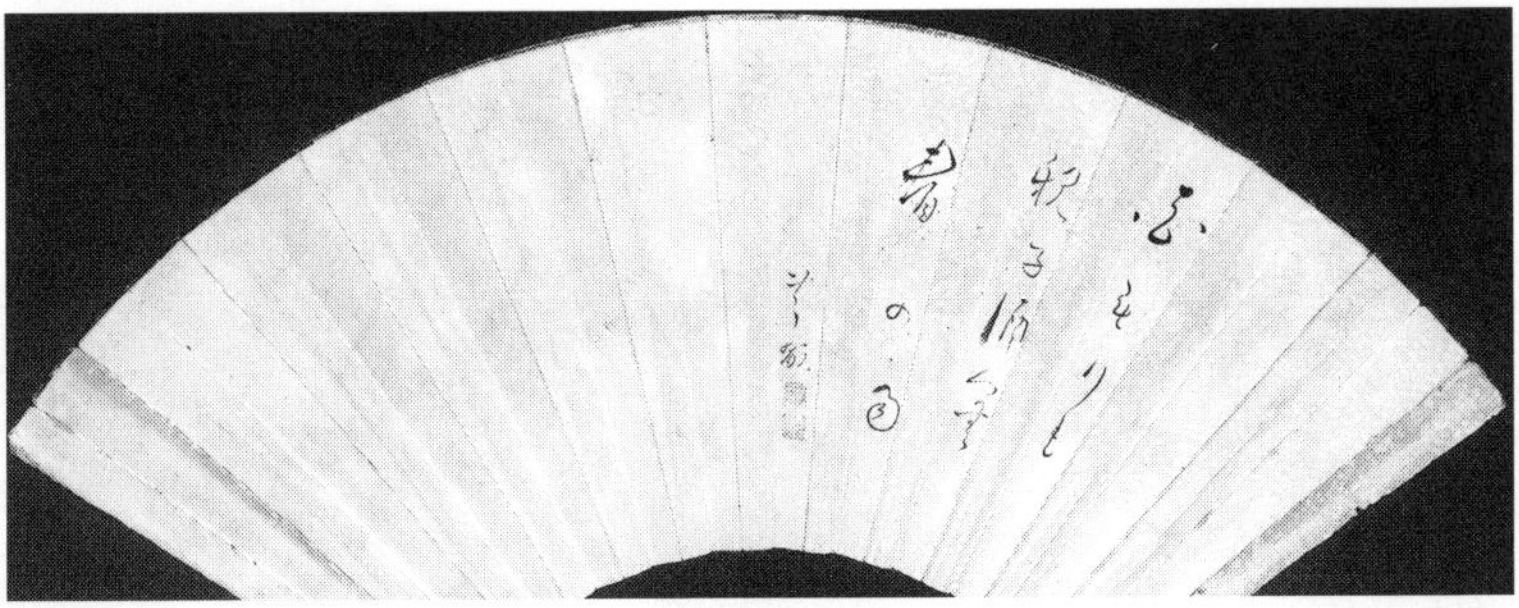

芝翫自筆扇面

驚く。

芝翫が娘に「お前、歌右衛門が贔屓なら、わしを見な。コレサコレサ、わしは歌右衛門によく似ていようが」。娘はじっと顔を見ると、むっとして「ナアニ馬鹿らしい、もったいない。そんなうそ汚いつらなものか」。

芝翫は小柄で容貌も今ひとつなのに、見事な芸の力により上方でも江戸でも大人気を博した。こういう人こそ本物の天才役者なのだろう。

図版は芝翫自筆の扇面で、「花もりも親子酒くむ春の雨」の句が書いてある。畏友、大東文化大の池山晃さんに見せたところ、三代目歌右衛門の芝翫で間違いなしと、すぐに折紙を付けてくれた。

扇面は、〈にしお本まつり〉の古本市でたまたま見つけ、手に入れたもの。〈本まつり〉は、毎年十月、西尾市岩瀬文庫を主会場に催される、書物をテーマとした市民文化祭だ。岩瀬文庫は、市民が文庫を支え続けている点がすばらしい。

公卿の首席、摂政の矜持

余裕ない身だが、筆は力強く――近衛家熙書簡

江戸時代前中期の公家、近衛家熙《いえひろ》（一六六七～一七三六）の書簡を手に入れたので、全文を読んでみよう。

「昨日より今日に至り参勤、窮屈察し入り候。然《しか》れば、御用につき申し談ずべき事、候の間、退朝の節、来たり給《たま》うべく候。そもそも四条局《しじょうのつぼね》の容体《ようだい》、昨晩今朝、如何様《いかよう》に相聞き候や、委細承りたく候。下官《げかん》、今日は所労扶得《ふとく》しがたく、出頭に能《あた》わず候。事々面謁《ことごとめんえつ》を期《ご》し候なり。臘月《ろうげつ》二十六日　家熙」

意訳すると、昨日から今日にかけての出勤はお疲れのことでしょう。御用の件で相談すべきことがあるので、御所から退出する際に来ていただきたい。さて四条局の容体について、夕べから今朝にかけてどのように聞いているか、詳しくうかがいたい。今日は疲労が回復しないので、出向くことができない。諸事、面談にうかがいたい。

宛名はないが、内容から見て御所に出仕する医者だろう。昨日から今日にかけて夜勤をしているらしい。「窮屈」はここでは疲労する意。「退朝」は御所から退《さ》がること。「下官」は自称、やつがれとも読む。「所労」は疲労。次の「扶得」は日本国語大辞典にも見えない語だが、中世の日記

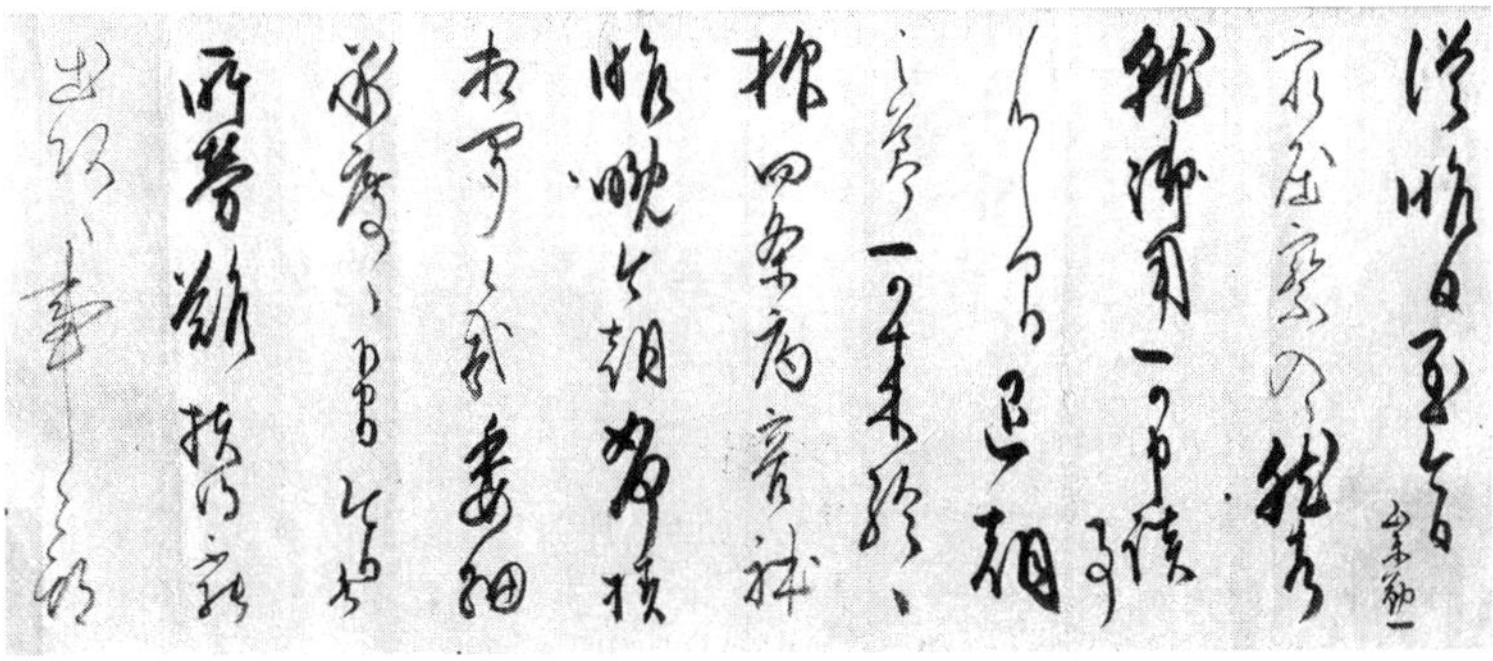

近衛家煕書簡

類に散見し、病から回復する意だ。最後の「臘月」は十二月。

一通の主意は、四条局の病状を詳しく知りたいというもの。四条局とは、東山天皇の側室で、次の中御門天皇の生母である櫛笥賀子《くしげよしこ》のこと。ただ、この呼称が使われた時期は短い。宝永六（一七〇九）年六月、東山天皇が中御門天皇に譲位、同じ月にそれまでの称号、新大典侍《しんだいすけ》から四条局に改める。ところが、同じ年の十二月十七日、東山上皇は疱瘡《ほうそう》（天然痘）のため三十五歳の若さで崩御、その跡を追うように、四条局も同月二十九日にやはり疱瘡で亡くなる。年も同じ三十五歳だった。

すなわち、その三日前の十二月二十六日に書かれた書簡とわかる。時に家煕は四十三歳、関白従一位、八歳の中御門天皇の摂政をも務めていた。公卿《くぎょう》の首席として、また摂政として、幼帝の父母を突然襲った不幸に心身を労していたものと見られる。

そのような状況下、早卒《そうそつ》の間に書かれたものなのに、雄渾《ゆうこん》な筆蹟《ひっせき》に驚かされる。

文部大臣に真正面から反駁

国語教育の重要性を主張――現文部大臣の国語科の説に就て

明治大正時代に活躍した、熊本出身の池辺義象《よしかた》（一八六一～一九二三）という国文学者・法制史学者がいる。歌人や散文家としても多くの仕事を残した。この人の原稿類が大量に岩瀬文庫に保管されている。東京大学古典講習科で学んだ学生時代のノートまで含んでおり、明治の知識人青年の精神形成を知る上で大きな資料となるはずだ。

その中に「現文部大臣の国語科の説に就《つい》て」という十五枚の草稿があった。その説というのは、明治二十八年八月四日付けの新聞で、時の文部大臣、西園寺公望《さいおんじきんもち》（一八四九～一九四〇）が発表した教育についての談話を指す。

日本は維新以来、短日月の間に長足の進歩を遂げたものの、全て西洋列国の模倣で、そこに大きな差がある。これを克服するためには、教育課程において、英語と科学の有用な科目を充実させることが急務で、不用の科目として「国文科の如《ごと》き、これが時間を減じ、もしくは全廃せんと欲するなり」という。

これに対して、当時三十五歳で官立第一高等中学校（第一高等学校の前身）教授だった池辺（正確にはこの時期、国文学者小中村清矩《こなかむらきよのり》の女婿に入っていたため小中村姓）は次のように反論している。

普通教育に国語科が必要な理由として、①方言によるコミュニケーション不全を防ぐこと、②堅い漢文脈ではなく、平易な和文脈で文章を自由に書き表すのが望ましいこと、③ことばや文字は不断に改良する必要があり、それを共有すること、の三点を挙げる。

さらに古文をも学ぶべきであるとし、①日本の古文は現代文と甚だしい差異はないこと、②古典を読んで「文思」（文学的教養）を養うことにより我が国の「骨法」が得られること、③国民思想の変遷を知るのに古文による外はないこと、の観点を挙げる。いずれも正論なるべし。

草稿の末尾に朱書で「これは西園寺大臣に見せたり」とある。果たしてどんな反応があったのか、あるいはなかったのか、今知るところがない。

右の一件から百二十年余りを経た現在、大学の現場では実学重視の風が吹き、人文学の旗色は悪い。英語による講義の実施も推し進められつつある。気骨のある池辺先生が生きていたら、何と言われるだろうか。

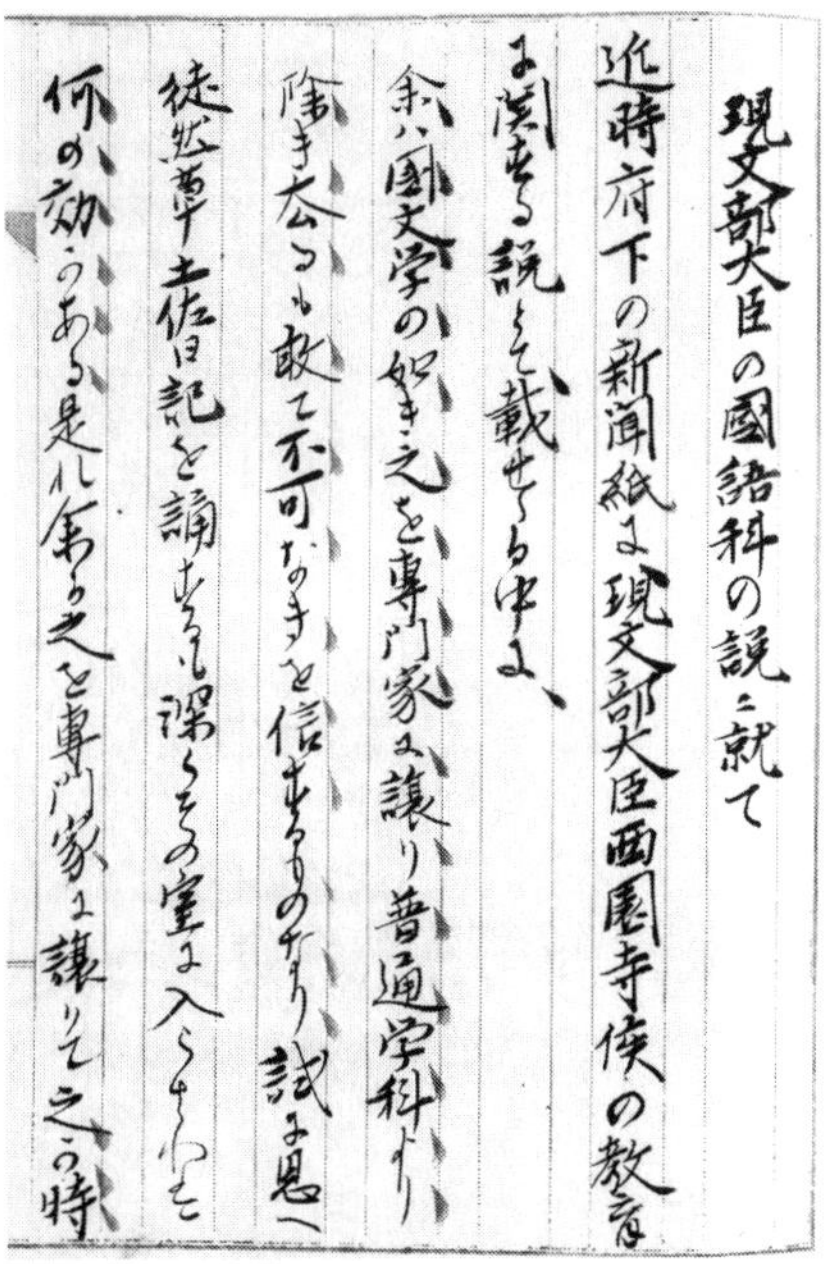
現文部大臣の國語科の説ニ就て
近時府下の新聞紙ニ現文部大臣西園寺侯の教育
ニ関する説を載せたる中ニ、
余ハ國文学の如きハ之を専門家ニ譲り普通学科より
除き去るも敢て不可なきを信ずるものなり 試ニ思へ
徒然草土佐日記を誦するも深く其の室ニ入らずんば
何の効のある是れ寧ろ之を専門家ニ譲りて之の時

池辺義象草稿

2章　奇談・笑話

『拾遺徒然草』口絵

恥をかく話

老師匠にセクハラという愚挙──今昔物語集

たまに江戸を離れ、平安時代のものを読む一席。日本文学史上、最悪の恥をかいたのは、『今昔物語集』巻四に見える、古代天竺《てんじく》（インド）の高僧、優婆崛多《うばくつた》の弟子だろう。

その弟子は既に厳しい修行を積んだ身なのに、常に師匠から、女に近づいてはならぬと繰り返し責められるので、心外に思っていた。

ある日、弟子は用事があり外出、河を歩いて渡っていた。その時、一人の若い女が河の深みで足を取られ、流されかける。「そこのお坊様、お助けを」と叫ぶのを聞き入れまいとしたが、ついかわいそうに思い、手をとらえて陸に引き上げてやる。女の手はふくよかで滑らかで、弟子はいつまでも放すことができない。あとはお定まりの展開だ。

弟子は女の同意を得て、薄《すすき》や萩《はぎ》の生い茂る藪《やぶ》に引き込み、ことに及ぼうとする。続く原文、「もし人やおのずから（万が一）見るらむといぶかしければ、後ろを見返りて、人無かりけりと心安くて、前の方を見返りてみれば、我が師の優婆崛多を仰《あお》のけ臥《ふ》せたり」。人が見ていないかと後ろを振り返って、安心して前に視線を戻したら、美女が師の老僧に早変わりしていたという、ホラー映画みたいな場面。現実にはあり得ない視点を、よくも創作したるものかな。

同じ話を扱う『宇治拾遺物語』では、この場面、「この女を見れば我が師の尊者なり」とあるだけで、後ろを振り返る所作がない。これは残念な省略だ。

話に戻ると、驚いた弟子は逃げ去ろうとするが、師匠は両足で蟹《かに》挟みにして放さない。それどころか、我が弟子が八十歳に余る師匠に変なことをするとわめき立てるので、人が集まり大騒ぎになる。さらに師匠は弟子を近くの大寺に引っ立て、鐘を撞《つ》いて僧たちを集めた上で、弟子の所業を言い立てる。究極の恥をかいた弟子は悔い悲しみ、たちまち大きな悟りを得た。

人間にとって性欲は抗《あらが》いがたいもので、ここまでやらないと脱却できないという説話だ。ただ、セクハラという語が手裏剣《しゅりけん》の如《ごと》く飛び交《か》う現代、そんな趣旨の話は紹介しにくくなった。

それでもこんな古典をもつ国の民は幸せで、とんでもない恥をかく羽目に陥《おちい》っても、この話を読めば、少しは心の平安を得られることだろう。

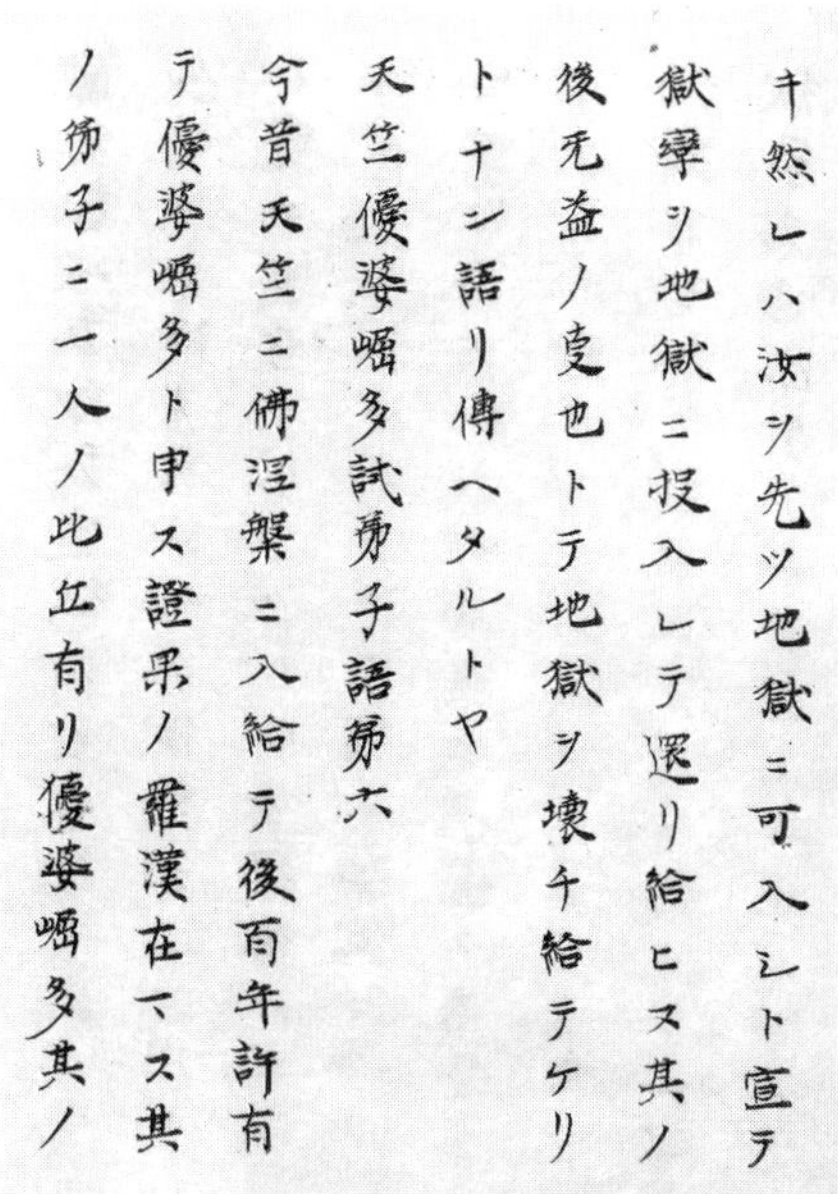
キ然レハ汝ヲ先ツ地獄ニ可入シト宣テ
獄率ヲ地獄ニ投入レテ還リ給ヒヌ其ノ
後无益ノ事也トテ地獄ヲ壊チ給テケリ
トナン語リ傳ヘタルトヤ
天竺優婆崛多試弟子語第六
今昔天竺ニ佛涅槃ニ入給テ後百年許有
テ優婆崛多ト申ス證果ノ羅漢在マス其
ノ弟子ニ一人ノ比丘有リ優婆崛多其ノ

『今昔物語集』岩瀬文庫蔵本

落語「黄金餅」論

死に際のカネへの執着――麻奴廼周散斐追加

「黄金餅《こがねもち》」は妙なハナシだ。舞台は、下谷《したや》山崎町の凄《すさ》まじい貧乏長屋、次に麻布絶江釜無村《ぜっこうかまなし》の荒れ寺木蓮寺《もくれんじ》、そして桐ヶ谷《きりがや》村の火葬場。登場人物の行為に救いはなく、笑いの要素は乏しい。ところが、古今亭志ん生のような優れた演者の手にかかると、独特の可笑《おか》しみがこみあげてくる。

それは、死すべき存在である人間が、あの世に持って行くことのできないカネと、いかに付き合うかという人類に普遍的な課題を、最もあからさまな形で扱うからだ。死の問題と向き合うのに笑いは不可欠で、だからこそ死の概念と笑いとは人間にしかない。

岩瀬文庫の調査の過程で、この落語の原話となった世間話を知った。丹波篠山藩の重臣で江戸の漢学者、松崎観瀾《かんらん》（一六八二～一七五三）の写本随筆『麻奴廼周散斐追加《まどのすさみ》』の中にあった。もっとも知る人は既に知る話だろう。

「洞家《とうけ》（曹洞宗）の僧、隠遁《いんとん》して芝辺に住みけり。年老いて疾《やまい》に伏《ふ》せしかば、甥《おい》なる士《さむらい》、常々来ていたわりけり。やや重りければ一日言うよう、〈白き餅を二百ほしき〉と言いければ、そのごとくして与えければ、〈思う事有る間、汝《なんじ》とく帰れ〉とて、内より戸をさし固めけり。明朝往《ゆ》きて戸をたたきけれど、答えざりし故、押しはなして入りて見れば、かの餅に金一つずつ包み込み、さて四十ばかり喰いしかば、そこにて死したると見えて倒れ居たり。この金を跡に残さん事の口《くち》惜《お》しとて、悉《ことごと》く餅に込めて腹中に入れ置かんと思いけるにこそ。かくも執心《しゅうしん》深き者ありける事にこそ」

以上が全文だ。「黄金餅」の西念が、原話の曹洞宗の禅僧、主人公金山寺味噌《きんざんじみそ》屋の金兵衛が甥の侍に相当する。細部までよく似通っており、こんな奇談がヒントになったことがわかる。その後、金兵衛はお葬《とむら》いを取り仕切り、火葬にした遺体から、鯵《あじ》切り包丁を使ってカネを取り出す。

どちらも餅を飲み込むのが、本来金銭への執着に無縁であらまほしい僧侶である点が重要で、それが話の印象を深くし、また皮肉を感じさせてもいる。そして、もしも自分がそんな場面に立ち会ったならば、どうするだろうか……と、誰しも思い浮かべる悪心を、後半部としてふくらませてできたのが、落語の「黄金餅」となるのだろう。

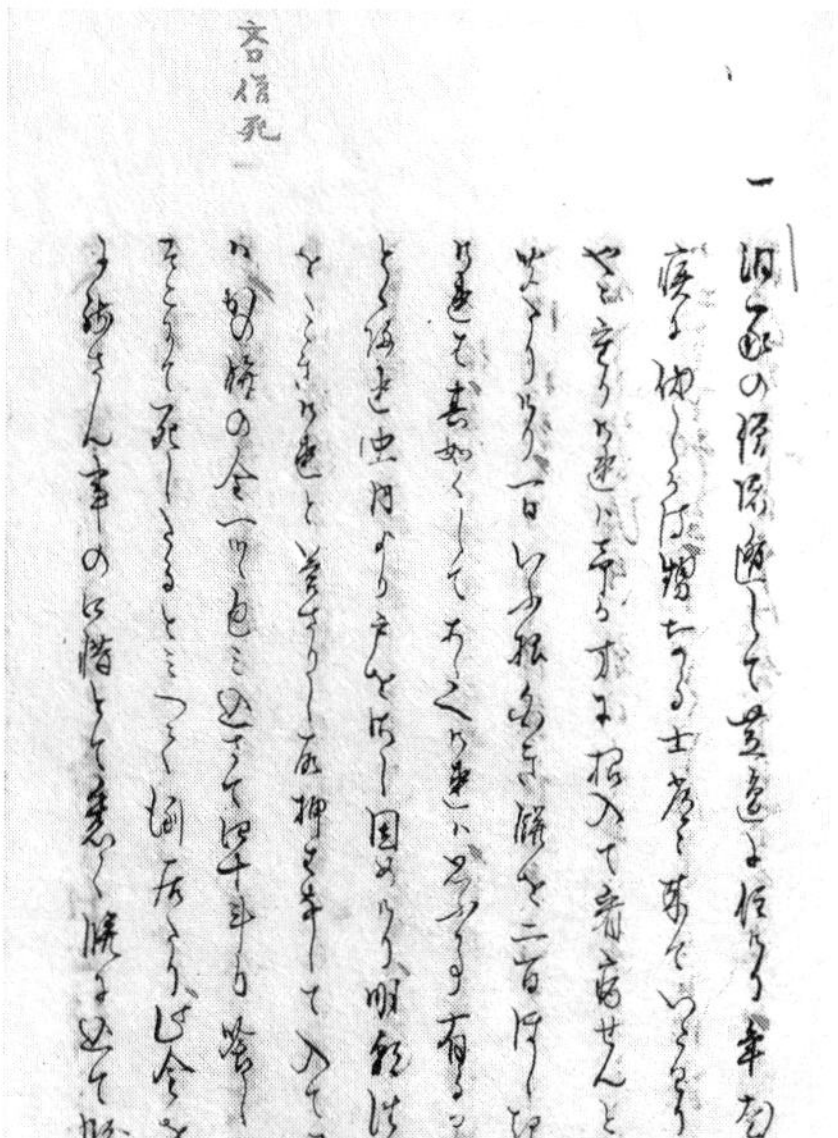

『麻奴廼周散斐追加』

奇談の傑作

心中寸前で逃げ出した男――想山著聞奇集

江戸時代は総じて平穏で、だからこそ人々は奇怪な話題を好み、書物に書き残した。岩瀬文庫の調査でそんな本をたくさん見てきたせいか、たいがいの奇談には心を動かされないが、一つだけ忘れがたい話がある。

嘉永三（一八五〇）年に刊行された『想山著聞奇集《しょうざんちょもんきしゅう》』という本の中の「死神《しにがみ》の付きたるといふは嘘《うそ》とも言いがたきこと」という一話。

著者の名古屋の家に出入りする按摩《あんま》の可悦《かえつ》が語った体験談だ。まだ目が見えていた若いころ、大阪島之内《しまのうち》（道頓堀の北一帯の花街《はなまち》）の女郎になじみ、女から心中を持ちかけられ、若気の至りで承知してしまう。ある晩、手に手を取って出かける途中、女は道頓堀にかかる戎橋《えびすばし》のたもとの履物《はきもの》屋で、下駄《げた》は歩きにくいからと草履《ぞうり》を買う。店を出ると、女は不要になった下駄を橋から無造作に投げ捨てた。

これを見て、男は「この女はいよいよ死ぬつもりなりと初めて悟りたり」。挿し絵を見てもわかるように、当時の道頓堀は多くの舟が、常に行き交《か》っていたのだ。

男はぞっとして後悔するが、女は「懐より背中へ手を差し入れ、命がけにて下帯（ふんどしのこと）をしっかりと握りつめいたるゆえ」、男は逃げられない。今も犯人を確保した警官は、ベルトの腰あたりをつかむから、この女は急所をよく心得ている。

ついに、死に場所と決めた今宮の森（近松門左衛門作『今宮の心中』の舞台でもある今宮戎《えびす》神社の森）に着いてしまう。男は少しでも時をかせごうと、首を縊《くく》る前に最期の一服をしたいからと火打ち石を取り出して打つ。すると、その音を聞きつけた夜番《やばん》にとがめられ、女が手を緩めたすきに、男はこれ幸いと逃げ去った。数日後、女は遠国より来た、別の年配の客と心中を遂げたという。

この好著の作者は江戸詰の尾張藩士で、当時書家として名高かった三好想山（?〜一八五〇）。きっと話の面白い先生だったに違いない。

この版本は五巻五冊の堂々たる本で、しかも手の込んだ挿し絵が多数入っている。刊記には「青山直意《なおもと》蔵」とあり、三好の門人で美濃苗木《なえぎ》藩士の青山の蔵版書（私家版）だ。一万石の小藩の藩士が、なぜこんな豪華本を出版できたのか、よくわからない謎の本だ。

『想山著聞奇集』

但馬出石殺人事件

小説仕立てで奉行を称賛――武鑑物語

武士道にかかわる話を多数集めた『武鑑物語《ぶかんものがたり》』（84頁参照）の中に、こんなミステリー風の長編があった。

但馬出石《たじまいずし》（兵庫県豊岡市）に住む百姓喜右衛門方へ、近江彦根の商人弥兵衛が毎年苧《お》（麻織物の原料）を買いに来て逗留《とうりゅう》した。その年の買い付けを無事終え、ある日の未明、弥兵衛は故郷へと旅立つ。その朝四つ（十時ごろ）過ぎになっても妻が起きないので、喜右衛門が見に行くと、妻は寝床で刺し殺されていた。

弥兵衛が怪しいと、すぐに追っ手がかかり、間もなく連れ戻された弥兵衛の脇指《わきざし》をあらためると血糊《ちのり》が付いている。弥兵衛は身に覚えがないと主張、喜右衛門も、弥兵衛はそんなことをする者ではないと証言するが、そのまま弥兵衛は牢舎《ろうしゃ》を命ぜられた。

一年が過ぎ、喜右衛門や町の宿老らが奉行所に呼び出された。他に犯人も見つからず、弥兵衛が殺したのに相違ないとし、牢から長髪（月代《さかやき》が伸び放題）の男が引き出され斬首となり、首は桶《おけ》に入れて喜右衛門に引き渡された。弥兵衛の仕業とは思わない喜右衛門は、自分の土地に墓を建てて弔ってやった。

弥兵衛には妻と二歳の男子があり、後家は子を育てるために新たに後夫を迎えた。その男子伊兵衛が十七歳になった時に、両親の許しを得て実父の墓参りに向かう。

伊兵衛が、喜右衛門に教えられた墓に香花を供えていると、近くを二人連れが「あの墓に参る者はないはずだが」と言いながら通り過ぎる。不審に思った伊兵衛がそっと跡を付けると、一人の男が「本当の下手人は今も無事なのに、彦根の男は不憫《ふびん》なことよ」と語るのが聞こえた。

ここから真犯人が発覚、実は喜右衛門の姪《めい》の恋人、米屋八兵衛が、姪との逢瀬《おうせ》を妨げる喜右衛門妻を殺害、弥兵衛に罪を着せたのだった。

伊兵衛と喜右衛門は奉行所に呼び出される。伊兵衛は奉行に、本当の父の敵を罰するか、父を戻して欲しいと嘆く。すると奉行は、それならば、と牢から一人の見知らぬ男を引き出す。喜右衛門が顔をよく見ると、弥兵衛その人で、親子は涙の再会を果たす。親子は帰郷、この後さらに、妻一人に夫二人の、イノック・アーデン風の顚末《てんまつ》が続く。

奉行の賢明な措置を賞する趣意らしいが、小説的興味の勝った話となっている。

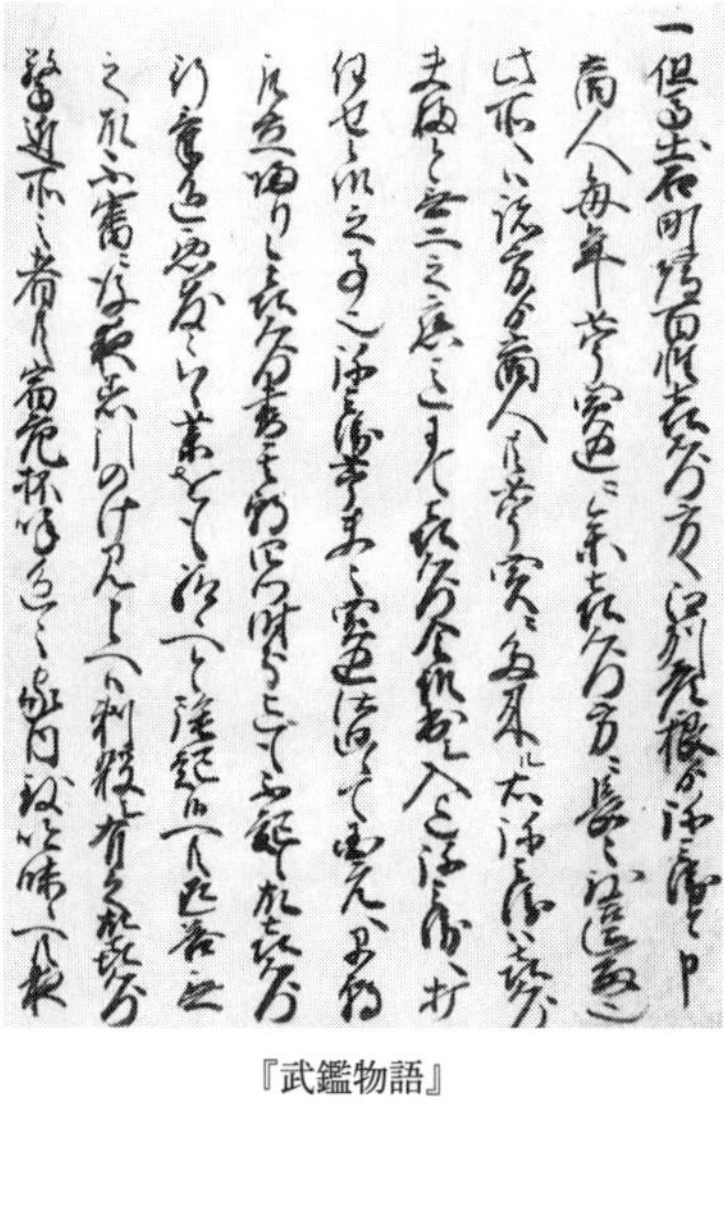

『武鑑物語』

落語「まめだ」の原話

江戸の役者の話が関西へ――実説奇談紫陽花著聞

上方落語「まめだ」は、落語作家の三田純市《みたじゅんいち》氏が、先年亡くなった桂米朝《かつらべいちょう》師に提供した昭和の新作落語だ。表題のまめだとは、関西弁で人を化かす狸《たぬき》のこと。悪さはするが、愛すべき存在でもある。

明治初年の大阪歌舞伎に、江戸から来た人気役者でケレンで売った市川右団次《いちかわうだんじ》の弟子で、市川右三郎《うさぶろう》という大部屋の役者がいた。母親は、道頓堀（芝居街）にほど近い三津寺の門前で、びつくり膏《こう》という家伝の膏薬を売っていた。右三郎はその他大勢から抜け出そうと、トンボ（宙返り）の稽古を重ね、その上手となった。

ある淋《さび》しい雨の夜、芝居帰りに傘をさして歩いていると、突然傘が重たくなった。まめだが悪さをしたなと気づいた右三郎はトンボを切り、まめだは地面にたたきつけられ逃げて行く。

その後、傷ついたまめだの子が、人間の子どもに化け、銀杏《いちょう》の落ち葉を銭に変えて、毎日膏薬を買いに来るという話に展開する。古き良き時代の大阪道頓堀界隈《かいわい》を舞台に、秋のしみじみとした情趣に満ちた人情話となっている。

岩瀬文庫にある『実説奇談紫陽花著聞《あじさいちょもん》』を読んでいて、この落語の原話に気づいた。同書は幕末に成った奇談集の写本で、詳細は不明ながら江戸の歌舞伎関係者による著述らしい。その中巻にあった「割下水《わりげすい》の傘」という話。

こちらは江戸の話。七代目市川海老蔵《えびぞう》（時代から見て七代目団十郎のことだろう）の門弟、二代目市川宗兵衛《そうべえ》は「跡返りの名人」として知られた。ある夜、本所（東京都墨田区）に住む贔屓《ひいき》客の家で馳走《ちそう》になり、降り出した春雨に小田原提灯《ちょうちん》と傘を借りて、ぶらぶらと帰ってきた。途中、北割下水の辺で急に傘がずっしりと重くなり、たまらずトンボを切ると、「狸、不意をくらって真逆さまに割下水の古溝へはね落とされ、さぶさぶ逃げうせけり。これをその頃、宗兵衛が狸を化かせしともっぱら評判いたしけり」と、素朴な話となっている。

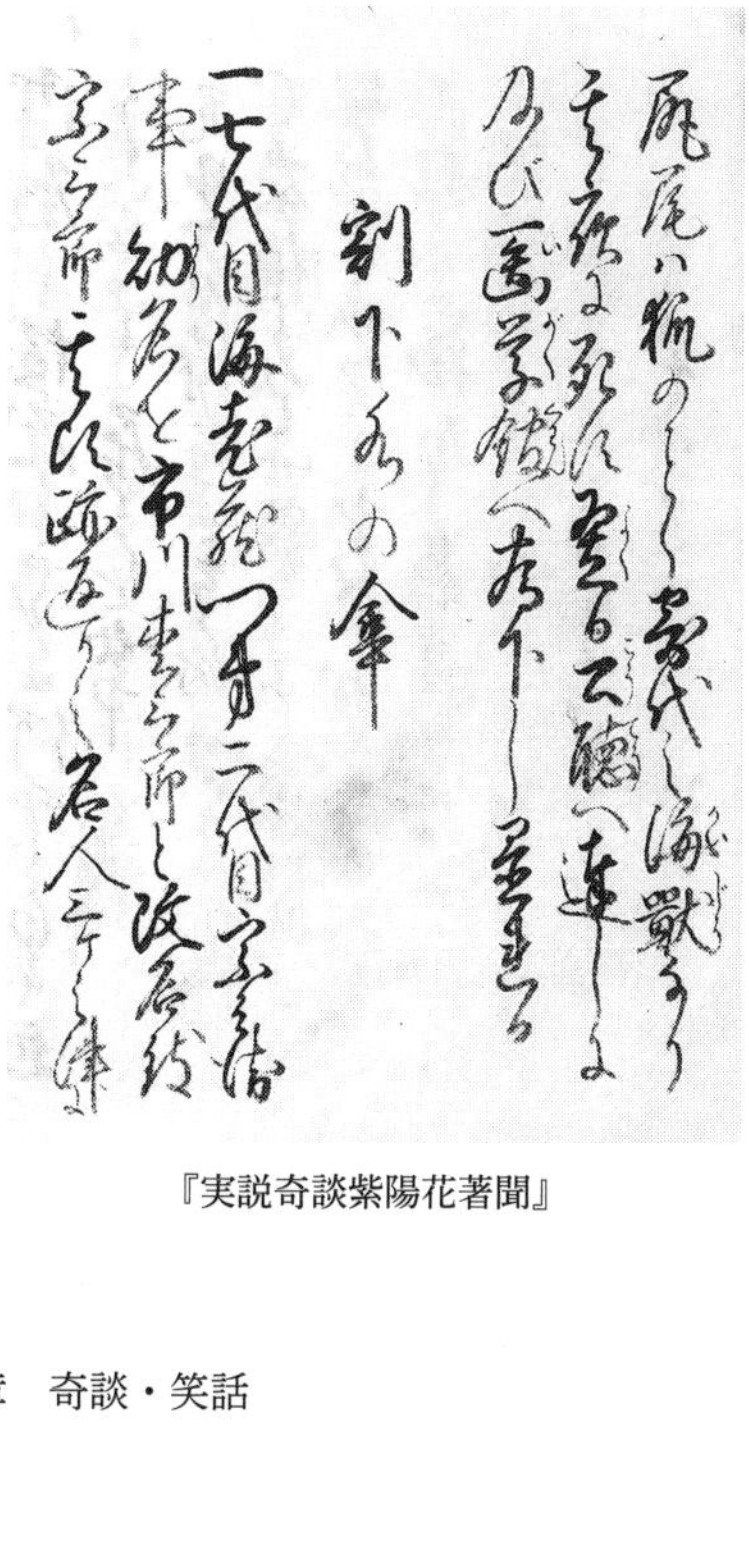
『実説奇談紫陽花著聞』

割下水とは、雨水を流すために本所の南北二箇所に設けられた排水路だ。近隣は置いてけ堀や狸囃子《ばやし》など「本所の七不思議」で有名な地で、江戸期には寂しい場所だったらしい。この話が関西にまで語り継がれて、「まめだ」に使われたのだろう。

秀逸な怪談

秘密を隠し続けるのはつらい――新古茶話雑談軽口噺

岩瀬文庫蔵『新古茶話雑談軽口噺《しんこちゃわぞうたんかるくちばなし》』二冊は、江戸時代後期に書かれた写本の噺本《はなしぼん》（笑話集）だ。序文などがなく、著者も成立事情も不明だが、本文の中に「遠目鏡《とおめがね》にて熱田の様子を見るに」や「夕べ納屋町《なやまち》（名古屋市中村区）へ振舞《ふるまい》に行ったが」などと地名が散見し、名古屋でできた本らしい。中にこんな怪談噺があった。題して「女房に肌を許すな」。女房を信用するなという意味だ。

夫婦連れで郊外に花見に出かけ、戻りには道を替えて田んぼ道を通ると、野中に石地蔵が立っている。夫はそれを見て顔色を変え、よほど行き過ぎてから、「ぞっとして酒の酔いも醒《さ》め果てた」と言う。女房がしきりにその訳を尋ねるので、夫は「今の石地蔵は恐ろしい地蔵様じゃ。あの地蔵が物を言うたのを、はっきりとこの耳で聞いた」と言う。

女房は女の癖として、それはどういうことなのかと、しつこく聞きたがる。ついに男は女房に心を許して、よくよく口を固めた上で打ち明けるには、「わしは昔、若気の至りで、人が金子を持って行くのを見つけ、出来心から跡をつけて忍び寄り、だまし討ちにして奪い取った。そこに人はいないかと振り返ったところ、右の石地蔵だけだったので、安堵《あんど》して思わず捨てことばに『地蔵、必ず人に言い給《たま》うな』と言った。すると地蔵が『わしは言わぬほどに、ぬしが口から言うなよ』とありありと言われたのじゃ。空恐ろしくなって逃げ帰った」と語るうちに家に着き、夕飯を食べて床に就いた。

その後、年を経て、そんな話も忘れたころ、男はよそに妾《めかけ》をこしらえ、それがもとで夫婦喧嘩《げんか》が始まる。とうとう女房を実家に戻したところ、女はその足で奉行所に駆け込み、右の段々を具《つぶ》さに訴え、直《す》ぐに男は召し捕られ、お仕置きとなった。

末尾に著者は「すべて罪ある者は、人は知らずといえども、我が心がよく知って居る故、自然と罪を吐き出すものなり」と付け加えている。

そこから思うに、男が花見帰りにわざわざ石地蔵の前を通ったのは、無意識のうちに秘密を暴露しようとしたものか。重大な秘密を隠し続けることほど、大きなストレスはなく、つい人に漏らしてしまうのだろう。そんな人心《ひとごころ》の機微を巧みに描いている。

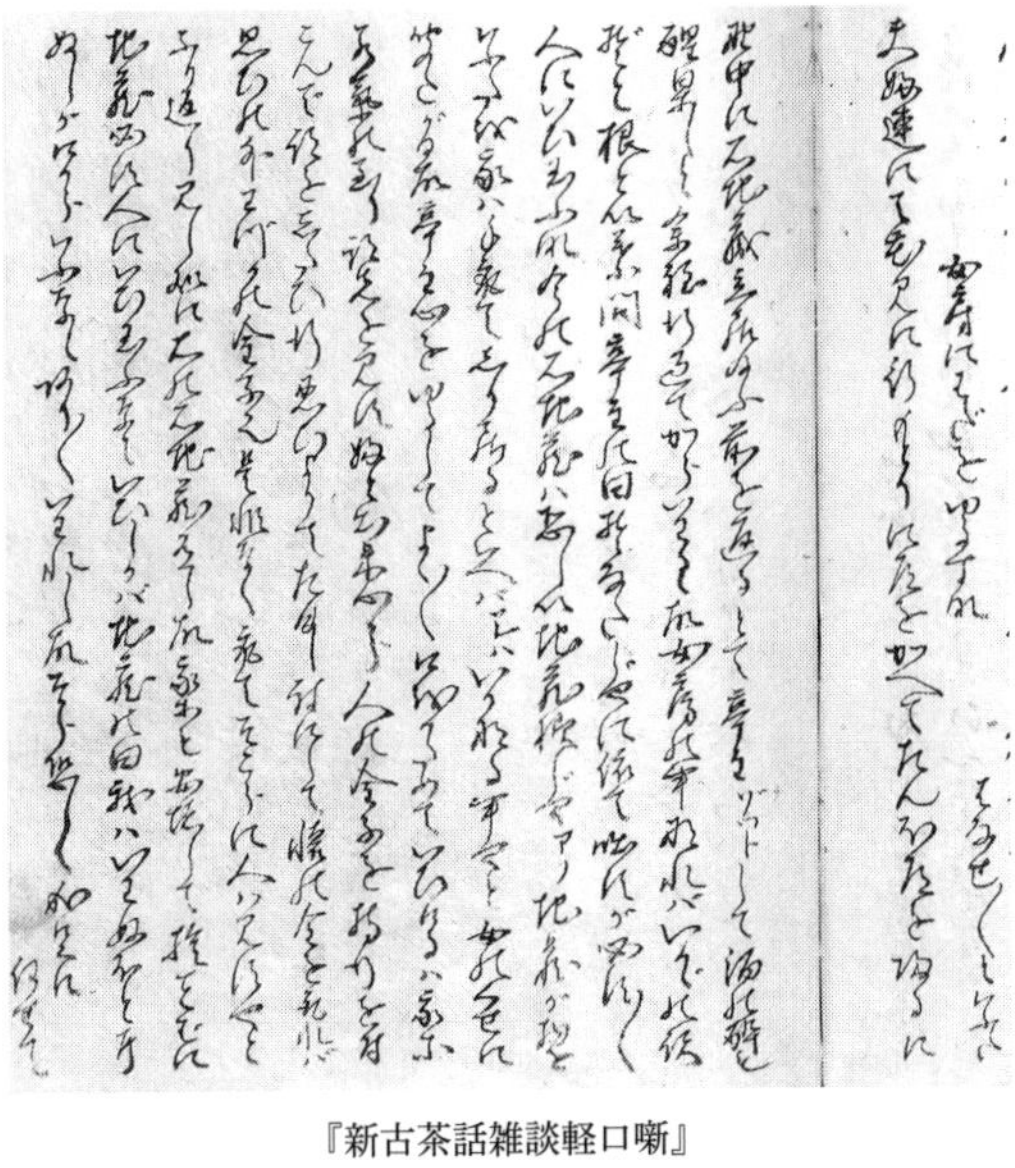

『新古茶話雑談軽口噺』

さらに秀逸な怪談

胆太き女性、怖すぎる――――――宿直草

延宝五（一六七七）年に刊行された初期の怪談本『宿直草《とのいぐさ》』にある「女は天性《てんせい》、肝《きも》太き事」という話。

摂津国富田《とんだ》の庄（大阪府高槻市）に住む若い女が、夜な夜な離れた所に住む恋人のもとに通っていた。「道も一里（約四キロ）の余《よ》ありければ、行きて臥《ふ》すにも暇惜《ひまを》しむのみなり。また、定かなる道にもあらず、田面《たづら》の畔《あぜ》の心細くも、人を咎《とが》むる里の犬、露の玉散る玉鉾《たまぼこ》の（道に掛かる枕詞）道行く人の目繁《しげ》きをも、忍び忍びに通いしは、実に恋の奴《やつこ》（奴隷）なりけり」とある。巧みな修辞の利いた名文ではないか。

途中、西河原の宮という暗い森を越えると、さらにその先に農業用水の溝がある。いつもは丸木橋が架かっているのに、大雨で流されたのか、その夜に限って見当たらない。困って溝を上り下りしていると、行き倒れた男の死体が仰向《あおむ》けになり、ちょうど溝の上に横たわっている。さあ、どうする。

「女、幸いと思い、かの死人《しびと》を橋にたのみて渡るに、この死人、女の裾《すそ》を銜《くわ》えて放さず、引きなぐりて通るが、一町（約百メートル）ばかり行き過ぎて思うよう、死人、心なし、いかで我が裾を食わん。いかさまにもいぶかしと、また元の所へ帰りて、わざとおのが後ろの裾を、死人の口に入れ、胸板を踏まえ、渡りて見るに、元の如《ごと》く銜ゆ。さてはと思い、足を上げてみれば、口開《あ》く。案の如く、死人に心はなし。足にて踏むと踏まぬとに、口を塞《ふさ》ぎ、口を開くなりと合点《がってん》して、男の方へ行く」。

女はラッキーとばかりに死体を踏んで溝を渡る。死人が裾を銜えても動じない。そればかりか、一町も過ぎてから、わざわざ立ち戻り、再現実験を行う。結局、やはり死人が裾を噛《か》むはずはないと納得、ここに彼女の科学的探究心は満足せしめられた。

ようやく男のもとに至った女は、枕物語に右の一件を「褒められ顔に話す。男、大きに仰天して、その後は逢《あ》わずなりにけり」。

化け物の類が全く登場せず、むしろ怪異現象の存在を否定するこの話こそ、江戸期に数ある怪談の中でも最高傑作ではないかと思う。西鶴による諸国奇談集『西鶴諸国ばなし』の序文にある「人は化け物、世にない物はなし」の名言に通う精神がある。

『宿直草』国文学研究資料館蔵本

寿命貝の伝説

不老の身はどこか寂しげ――長寿貝由来

岩瀬文庫にある『長寿貝由来』という写本に記される話。筑前国遠賀《おんが》郡（北九州市の周辺）の浦人で、肥前国伊万里《いまり》の焼き物を仕入れて船に積み、諸国を売り歩く商人の一団がいた。天明二（一七八二）年五月のこと、船は奥州津軽（青森県）に滞留、商人たちは銘々《めいめい》に荷をかついで、日々売り歩いた。

その中の一人が、ある日山路に踏み迷い、谷川の水に野菜屑《くず》が流れるのを見て、川をさかのぼると、洗濯する女に出会う。話しかけると、女も筑前国岡の県庄《あがたしょう》の浦《うら》（北九州市若松区）の出身と言い、その家に招かれる。

女の奇怪な身の上話によると、かつて庄の浦は山鹿刑部丞《やまががぎょうぶのじょう》の領地で、寿永年間（一一八二～四）に安徳天皇が山鹿を頼り仮御所を構えたので、自分も磯物を取って御所に捧《ささ》げた。その頃重病となり、我が子が取ってきたホラ貝を煮て食べたところ快復し、それ以来不老不死の身となった。その後、夫や子や孫とも死別し、諸国の社寺を順礼する旅に出る。

因幡国法美《ほうみ》郡（鳥取県の東部）で三百余歳の寿を保った武内大臣を祀《まつ》る神社に詣で、出会った男と所帯を持つ。その夫は老いさらばえても、女は若いままなので人々に怪しまれ再び旅に出る。

今は津軽の郡で今の夫に嫁している。命の親のホラ貝は故郷の舟留《ふなどめ》の松近くの祠《ほこら》に収めてあると教える。

その後、故郷に戻った商人は、その年の十月に庄の浦を訪ね、伝次郎という者の家に伝えられているホラ貝を見る。貝は「寿命貝」と呼ばれ、伝次郎の家は代々長寿で、悪病の流行《はや》る時にも免れてきたという。なお、このホラ貝は地元、北九州市若松区の貴船神社に今も大切に残され、神事に用いられるらしい。

これは、とんでもない長寿の女性が諸国を放浪する八百比丘尼《やおびくに》伝説の一変型で、江戸時代の人はこんな話題を好んだ。この話は細部まで良くできていて、当時流布したらしい。岩瀬文庫で見た、別の江戸期のいくつかの雑記にも同じ話が載っていたし、先日も栃木県の佐野で、ほぼ同じ内容の写本を見た。

日本の不老伝説は、浦島太郎を見てもわかるように、単純にめでたい話ではない。当人たちはどこか寂しげで、そこに健全な味わいがある。

『長寿貝由来』

旅僧の語り

死骸がゆらゆら歩き出す——見聞随筆

岩瀬文庫所蔵『見聞随筆』写本九冊。諸国奇談を中心とした雑話を多数収める。外題《げだい》（表紙など本の外側に書かれた書名）も内題（本文の冒頭など本の内側に書かれた書名）もなく、右の書名は仮のもの。著者も不明だが、好奇心の塊みたいな人で、さまざまな職業や階層の人から聞き取った記事がとりわけ面白い。

たとえば各地から産出する砥石について、名称や用途を詳しく記すが、刀剣の研ぎ師から聞いた話らしい。あるいは修験者《しゆげんじや》（山伏）が七度の峰入りを経て、法印などの官位を得る手続きや料金の話。あるいは六十六部が、上野寛永寺へ姓名の登録をする方法や行脚修行中の掟《おきて》など、興味深い話題に満ちている。

知り合いの廻国《かいこく》の僧、浄念の語る話もある。丹波園部（京都府南丹市）辺の山中で、ある家に宿ったところ、その家の女房が病でその日に亡くなったとのこと。夫婦二人住まいなので、親族に知らせに行く間、留守番を頼まれた。炉のそばにうずくまっていると、外から小さな猫が一匹入ってきた。

猫が亡者に近付くと魔がさすという話を聞いていたので、試してみようと死人の近くに放ちやると、猫は何かに恐れ近づかない。見ると、死者の枕元に斧《おの》が置いてあったので、それを取りのけたところ、猫は死人の懐に入ってゆく。すると「しばらくありて、その死骸、むくむくと起き上がり、目を開きてゆらゆらと」歩き出した。

上方落語の「七度狐《しちどぎつね》」の中にも、旅人が山寺で留守番をしている時に、棺桶《かんおけ》を持ち込まれ、そこから金貸しのおさよ婆《ばあ》さんの死骸が立ち上がり、「カネ返せえ」と迫る場面がある。旅僧など旅を日常とする人たちによって、こんな怪談が流通したのだろう。

本書には落語の歴史を概観した「落とし話の事」という重要な記事もある。大学一年の時以来、今も教えを受け続けている延広真治先生にお尋ねしたところ、江戸文学研究者の三田村鳶魚《えんぎょ》翁が、右の記事の一部を『名なし随筆』として、自著「滑稽本概説」(『評釈江戸文学叢書《そうしょ》』第十巻、昭和十一年)に引用している旨、すぐに教えて下さった。『見聞随筆』を写した『名なし随筆』という本もあったらしい。

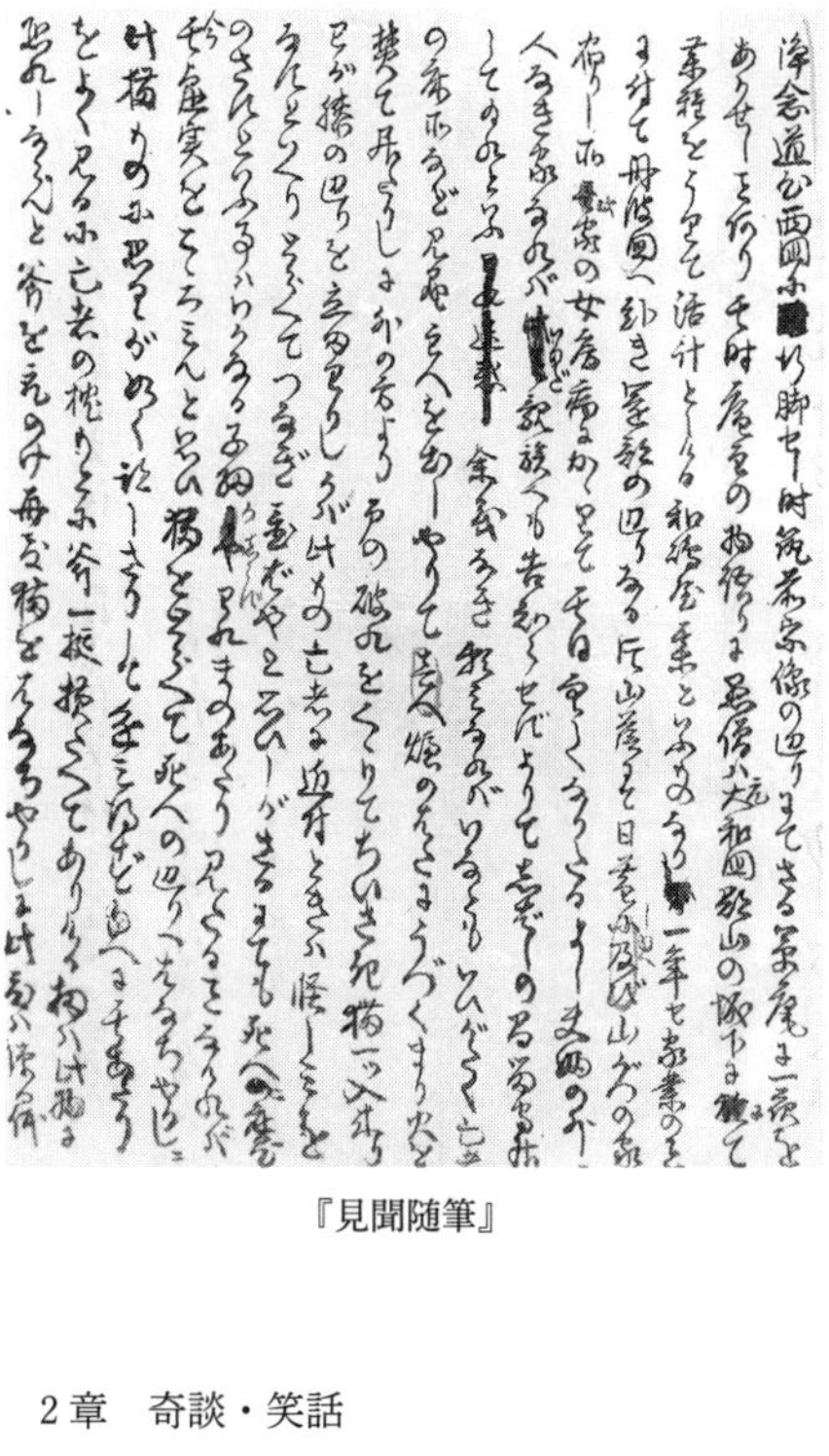

『見聞随筆』

ロクロ首の見世物

なんでもない話を面白がる――希有談

子どものころ、たぶん昭和四十年前後、郷里神戸の生田神社で蛇女の見世物《みせもの》を見たことがある。薄暗い小屋の中にいるのは髪が長く、少し化粧の濃いお姉さん。顔は生きた人間で、時々表情を変えたりするのに、首から下は蛇体で、明らかに作り物だ。ところが首と同じような太さで、とうてい中に入れるようなものではない。それがゆらりゆらりと左右に揺れている。

夢の中で見るような光景で、久しく不思議に思っていたが、ずっと後になって、あれは鏡を用いたトリックで、ほかに蜘蛛《くも》女もあったと本に書いてあるのを見た。今もどこかで興行しているのだろうか。もう一度見たい。

岩瀬文庫蔵『希有談《けうだん》』写本一冊。京に住む松吟庵風可なる未知の人物による雑記随筆で、享保十五（一七三〇）年の自序があるから、この種の書としては成立が古い。

著者が若年のころというから元禄ごろだろう、京都四条の橋詰めでロクロ首の見世物を見たという。「少し首長きような女に首筋に赤き筋あり。『さて唯今《ただいま》抜けまする』と言うて黒き幕の内へ入り、『始まり』と言うて、太鼓テンテンと打つ。幕の上へ首を出し、あちこちへ歩く。いやらしく笑う。胴は幕の内より膝のほとりばかり見する。……『さて又《また》胴へ帰りまする』、笛ヒュウヒユウ」というもの。

古い時代のロクロ首は、首が長く伸びるのでなく、頭が抜けて飛び回るものだった。洒落《しゃれ》好きの著者は「さてさて自由なテクロ首かな、おかしおかし」とからかっている。テクロは手暗、人目をごまかすインチキのこと。

同書には小味のきいたこんな話もある。さる老婆が蛸薬師（京都市中京区）に詣《まい》り、「タコを三年食うまじ、病を快くなしたまえ」と願を立てた。ところが、三年経《た》っても治らないと著者に恨みごとを言う。話を聞くと、蛸薬師堂の絵馬にはみなイカが描いてあったから、イカを断《た》ったという。生きたタコを見たことがないため、タコの絵をイカと思ったのだった。後々まで老婆の「顔を見るとおかしかりき」という。何でもないこんな話を面白がり、記録する人こそ、実は希有なのだ。

本書は筆跡より見て、江戸時代後期の京の本草家、水野皓山《こうざん》による転写本で、伝本は外にない。

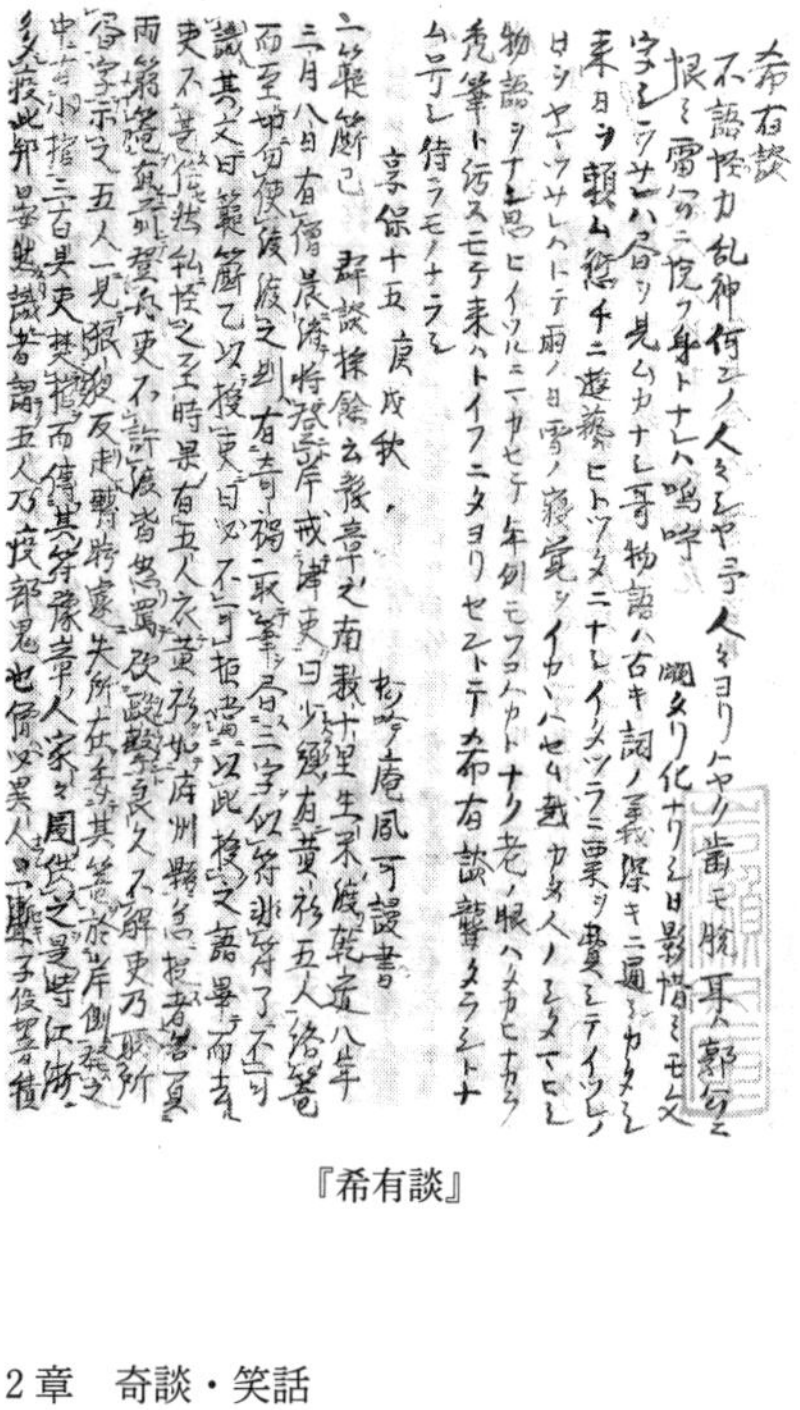
『希有談』

百五十五歳の老人

現代にも通ずる長寿の悲哀――深山雑話

弘前藩士の雑話随筆『深山雑話《みやまざつわ》』（104頁参照）は、古書の戸籍簿ともいうべき日本古典籍総合目録データベースに載っていない。もっとも、弘前市立図書館には二本も所蔵されるらしい。弘前城の桜の季節にでも出かけ、私の本と同じか比べてみたい。古書はそんな旅の楽しみをも、もたらしてくれる。

この本はあまり知られていないようだが、興味深い記事が多い。たとえばこんな話。著者の知人の竹内勘六が、かつて廻国《かいこく》していた頃の経験談。道中の茶店で休んでいると、その亭主が「珍しいことがある、この配符をご覧なさい」という。配符とは役所からの通達書だ。そこには加賀宰相（金沢藩主）家来、新木幸吉、百五十五歳が、公儀のご用が済み帰国するので、宿継ぎの人馬を差し出すようにとある。

間もなく一行が到着、駕籠《かご》から下りてきたのは六十歳ばかりに見える小柄な老人。勘六は前に進み出て、「拙者事は津軽越中守家来」と挨拶《あいさつ》し、ご酒《しゅ》を一つ差し上げたいと、茶屋に命じて拵《こしら》えさせた重箱と盃《さかずき》を出した。老人は快く受け、三献《こん》飲んで盃を置く。

勘六がそのお盃を頂戴《ちょうだい》したいと言うと、老人は語り始めた。定めて年齢にあやかりたいとのお考えであろう。拙者はこの度、公儀のご用で出府、公儀より生涯のうち三千石を下されることとなった。元来、加賀守よりも知行三千石をいただき、合わせて六千石となった。しかれども、これを語り合い、ともに悦《よろこ》ぶ者は一人もない。近い親戚や朋友《ほうゆう》は皆死に果て、今は遠い親類に養われている。

長く生きているので嬉《うれ》しい事も数々あったが、皆忘れた。一方、子や孫たちを先立てた悲しみと天変地異に驚いた事だけはよく覚えている。

されば、めでたいのは八十八歳くらいまでで、その余の長命は無益に候。

この話を提供した竹内勘六とは、筆者の配流幽閉先、川原平《かわらたい》村（中津軽郡西目屋村）の隣村にある、銅や鉛を採掘する尾太《おっぷ》鉱山を請け負った御用商人として知られている。諸国をわたり歩いた、いわゆる山師で、豊富な話題の持ち主だったことだろう。しかし、いくら何でも百五十五歳は信じがたく、何かの間違いか。それでも人生百年時代が現実となりつつある今、考えさせる問題を含んだ話だ。

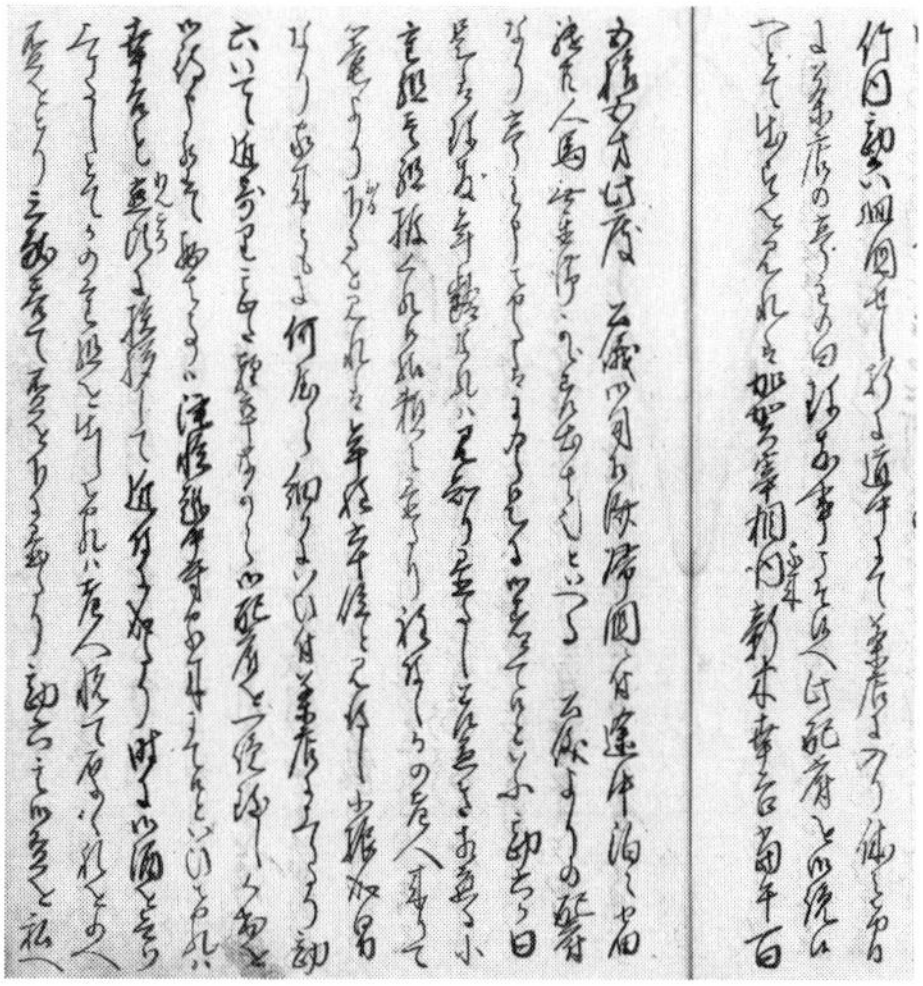
『深山雑話』

古い笑話の味

目に浮かぶ滑稽さ——軽口七福神

江戸時代には夜話《よばなし》、つまり親しい仲間が集まり、酒や料理を楽しみつつ、種々の話に興ずる場が好まれた。そんな習慣があるから、新作の笑話を収めた噺本《はなしぼん》も、江戸期を通して大量に作られ、独特の発達を遂げた。しかも笑話の多くは日常生活に取材するため、俗語や卑近な風俗、時事的な話題を豊富に取り上げており、文化史研究上の宝庫というべき存在だ。

それらは『噺本大系』という優れた叢書《そうしょ》に収められている。ただし、噺本は大切に扱われなかったためか、原本の残存はよくない。

宝永五（一七〇八）年にできた『軽口七福神《かるくちしちふくじん》』全五巻のうち巻三を入手した。端本《はほん》（欠本）ながら、同書は東大に巻一～二と四～五があるだけなので、嬉《うれ》しい買い物だ。

同書は『福禄寿』という本を改題（書名を改めて新刊書に装うこと）改編（話の配列や内容の一部を改めること）したものであるとわかっているが、その『福禄寿』も原本の所在はわかっていない。

この巻三の中に、読んでいて思わず吹き出した秀作があったので、紹介しよう。「提灯持《ちょうちん》ち」という小話。

「田舎より丁稚《でっち》置きけるに、提灯という事を知らず。ある時、旦那、夜話に提灯持たせ行かれしが、旦那、座敷へ上がられければ、『御供《おとも》の衆《しゅう》も上がって』と言えば、提灯持ちながら上がり、火吹竹《ひふきだけ》借り、火を吹き消し、提灯持って立っている。余《よ》の供の者、おかしく思いて、『提灯、下に置きや』と言えば、『下に置けば、大事の提灯に皺《しわ》が寄る』と言うた」。

さし絵（落書きがあるが無視されたい）は丁稚が火吹竹を使っているところ。この後、提灯を持って立ったまま主人を待つのだろう。その姿が目に浮かぶ。

ただ、江戸期の笑話は既にある話を焼き直すことが多いので要注意だ。幸い、最近国文学研究資料館が公開してくれた「噺本大系本文データベース」がこの種の捜索に役立つ。この話も類話が宝永二年刊の『軽口あられ酒』巻三にあることがすぐにわかる。

そちらには火吹竹の件はなく、オチの部分は「丁稚『火が消えぬ』と申す。旦那『やい、立てて置いては消えぬぞ。提灯も下に置け』と申さるる。丁稚『下に置けば皺が寄りまする』と言うた」と、より単純素朴な形になっている。

『軽口七福神』巻三

山雲子の噺本

隠れた著述家に迫る————けらけらわらい

西鶴と同時代の著述家で、最も重要な仕事を残したのは、山雲子《さんうんし》こと坂内直頼《ばんないなおより》（一六四六〜一七一七）だ。ただ隠者気質で、自らの名を顕《あらわ》そうとしなかったため隠れてしまった仕事が多く、文学史上の偉大さは、いまだ十分に認識されていない。

伝記も謎だったが、岩瀬文庫で見た、ある禅僧の文集の写本の中に、その墓誌銘を見つけ、履歴が判明した。かつて出雲松江藩に仕えた浪人の馬医の子として但馬出石に生まれた。その後、父は備前岡山藩に召し抱えられるが、間もなく早世する。養子（山雲子の養父）がその跡を継ぐが、山雲子が十六歳の年にその養父が発狂出奔、それを直ちに藩に届け出なかったことが咎《とが》められ、改易（クビ）となる。

その後、母を連れて京に出、やがてその学識は出版界の認めるところとなり、古典の注釈書を中心に、啓蒙的著述を数多く述作刊行する。母の没後は、かねての宿願であった出家を果たすとともに、京都周辺をくまなく歩いて、畢生《ひっせい》の大著の地誌『山州名跡志《さんしゅうめいせきし》』全二十二巻を残す。

注目すべきは、初期の著作の中に噺本《はなしぼん》（笑話集）と好色本を含んでいることだ。つまり西鶴と傾向が近い。

その噺本の作に延宝八（一六八〇）年刊『けらわらい』五巻がある。書名は甲高い声を立てる笑いの意。江戸時代後期の随筆に書名が引かれ、存在がわかるものの、本は残っていない。ただし、数年後に江戸で刊行された重版抄出改題本『けらけらわらい』二巻が知られる。菱川師宣《ひしかわもろのぶ》の挿絵が入る。それも現在、原本の所在は不明で、戦前の複製本が知られるのみだった。

それが、上巻のみの欠本ながら、版本が手に入った。しかも、複製本にはない、山雲子による未知の序文があるではないか。この本には「松寿」の蔵書印が捺《お》してある。これは西鶴の所用印にそっくりだが、実は戦後の西鶴研究の第一人者、京大の野間光辰《こうしん》先生が戯れに用いたものだ。野間先生も晩年、山雲子の伝記解明に情熱を傾けられたが、こんな資料を入手しておられたことが分かり、嬉《うれ》しい。

本書は畏友、慶応大斯道《しどう》文庫の堀川貴司さんが、私の還暦祝いにと贈ってくれたもの。知己とはこういうことをいうのかと思った。

『けらけらわらい』

放屁して悟りを得る

山雲子の大先達 無住禅師——けらけらわらい・当世はなしの本

山雲子作の噺本《はなしぼん》『けらけらわらい』の下巻に「談義の座にて女、取り外《はず》しの事」という話がある。取り外しとは放屁《ほうひ》のこと。

ある浄土宗の寺で行われた談義の最中、多数の聴衆のうち、四十余りの女が取り外しをした。女は恥ずかしくて、側にいた若い男に向かい「こなたは若い人に似合わぬ、とんでもないことをする。人は私だと思うじゃないの。ああ恥ずかしや」とわめき立て、騒ぎとなる。

そこで、機転の利く和尚が「仏在世《ぶつざいせ》にもこんなことがあった。仏の説法の時に聴衆が眠ってしまった。すると羅漢の一人が今みたいに取り外し、聴衆がどっと笑って目を覚まし、悟りを得た。してみると、今のもこれと同じで善知識じゃ。お名をのたまえ、過去帳に付けて回向《えこう》して進ぜましょう」と語る。

すると女は嬉《うれ》しく思い、人々を押し分けて高座に近寄り、「はい、今のは私でございます。どうぞ過去帳に付けて下さい」と言った。

原文ではさらに、和尚が「只今《ただいま》は談義半ばなり。過去帳は後の事、先《ま》ず庫裏《くり》へ行き、はこ帳に付き給え」と言い、尾籠《びろう》な笑いを付加している。はこ帳は過去帳のもじりで、はこは糞《くそ》の意。

鎌倉時代の無住による説話集『沙石集《しやせきしゆう》』の巻六に「説教師、下風讃《げふうほ》めたる事」という、よく似た話がある。下風も放屁の意だ。こちらは「若き女房」で、「堂の中も響くほど」の屁は「香《かおり》も事《こと》の外《ほか》に匂」うもの。それを説教僧が弁舌を揮《ふる》い、今の下風は音も香も兼ね備えたものと絶賛する。山雲子はこの話に巧みに改変を加えたらしい。

ただ、『沙石集』は諸本により大きな差があり、右の話は梵舜《ぼんしゅん》本という特殊な写本にしか見えない。山雲子はそんな写本まで博覧していたものと見える。

山雲子は一時期「無住禅師の旧廬《きゅうろ》（庵《いおり》の跡）」に住むなど、無住を思慕尊敬していた。そもそも山雲子の啓蒙《けいもう》著述家としての仕事の原点に説法談義の世界があり、無住はその道の大先達だからだ。

なお、右の笑話は貞享年間ごろに刊行された『当世はなしの本』にもほぼ同文で載っており、こちらには挿絵も添えられている。同書も珍本で、掲出の岩瀬文庫本の他には二本の存在が知られるのみ。

『当世はなしの本』

異世界に住む子ども観

当時に稀な幼時の記述――徒然草

円を二つ、直径の四分の一ほどが重なるように描いてみよう（ちなみに、こんな文様を「輪違い」という）。左の円を人間的世界、右の円を神仏的世界とする。

二つの円が重なる境界的領域にさまざまな種類の人たちが属しており、代表的なのが童《わらべ》だ。ほかにも盲人、翁《おきな》、狂者、ある種の職業人たちがそこにいた。

境界の人たちは、神仏的世界にも属しているから、一般の人からは他者視された。とはいえ、誰もが通過する童を含んでいることからわかるように、それは単なる差別ではない。何らかの神聖性を帯びた者として畏怖の対象でもあった。これが近代以前の日本人の世界観なのだった。

童に対する他者視について具体的に述べると、たとえば近代以前の日本人の残した文章で、自らの子ども時代を回想した記述は、異様なほどに少ない。中世以前は勿論のこと、あれほど大量の書き物を残した江戸時代を見ても、そのような記述は、皆無ではないが極《ご》く稀《まれ》だ。

自叙伝的記述のみならず、物語などフィクションの世界でも、子どもを主人公とするなど、子どもの立場による記述は例外的だ。どうも昔の日本人は、子ども時代を自分たちの人生の延長線上にあると見なかったらしい。

さて、『徒然草』の序段は誰もが知るところなのに、最終段は注目されることが少ない。優れた著述家ならば例外なく、巻頭と巻末には特に力を込めるものなのに。

それは「八つになりし年、父に問いていわく、〈仏は如何《いか》なるものにか候《そうろう》らん〉と言う」で始まる。以下、仏の起源について、幼い兼好が父親に次々としつこく根問《ねど》いをし、困った父が、ついに「〈空よりかふりけん、土よりやわきけん〉と言いて笑う。〈問い詰められて、え答えずなり侍りつ〉と諸人に語りて興《きよう》じき」という章段だ。

これを多くの注釈書では、子ども時代を回想した、何でもない文章とする。中にはこれを凡庸とし、後人による付加と見る説さえある。しかしながら、前近代の一般的な子ども観を踏まえるならば、『徒然草』がいかに奇なる文学であるのか（序段にいう「あやしうこそ物狂おしけれ」）、この最終段が明確に物語っているように思われる。

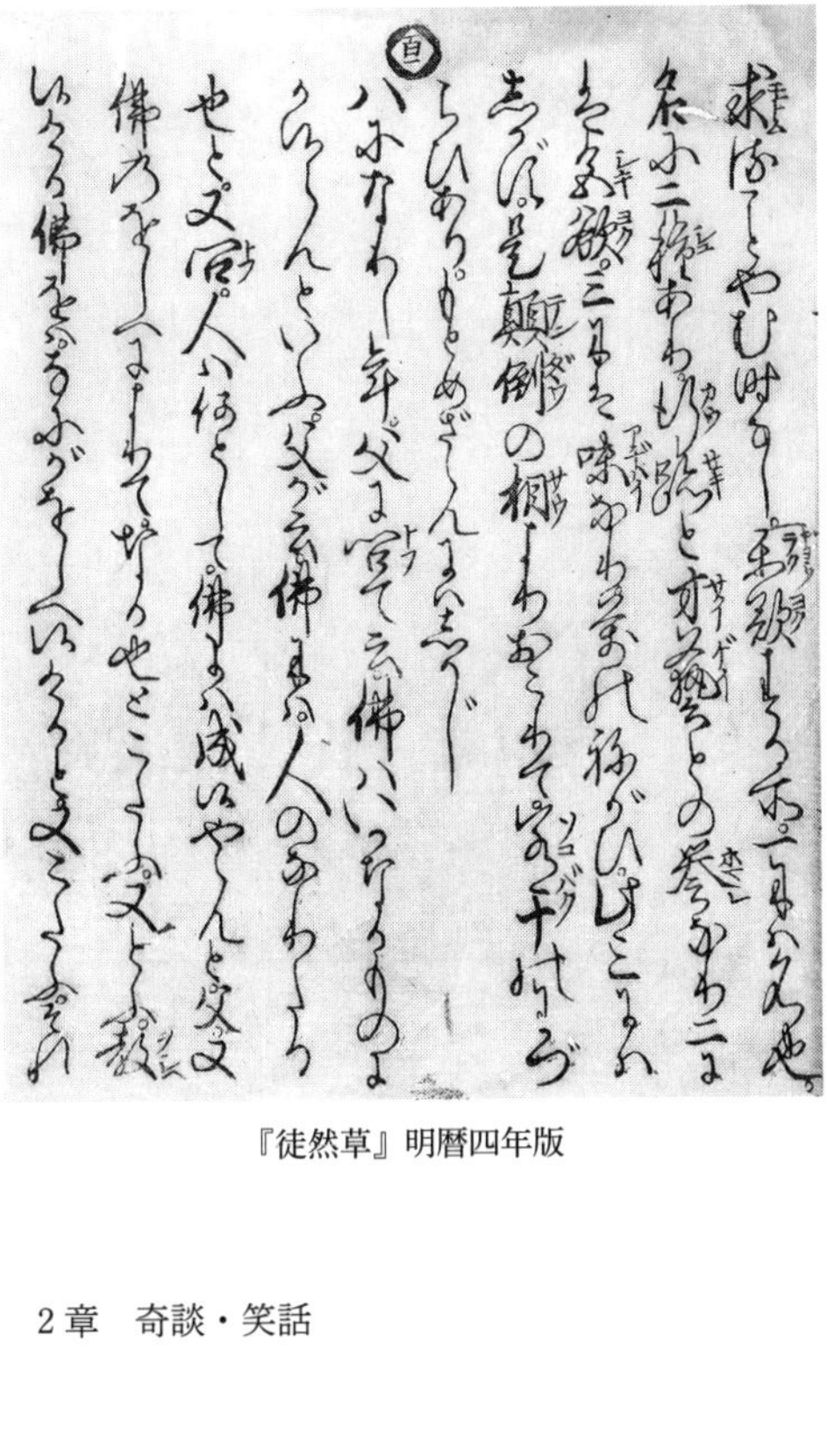

『徒然草』明暦四年版

『徒然草』と江戸時代の感覚

ぐっと持ち上げすとんと落とす

江戸時代について語ろうという趣旨の本書で、鎌倉時代の末に書かれた『徒然草』を取り上げるのはなぜだと思われるかも知れない。実は『徒然草』は、江戸時代に入ってから、俄《にわか》に読まれるようになった作品で、その時代精神に大きな影響を与えており、最初の近世文学といっても過言でない。

江戸時代初期の偉大な和学者、松永貞徳《ていとく》（一五七一～一六五三）は、『徒然草』講釈書『なぐさみ草』の跋文《ばつぶん》で、「何事も時至《いた》らねば甲斐《かい》なし。……この『徒然草』も天正（一五七三～九二）の頃までは名を知る人も稀《まれ》なりしが、慶長（一五九六～一六一五）の時分より世にもてあそぶ事となれり」と証言している。

それはちょうど日本で商業出版が始動した時代で、『徒然草』は何種類もの版本が次々出版され、江戸時代前期のベストセラーとなった。

その際、江戸時代人は古典としてではなく、何かしら同時代的な文学として、『徒然草』を楽しんだ。それは、版本のさし絵が、しばしば同時代の風俗で描かれることから見ても明らかだ。

なぜこれほど読まれたかというと、同時代に対する肯定的な精神、特に笑いの感覚が好まれたからだろうと思う。

たとえば、第百七段。男にとって女の見る眼《め》は重要で、すべて男の子は女に笑われぬように育てるべきだとし、もしも女のいない世界だったら、衣服など誰もかまわないだろうという。

その上で、「かく人に恥じらるる女、いかばかりいみじき（すごい）ものぞと思うに、女の性《しよう》（本性）は皆ひがめり（ねじ曲がっている）」と言い切り、以下、「人我《にんが》の相《そう》（仏教が否定する我執）深く、貪欲《とんよく》甚だしく、ものの理《ことわ》りを知らず……」と、女の弱点をこれでもかと列挙する。

これを近代の注釈書では、兼好による女性批判だとか、差別意識だとか評することが多いが、そんな風に読むべきでない。これは、ぐっと持ち上げておいて、すとんと落とす笑いの論法なのだ。

貞徳門人、北村季吟《きぎん》（一六二四〜一七〇五）の『徒然草文段抄《もんだんしよう》』は比較的穏やかな解釈が多いが、それでも本章段の前半部について、「かく言いて、次に言い落とさんとての詞《ことば》なり。これ抑揚の文法（表現技法）なるべし」と適切に論評している。

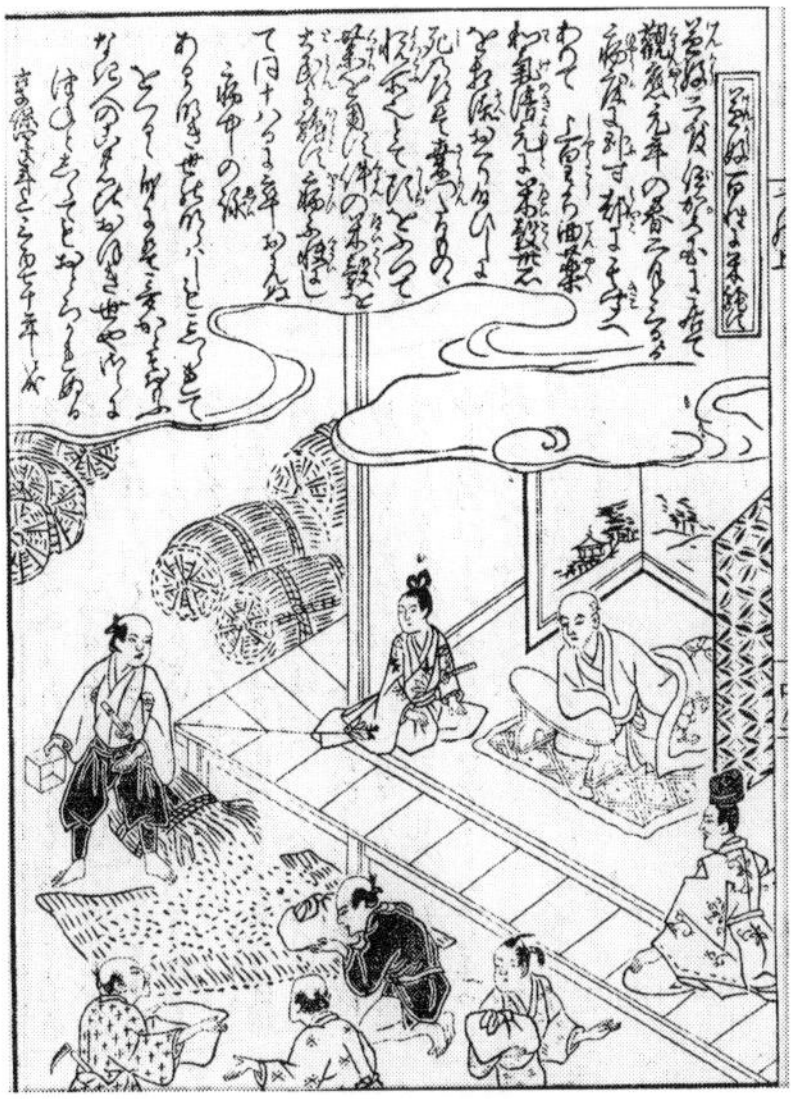
『拾遺徒然草』口絵

『徒然草』と江戸笑話

見事なパロディも登場——聞上手

『徒然草』四十三段は「春の暮れつかた、のどやかに艶《えん》なる（風情のある）空に」で始まる。そんな気持ちのよい日、身分ありげな人の家の前を通ると、庭の木立が茂っており、花が散ってしおれているのを見過ごしがたくて、ふと敷地の中に入ってみると、建物の南面の格子（上に吊《つ》り上げる蔀戸《しとみど》）は下ろしてあったが、東側の戸が少し開いている。御簾《みす》の破れからのぞくと、「かたち清げなる男の、年二十《はたち》ばかりにて、うちとけたれど、心にくくのどやかなるさまして、机の上に文《ふみ》を繰り広げて見いたり。いかなる人なりけん、尋ね聞かまほし」という短い章段だ。

「文」は書物の意味で、机の上で「繰り広げて」いるから、冊子本ではなく巻子本《かんすぼん》（巻物）だろう。漢籍の可能性が高く、末尾の一文はその点にも由来しているように思う。

江戸時代中期の安永二（一七七三）年に江戸で刊行された噺本《はなしぼん》（笑話集）『聞上手《ききじようず》』に「格子作り」という題の小話が載っている。

「天気が良さに友だちを誘い、夕薬師《ゆうやくし》と出かける。茅場町《かやばちよう》へ行く道に、よい身代《しんだい》と見えたる格子作りの内に、二十ばかりの息子が書物を見ている。『アレマア、この暑いのに何が楽しみで気のつまる本を見る、ナアア、変なやつじゃアねいか』と言いながら、薬師へ参り、帰りがけにさっきの内を見るに、まだ机にかかっている。『とんだこった、まだ本を見ているは』と暫《しばら》く立ちとどまれば、息子はずっと立って、のびをしながら、『アア一歩《ぶ》欲しい』」。

茅場町（東京都中央区日本橋茅場町）には江戸で名高い薬師堂があり、「朝観音に夕薬師」といって、縁日の八日の夕方には殊に賑《にぎ》わった。末尾の金一歩は四分の一両で、ざっと二、三万円くらい。

もうおわかりだろう、先ほどの四十三段の見事なパロディだ。原話の格子を、格子作り（一般の店舗ではなく、金貸しなどに多い家の構え）に置き替え、「よい身代」（金持ち）を導いているのがうまい。裕福な家の遊び盛りの息子が、盛り場の恋しくなる夕方に、おとなしく家で本を読んでいるという不可解に、最後のセリフがオチをつける。

こんな小話の笑いが成り立つ点から見ても、『徒然草』がいかに人々に親しまれていたかがわかる。

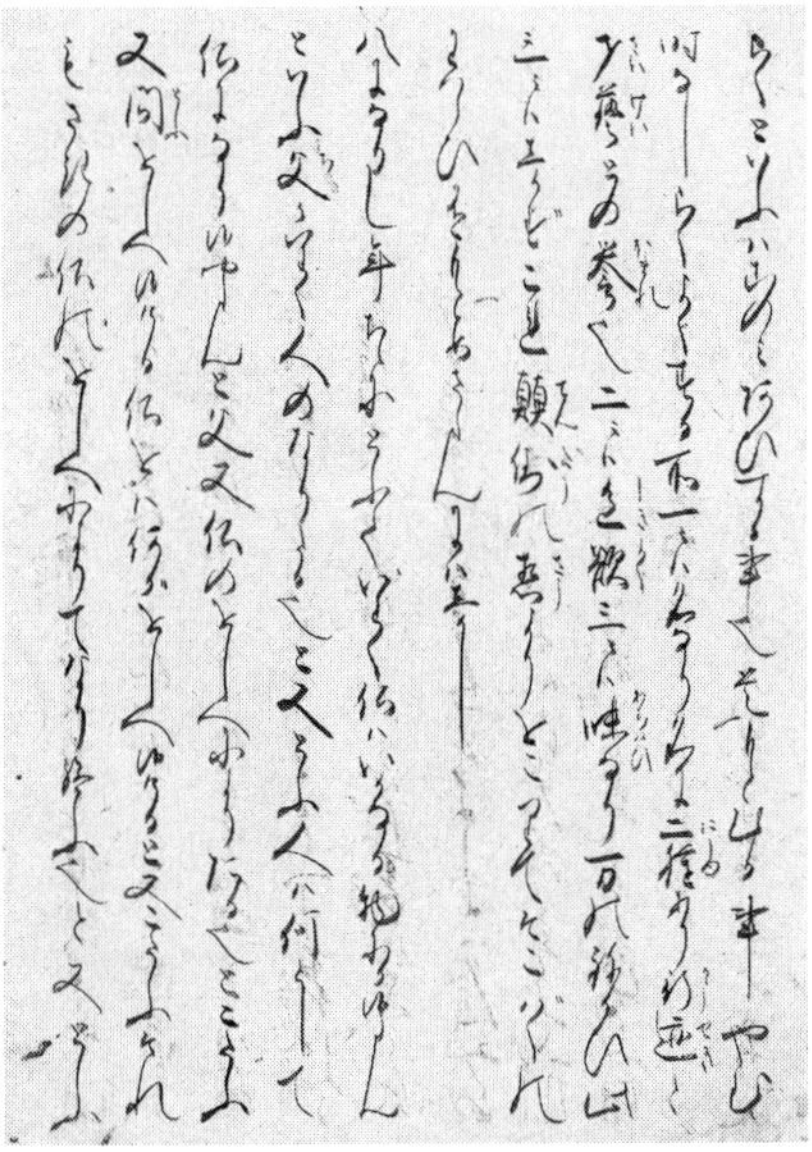

『徒然草』古写本

屁の力

悪臭で魔を退ける――勝絵

孫の物心がつくようになり、書店の児童書のコーナーを、久しぶりでのぞくようになった。すると、うんこやおしりを題したシリーズ物が出ており、売れているようだ。子どもが必ず喜ぶ話題ということなのだろうが、昔の日本人は大人もこれを好んだ。

勝絵《かちえ》という古い絵巻物がある。前半は陽物比べ、後半は放屁《ほうひ》合戦に打ち興ずる、裸の男たちを描いた、おこ絵（戯画）の骨頂だ。鎌倉時代以前に描かれたとされる原本は、残念ながら伝わらないが、江戸時代後期ごろには京都富小路の富商、白粉《おしろい》屋又兵衛の家に蔵されていたという。もしも現在まで無事に残されていたら国宝級で、今や日本が世界に誇る漫画文化の源流とされるに違いない。

幸い模本があちこちに残されている。諸本の全体像は不明ながら、私の所にも三本あるので、よほど数多く作られたらしい。

図版に掲げたのは、その中の一本、屁《へ》合戦の一部だ。署名はないが、抑揚ある筆線や味わいのある表情に、写した画工の個性と力量が表れている。こんな風に多少のバリエーションを加えて、模本は製作され、人々に賞翫《しょうがん》された。

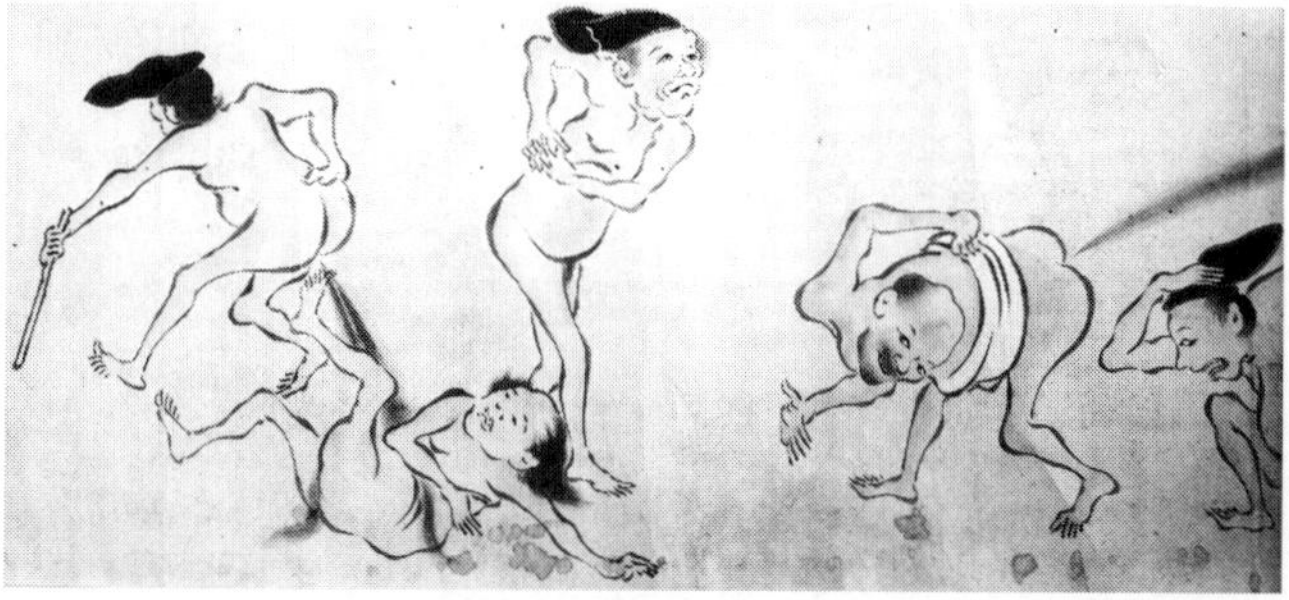

『勝絵』

この本には元禄十一（一六九八）年、岡西惟中《いちゅう》（一六三九～一七一一）が自筆で記した序文と跋文《ばつぶん》とが付されている。惟中は談林俳諧きっての論客として知られる一方、古典の注釈書など啓蒙《けいもう》的著述を公刊した博識な和学者でもある。

そこでは絵巻は「東寺勝絵」と呼ばれている。惟中はこれについて、ある天皇の御前で、月卿雲客《げっけいうんかく》（公卿《くぎょう》）が集まり、戯画を持ち寄って勝ち負けを競った際に、東寺の三昧僧《さんまいそう》の某《なにがし》がこの絵巻を出して「おかしきかちのすぐれしになりて」という歌を詠み（上の句は不明）、勝ちとなったことに由来すると記している。ただし、この説話も和歌も出所を確認することができず、勝絵の起源は相変わらず謎に包まれている。

悪臭を発するものは、魔をしりぞける霊力があると信じられていた。また尾籠《びろう》なもの、卑猥《ひわい》なものに接した時に、思わず知らず発する大笑いも、同じように邪気を避けると考えられていた。

勝絵が、そのような精神から、縁起の良いものとされたことは疑いない。

屁文学の最高峰

源内の思いと洒落の結晶――放屁論

安永三（一七七四）年、江戸両国橋に「昔語り花咲き男」と名乗る放屁《ほうひ》芸人が出現、大評判となった。実際にあったこの件をいち早く取りあげたのが、本邦屁《へ》文学の最高峰『放屁論』だ。

著者風来山人こと平賀源内自身とおぼしき主人公は、評判を聞き芸を見に行く。舞台に現れたのは中肉《ちゆうじし》で色白の男。口上は爽やかで嫌みがなく、囃子《はやし》に合わせて三番叟屁《さんばそうべ》「トッパヒョロヒョロピッピッピ」や鶏屁《にわとりべ》「ブッブブーブー」などの曲屁《きよくべ》を次々と放《ひ》ってみせた。

見終わって、友人の家に集まり、一座で論評する。主人公はこの芸を「我が日本のみならず、唐土《もろこし》・朝鮮をはじめ、天竺《てんじく》・オランダ、諸々《もろもろ》の国々にもあるまじ。ああ思い付きたり、よく放《ひ》ったり」と独創性を絶賛する。パリ、ムーラン・ルージュの〈おなら男〉が一世を風靡《ふうび》するのは一世紀以上も後のことだから、たしかに大した芸人だ。

そして彼に比べ、世の中の学者は先人の模倣に甘んじ、自分の工夫才覚がないと痛罵する。実は本書には、才能を中々《なかなか》認められない源内自身の苦い思いが込められている。

本書の書名は「へっぴりろん」と読む。それは初版本の見返し題にふりがながあるからわかる。本書は源内の著作六種を集めた「風来六部集」本により流布するが、そこに入るのは初版本

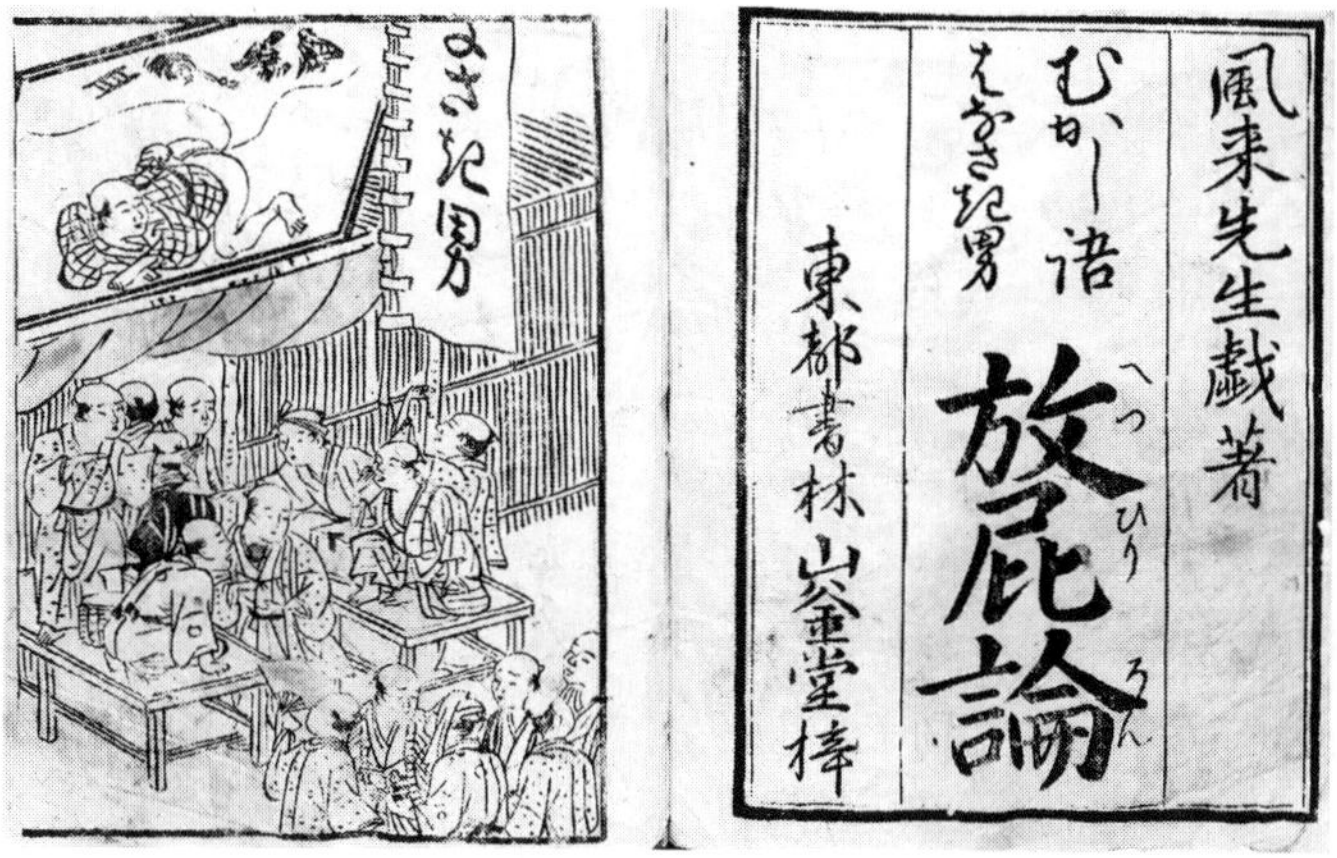

『放屁論』初版本

の覆刻《ふっこく》版（新たに版木を作り直したリプリント版）だ。初版本は粗末な小冊子で、覆刻版にはない、見返しや刊記があるなど異同が少しある。

初版本は数本しか残っていないが、研究者の調査により、三種類あることがわかっている。版元名を「山金堂」とするもの、金の上に八字を墨書して「山釜堂」とするもの、板刻（印刷）で「山釜堂」とするものの三種だ。図版は、私の所にある一本で、三番目の版に当たる。

これを推理するに、最初、山金堂、つまり江戸の本屋、山崎金兵衛の屋号をそのまま出して発刊した。これに、墨で八を書き加えて山釜堂に改める。次いで版木を一部訂正して山釜堂に改めた。

釜は尻と強い連想関係のある語で、屁にも通う。こんな洒落《しゃれ》た改訂方法を思い付いた者は、源内以外にあるまい。版元名をあらわにするのを野暮と嫌ったのだろう。

3章　士道覚悟

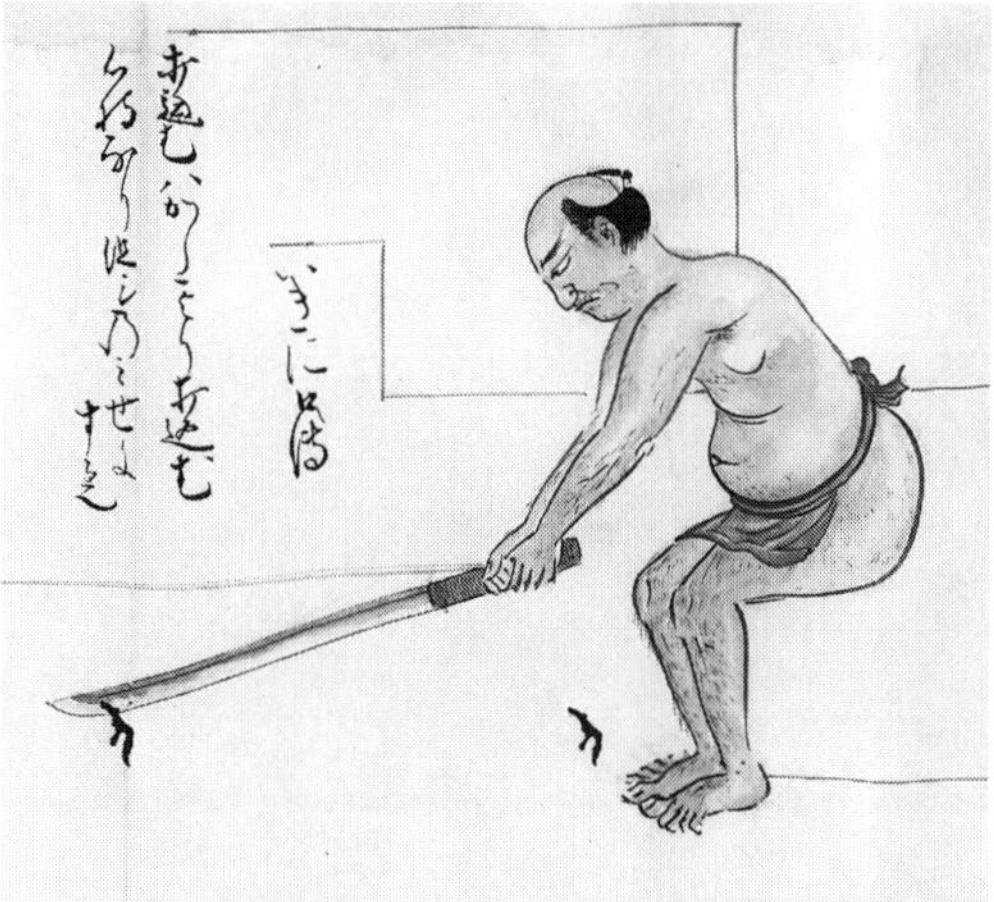

『絵図第一之巻』

幼な子を思いやる父の心

戦国武将の手紙――中川家文書写

岩瀬文庫で見た『中川家文書写《もんじょうつし》』二冊。豊後岡藩（大分県竹田市）藩主の中川家に関する文書を幕末頃に写した資料集だ。その中に一通、心を動かされる文書があった。日本人必読とさえ思う。

中川家の家祖は信長や秀吉に仕えた中川清秀《なかがわきよひで》で、天正十一（一五八三）年賤ヶ岳《しずがたけ》の合戦で戦死した。その跡を継いだのが、わずか十五歳の中川秀政《ひでまさ》だ。若年ながら翌年の小牧長久手《こまきながくて》の戦やその翌年の四国征伐などに次々と参戦し、戦功によって加増され、播磨三木《はりまみき》（兵庫県三木市）十三万石の城主となった。

文禄元（一五九二）年四月、秀吉による朝鮮出兵にも参陣し、渡海した。その朝鮮滞在中に、妻（側室）に宛てた手紙だ。まず、「ここもと長引き候わん体にて候。いつまで年を取り候とも、退屈候わで、我らを待ちつけ候べく候。よくよくやいひ（灸《やいと》のこと）などすえ、養生候べく候」とある。戦陣が長引きそうな様子だが、私の帰りが遅くなっても、うんざりせず、いつまでも待っていなさい、灸をすえて、養生に心がけるようにと伝える。

次に「こちょう、何事なく候や、承りたく思いまいらせ候」、こちょうは無事でいるか知りた

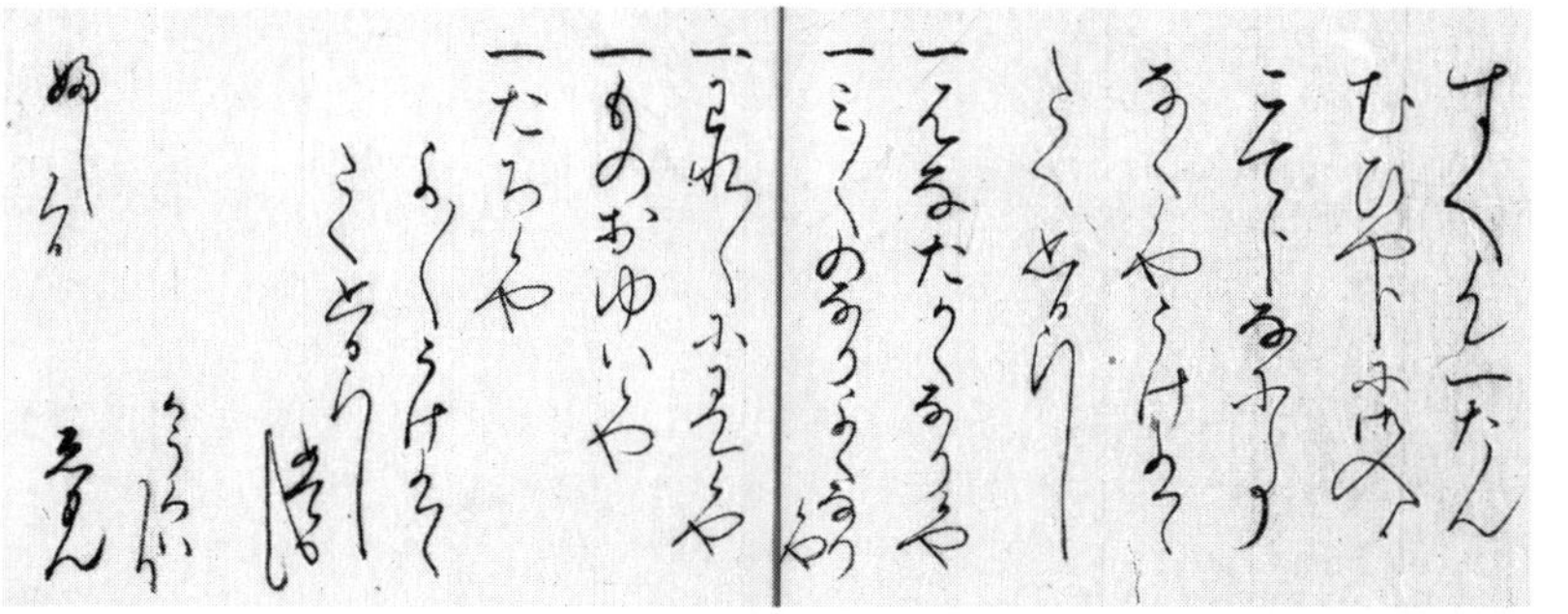

『中川家文書写』

いという。こちょうは幼い娘の名らしい。そして「一、鼻高くなり候や。一、耳のなり、良くなり候や。一、我々に似て候や。一、物を言《ゆ》い候や。一、立ち候や」とある。この文面を読めば、出陣前に、幼な子の顔を見ながら、二人の間で、どのような会話が交わされていたのか、よくわかるだろう。

ところが、この後間もない同年十月二十四日、秀政はわずかな手勢とともに鷹《たか》狩りをしていた最中に、敵兵に襲われ、毒矢に当たり命を落とす。わずか二十四歳。大義のない侵略戦争に駆り出された挙げ句の非業の死だった。

平和の重要性を言うことはたやすい。しかし、それを血肉化して知るためには、こうした古人の残したことばに光を当て、親身になって読むこと以外にないと思う。

なお、大名や主な幕臣の系譜を集めた『寛政重修諸《かんせいちょうしゅうしょ》家譜《かふ》』を見ると、秀政には女子が一人だけあり、「母は某氏、家臣中川左馬允《さまのすけ》重直が妻」とある。この人こそ、無事成長したこちょうに違いない。少し心慰む話だ。

修羅場でもひと声が作法

武士道伝達のテキスト——武鑑物語

『武鑑《ぶかん》物語』写本二冊。数年前に古書の大市《おおいち》に出たのを、書名に惹《ひ》かれ懇意の古書店に落札して貰《もら》った。手数料とも八万円余。本を見ていないので少しひやひやしたが、手元に届いてみると、期待を上回る豊富な内容だった。

書名は武家の鑑《かがみ》となる物語の意。元文元（一七三六）年、越前福井藩士かと思われる浅井美喬という人物が著した自筆の写本で、他に伝本はない。こんな話を収める。

「越前福井家中にて、三人、寄り合い咄《ばなし》これ有る内、両人口論に及び、既に双方抜き合わす故、今一人同席の仁《じん》、その中へ入り、仕懸けの方を押さえ置き、一方へは『御免《ごめん》』と声を懸け蹴倒し、押し分け止むるなり。一人の侍を足にて蹴《け》ては如何《いかが》なり。されども『御免』との詞、はなはだ急なる所にて速やかなる事、尤《もっと》もの義と評議、落つるなり（結論が定まった）」。

一般に侍が喧嘩《けんか》を始め、刀を抜くと止めるのは至難とされる。それをこの場合は、最初に抜いた方を手で押さえ、もう一人を蹴倒して止めた。通常、侍を足蹴《あしげ》にするのはよくないが、この時は緊急事態で、しかも御免と声をかけたのが適切と評されている。

右の文末に「評議」とある。武家の世界では、武士道を次世代へ伝えてゆくために、老若の武士が寄り合い、具体的な実話を取り上げ、衆議論評したことがわかっている。本書も、そんな場で語られた話題を集めたものと見える。

実は西鶴が武家物の諸作品を述作刊行したのも、そのような場に話題を提供することを主な目的としたらしい。実際、この『武鑑物語』には西鶴武家物と素材が共通する話を含んでいる。たとえば、加藤清正の小姓が、熊本城下で起きた、三人の犯人の立て籠もる難事件を解決した話があるが、西鶴『新可笑記』巻四「市《いち》にまぎるる武士《もののふ》」の原話の一つと思われる。

小中学校では、本格的な道徳教育が開始されることとなった。これを有意義なものにするには、右の古人の知恵に学ぶべきだ。つまり理念を直接教えるのでなく、困難な局面を含む具体的な事例——たとえば世話になった上司から文書の改竄《かいざん》を指示された役人の話——を読み、もしも自分だったらどう行動するか議論しておくと、今後の人生に必ず役立つと思う。

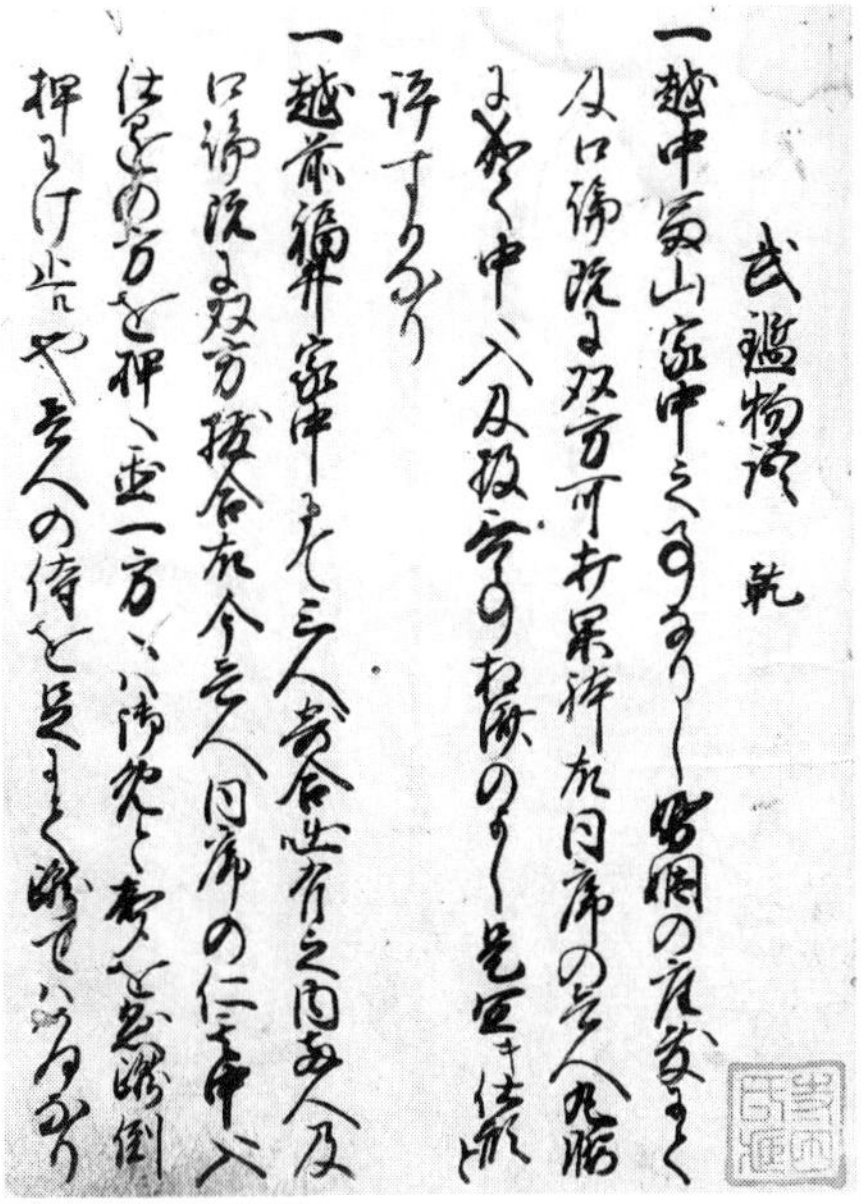

『武鑑物語』

職場はかくあらまほし

武士も相身互いでうまくいく――座右記

村上忠順《ただまさ》（一八一二～八四）は三河堤村（豊田市）の村医で刈谷藩医を兼ね、国学者で漢学もよくし、大蔵書家でもある。この偉大な先人を慕う地元豊田の皆さんにより四方《よも》樹《ぎ》大学という市民講座が長年営まれている。数年来、講師に招かれ、忠順の『座右記』を講読している。藩医としての生活を淡々と綴《つづ》った公用日記だが、腰をすえて読むと、これがすこぶる面白く、私の方が勉強になる。

たとえば安政四（一八五七）年十一月、刈谷城下の忠順宅から糸織《いとおり》縞《じま》男綿入《わたいれ》など二十七点の衣服が盗まれ、盗品の一覧とともに藩に届け出ている。忠順にとっては不快な体験だったろうが、われわれには当時の人がどんな衣類を持っていたかがわかる資料だ。また忠順が余裕のある生活を送っていたこともわかる。

その後、この品触れが質屋に回り、盗品を換金しようとした犯人が捕縛《ほばく》される（何と藩士の十八歳の妻女だった）。ところが盗品のうち五日市帯など二点は犯人も知らぬと言う。すると大目付が忠順を呼び出し、「犯人をさらに拷問にかけてもよいが、二十五点まで白状しているのに、二点を隠すのも不自然だ。もしかして衣服の間にはさまっているのではないか」と言う。謎をかけているのだ。忠順もそれに応じて、すぐさま、二点は箪笥《たんす》と長持《ながもち》の間にありましたと届けを出している。ちゃんと空気を読んでいる。

忠順は刈谷城下の屋敷には不在がちで、普段は歩いて二、三時間かかる堤村で医療に従事している。これは特別扱いで、そのために忠順は「通勤願い」を折々藩に願い出ているが、いつもすんなり許可されている。

安政五年十二月、お城近くで火事があった時も、藩士はすぐにお城に駆けつけ、記帳しなければならないが、忠順は堤村にいて遅刻している。すると傍輩の医師が大目付に対し、忠順は堤村からこちらに来る途中、めまいがして歩けなくなり遅れたと、嘘の言い訳をしてくれている。

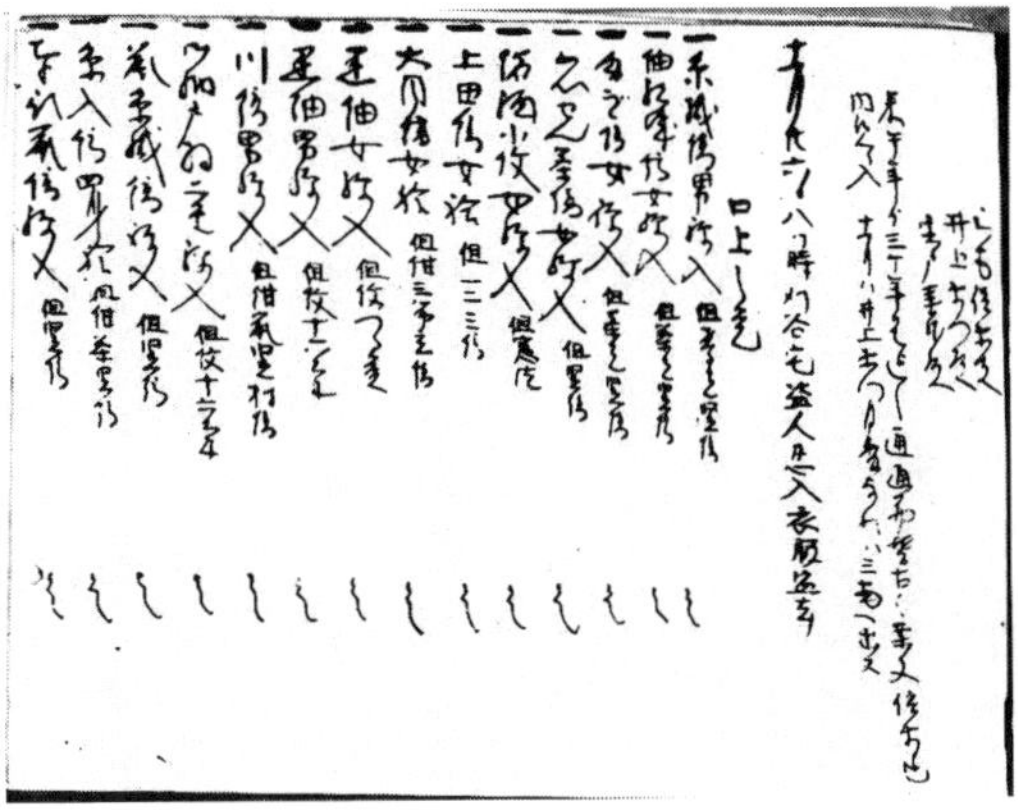
『座右記』

総じて日記から浮かび上がる藩内の人間関係は良好で、細かなミスを咎《とが》めたり、他人の足を引っ張ったりする雰囲気はない。誤解を恐れずに言えば、職場はかくあらまほしい。武士は相身互《あいみたが》い、己の欲せざる所は人に施さない。そうあってこそ、生き生き働くことができるからだ。

簡素極めた吸い物料理

八盃豆腐の意味――――八盃豆腐

岩瀬文庫で見た大量の本の中でも、『八盃豆腐《はちはいどうふ》』はとりわけ印象深い。出羽庄内藩の家中で作られたと見られる武士道論書だ。中に、私が座右の銘にしている良いことばがあるので紹介しておきたい。

「ある老士、若き者を集めて言いけるは、心は快活にして撓《たわ》まざらん事を要す。故に人は常に大丈夫の志を養うべし。勇《ゆう》たらざる者は、心、常に困《くる》しむ。心しずまって困しむ時は、生きてこの世に益《えき》なし。勇は……健《すこ》やかに泰然として、よく決断し、屈する事なく迷う事なく、天下の大変に逢《あ》いても心転動する事なきの義なり。……学問というも、道を知って、この心の自由を得、快活にして、内、転動する事なく、困しむことなからんがためなり」。勇というのは、他人と争って勝つことではない。道理に従って、快活に行動できる勇気なのだった。外聞や自己保身に汲々《きゅうきゅう》として、心《しん》を労するために、人は生まれてきたのではない。

私の務める名古屋大学の学是は「勇気ある知識人」を目指すことだが、その勇気とは、このような意味でこそあらまほしい。

ところで、「八盃豆腐」の書名の意味が、いま一つわからずにいた。十数年前に新聞記事でこの本に言及したところ、岐阜県揖斐《いび》郡池田町の読者から手紙をいただき、八盃豆腐が今も残っているという。矢も楯《たて》もたまらず、すぐに出かけて教えてもらった。

その地区では比較的近年まで土葬が行われていた。昔ながらのやり方で、親戚や近隣の人たちが葬送を行う。棺桶《かんおけ》を担いで運び、穴に埋めるのだから、それなりの重労働で、野辺送りから戻った人たちに、簡単な食事が出される。

一丁の豆腐を二つに切り、できた正方形に近い四角を、それぞれ対角線で切り、さらに厚みを半分に切る。すると薄い直角三角形が八つできあがる。それを一人に一つずつ入れた吸物《すいもの》料理が八盃豆腐なのだった。

八の数が整合するから、これが本来の調理法に違いない。侍の仲間うちの寄り合いに出される簡単な料理の代表で、それが衆議論評を象徴して書名となったと見える。

そのお宅で特別に昔通りに作って下さった八盃豆腐を味わうことができた。簡素を極めた吸物で、江戸時代の侍たちの酒宴が偲《しの》ばれた。

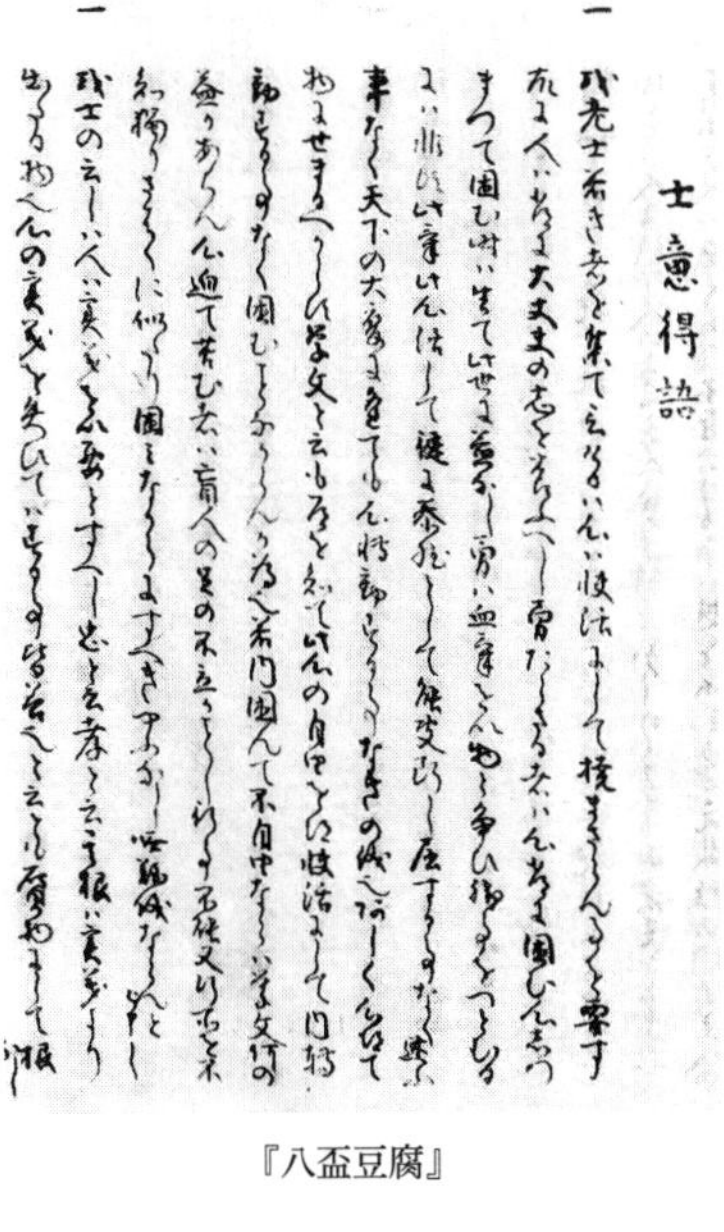
『八盃豆腐』

日本人と諫諍

勇気ある諫臣たちの逸話——国朝諫諍録

近ごろとんと聞かなくなった諫諍《かんそう》ということばがある。諫はいさめる、諍はあらそう、臣下が主人と面と向かい、あらそってまでも、不適切なことをせぬようにいさめること。伝統的な日本語では「顔《かんば》せを犯す」「面《おもて》を犯す」ともいい、主人が不機嫌となるのもかまわないという意味だ。これらは、近年流行となった忖度《そんたく》とは正反対の精神だろう。

漢学者、藤井懶斎《らんさい》の名随筆『睡余録』によると、日本人は戦場で敵陣にさきがけしたりする時には、とても勇敢なのに、権力者に対する諫諍という点では、中国人に劣っているという。たしかに中国の歴史を見ると、勇気ある諫臣に満ちているのに、その点で日本史は貧しい。

このことは日本人の弱点として肝に銘じておくべきだろう。上司の不正な命令に唯々諾々と従うことは大会社をも経営危機に陥らせるし、政権への批判精神の欠如こそが国を最も危うくするからだ。

気骨のある懶斎先生は、そんな状況を遺憾とし、日本の歴史の中から、かろうじて見いだした三十七人の逸話を集め、貞享五（一六八八）年に公刊した。題して『国朝《こくちょう》諫諍録』という。

取り上げられるのは、たとえば浅野長政《ながまさ》。豊臣秀吉の重臣で、子孫は江戸時代に広島藩主となる人だ。本書によれば、文禄二（一五九三）年九月、朝鮮侵略を推し進める秀吉は、自ら渡海して朝鮮を経て明国に至り、大明皇帝になると言い出した。

　これに対して長政はこう言った（原文は漢文）。「狐《きつね》の妖をなす、これを聞くこと久し。今、狐《こ》媚《び》、君の心に入る。然《しか》らずんば、なんぞこの言をなさん」と。そして、刀に手を掛けて怒る秀吉に対し、今すぐ軍を引き上げるよう、さらに忠告したという。こういうのが諫諍だ。

　この『国朝諫諍録』は江戸期には流布したらしく、多くの本が残っている。ただし、そのほとんどは再版本の京の梅村弥右衛門の単独版か、さらに後の版だ。図版に掲出の本は、梅村の外に江戸の万屋《よろずや》清兵衛と京の犬飼猪兵衛が刊記に名を連ねる初版本で、刷りがよい（版面が鮮明）。

　古書価は再版本の倍ほどもしたが、無理をして買っておいた。いつか、この本を使って、名著を復刊できる日の来ることを念じている。

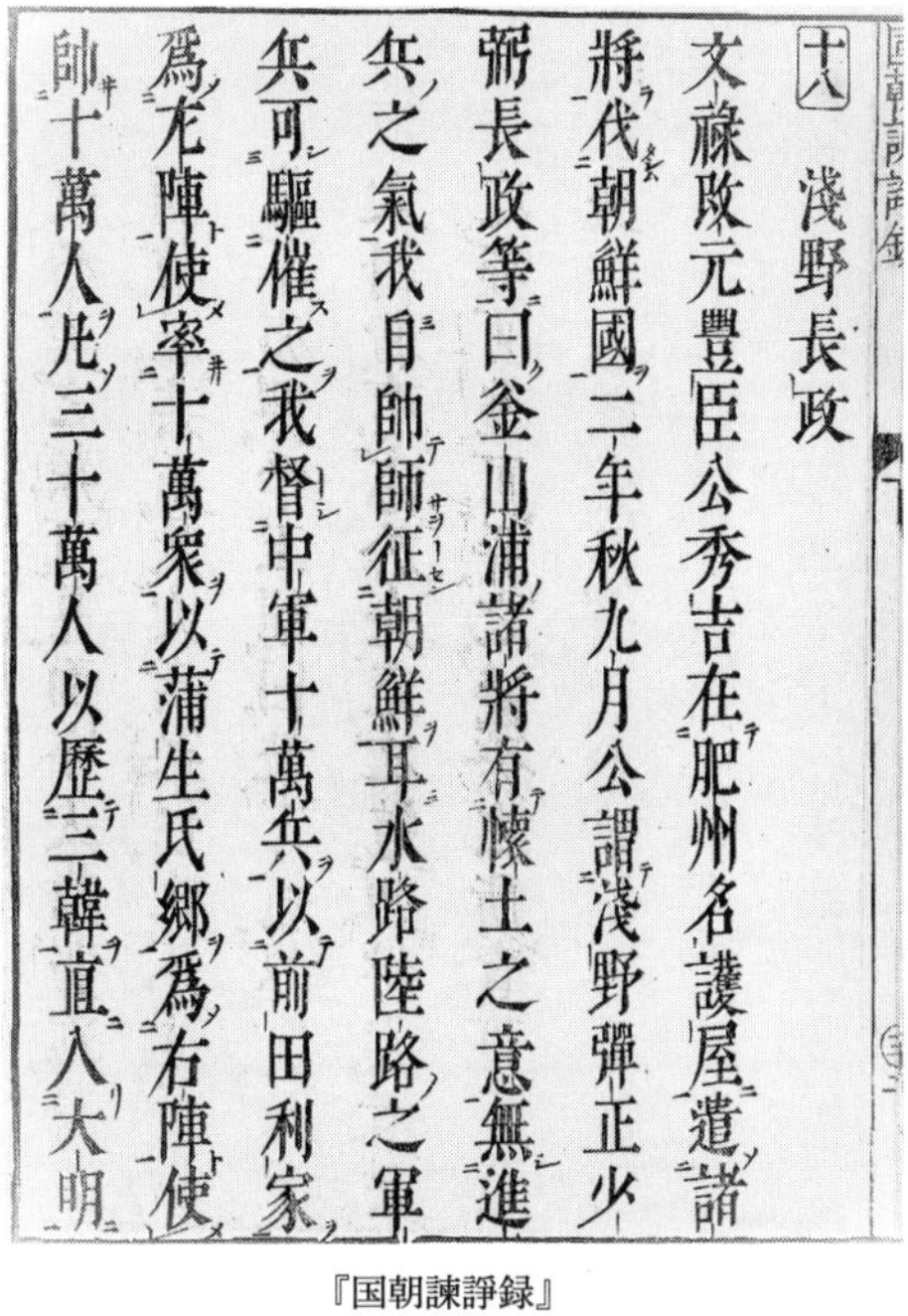
十八　淺野長政
文祿攺元豊臣公秀吉在肥州名護屋遣諸
將伐朝鮮國二年秋九月公謂淺野弾正少
弼長政等曰釜山浦諸將有懐土之意無進
兵之氣我自帥師征朝鮮耳水路陸路之軍
兵可驅催之我督中軍十萬兵以前田利家
爲左陣使率十萬衆以蒲生氏郷爲右陣使
帥十萬人凡三十萬人以歴三韓直入大明

『国朝諫諍録』

新井白石の冗談

秀才にも笑いと機知――先賢遺墨

岩瀬文庫の蔵書は江戸期の古典籍を中心とするが、市民に公開された図書館として、明治以降の刊行書も集めており、稀少《きしよう》な特殊資料も多い。

『先賢遺墨』は、大正十四年刊。和歌山県師範学校（後の和歌山大教育学部）や東京府尋常中学校（後の都立日比谷高校）の校長を務めた勝浦鞆雄《ともお》という教育者が蒐集した名家の遺墨を収めた写真集だ。昔の玻璃版《はりばん》（コロタイプ版）はかえって鮮明で、資料価値が高い。中に新井白石の自筆書簡があった。

「又《また》申し候。／唐金《からかね》と申し候称号、近頃珍しく覚え候。いかさま由緒これ有るべき事か。なにぞこなたに記し置かれ候事も候べく候。折々申し通じ候て、家姓の事知り候わぬは、『徒然草』のやすら殿に候。心静かに候時、委細御申し越し候べく候。已上《いじよう》／白石」。以上が全文で、これは追伸文らしいが、本文の方は残っていない。

宛先は書かれていないものの、内容から和泉佐野の富豪文人、唐金梅所《ばいしよ》とわかる。高名な文人たちと交流を結ぶのが趣味という人で、この人に宛てた名家の書簡が数多く残されており、古書簡好きにはおなじみの名前だ。

その唐金という珍しい苗字について、由来を教えてほしいと頼んでいる。日本の歴史や民俗にも興味の深かった白石らしい質問だ。

ここで白石は、何度も手紙のやりとりを重ねているのに、相手の名前の意味も知らないのは、『徒然草』のやすら殿みたいだと言っている。秀才タイプで謹厳な白石には珍しい冗談だ。『徒然草』第九十段は学校の教科書では、まず扱わない話。大納言法印の召し使う乙鶴丸《おとつるまる》という稚児《ちご》は、やすら殿の所へ常に通っていた。いつものように行って帰ってきた乙鶴丸に、法印が、やすら殿というのは男か、それとも法師かと尋ねる。男とは、坊主頭ではない普通の男性を指す。これに対して、乙鶴丸は「いかが候らん、頭《かしら》をば見候わず」と答えた。最後に兼好は「などか頭ばかりの見えざりけん」（どうして頭だけ見えないことのあろうか）と笑いの念を押している。乙鶴丸とやすら殿との男色関係を前提とした艶笑話だ。

たしかに唐金の名前の話題と微妙に通うものがあり、白石の機知を感じさせる。

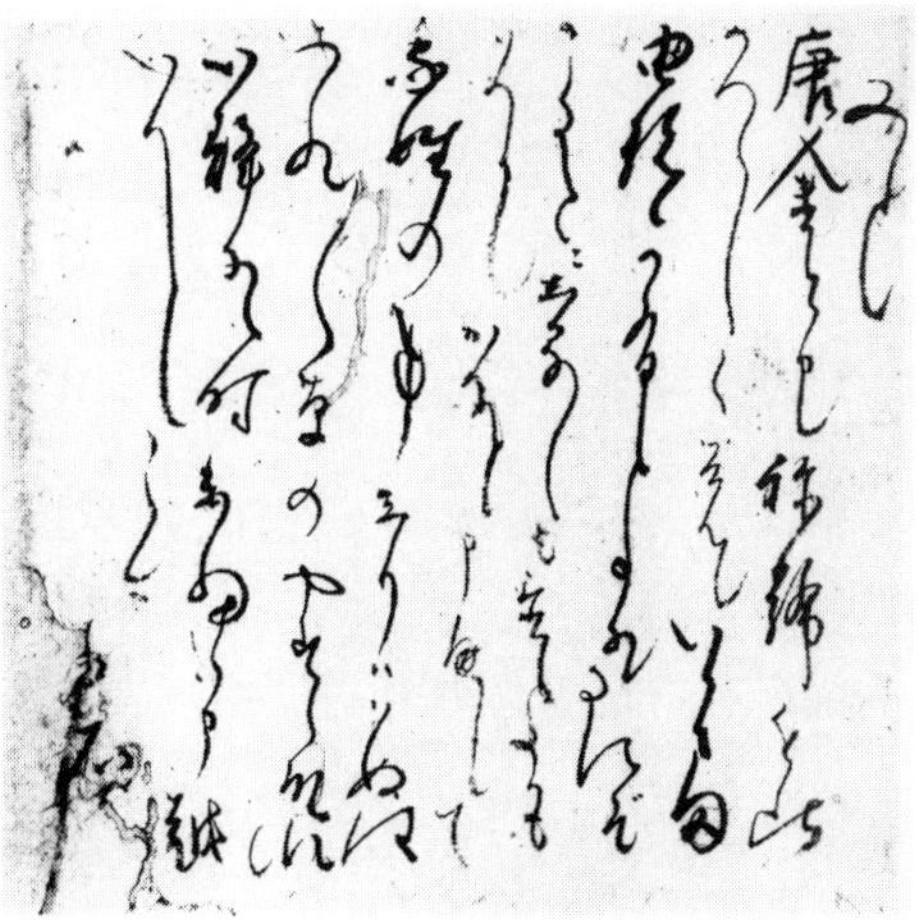

新井白石書簡

吹聴の本義

慶事を控えめに伝える行為——塩田随斎関連書簡

吹聴《ふいちょう》は不思議なことばだ。そもそも吹にフイの字音はない。もしかしたら「吹き」の音便のフイかもしれないが、その場合は聴の説明がつかない。江戸時代の初めごろから使われた形跡があるものの、由来がはっきりしない。

日本には書簡や文書を含めて、豊富かつ雑多な古書が残っているのに、用例の捕捉が不十分だから、国語辞典がいまだ完全にほど遠い。国が率先して、あらゆる文献の全文テキストを集積し、誰もが検索利用できるようにすればよいのにとつくづく思う。そんな研究基盤が整備されて、初めて日本語の真の姿が明らかになる。そういう国を文化国家という。

吹聴について辞書は、人に言いひろめること、言いふらすことなどと説明する。自分の自慢や、逆に他人の失敗を触れ回る行為を指すことが多く、悪いイメージのことばだ。

一方、江戸時代の文献、特に書簡を読んでいると時々目にする語でもあり、そちらではニュアンスが少し異なるように思われる。この数年、資料を集成して楽しんでいる、江戸時代後期の伊勢津藩儒で詩人の塩田随斎（一七九八〜一八四五）関連の書簡資料から引いてみよう。

「去月二十五日、御懇命の上、……督学《とくがく》参謀仰せ付けられ、有り難く存じ奉り候。右御吹聴旁《かたがた》、

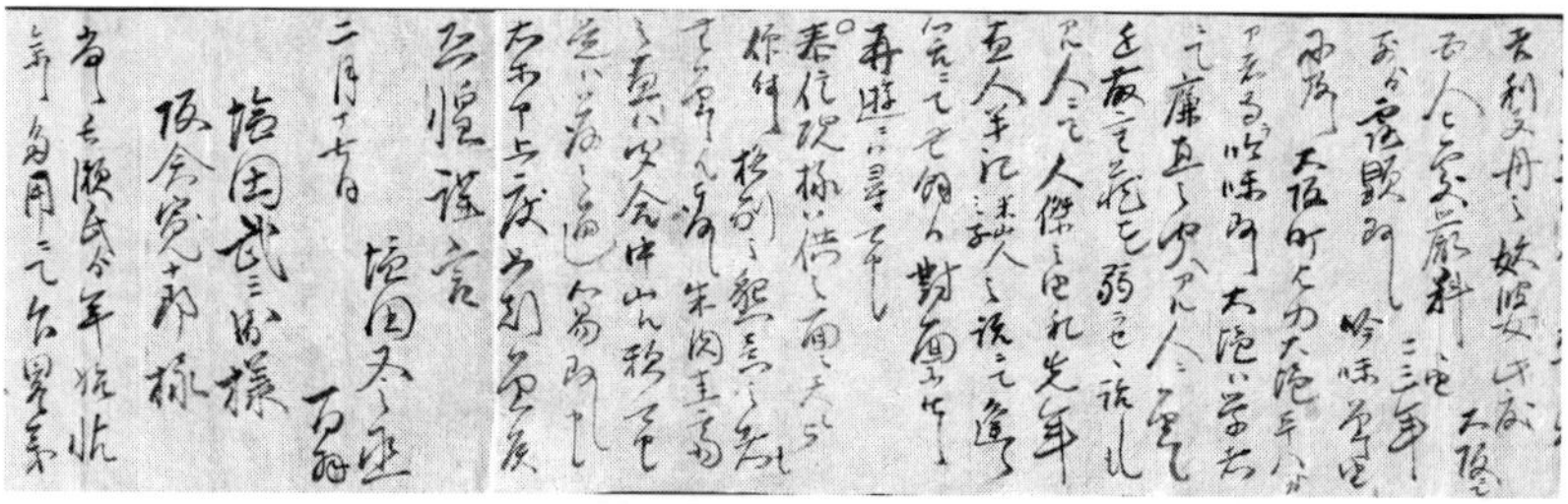

塩田随斎書簡（塩村蔵）

此《か》くの如《ごと》くに御座候」（都立中央図書館渡辺刀水文庫蔵）。天保十四（一八四三）年七月、藩校の督学参謀に昇進した津藩儒の斎藤拙堂が塩田に送った書簡だ。

「私義今日二十二日召させられ候処、御懇命の上、江戸定府《じょうふ》、御《ご》家中《かちゅう》学問教授仕《つかまつ》るべく、席次詰の次仰せ付けられ、冥加《みょうが》至《し》極《ごく》、有り難き仕合《しあわせ》に存じ奉り候。……先は右御吹聴申し上げたく、一書を捧《ささ》げ候。総《すべ》ての吹聴案内は朔日《ついたち》出に申し遣わすべく候……」（早稲田大学蔵）。こちらは天保三年十一月、七年来、津の藩校に勤務してきた塩田随斎が、江戸の父に宛てた書簡だ。随斎は津藩士とはいえ、生まれも育ちも江戸で、多士済々の文人が集まる江戸に早く戻りたいと強く願っていた。それがようやく叶《かな》った喜びを伝えている。

　これらの例からわかるように、侍の昇進など自分の身に起きた慶事を、交際上のしきたりとしてやむなく、控えめに他者に伝える行為を吹聴という。我が身の幸せも、恵まれない境遇の人を傷つける危険がある。それを極力回避しようとする思いが込められている。こういう精神を武士道というのである。

絶対的な「御」

主人の鼻をねじる意に──鹿の子餅

子どものころ、「アベック歌合戦」という人気番組があった。素人の男女が出場する歌番組で、司会は怪芸人、トニー谷。ツイストに身をくねらせ、拍子木をリズムよく打ちながら、出場者に「あなたのお名前、なんてえの」と聞く。これがはやって、皆が真似《まね》をした。

今から思うに、日本人ならば「あなたの」とは言わない。「お名前は？」で済む。日系人風の妙なことば遣いがおかしかったのだろう。

お名前のお（御）だけで「あなたの」の意味になる。御をはじめ、日本語の敬語の多くは、敬意を表すためというよりも、主体を言うことなく、しかも文意を紛らせないために存在する。

こういう相手との関係性において用いる御を相対的な御とすると、絶対的な御も江戸時代にはあった。

たとえば、名古屋人同士で話をする時、御城といえば、あなたの城という意味ではもちろんなく、名古屋城を指す。こういう御が絶対的な御だ。

あるいはまた御付家老《おつけがろう》ということば。御三家の尾張藩だと、成瀬家や竹腰《たけのこし》家のように、藩祖徳川義直のために、父家康が信頼できる家臣を後見役として付けた家老の家柄をいう。この御は東照神君家康公を主語とする意味で、こういう御の使い方もあった。

これにつき、現代の歴史学では、旧来の名称から敬語をはずすのが原則なので、付家老と呼び、辞典類でもその形で立項されている。しかしながら、この呼称には少し違和感を覚える。付家老ということばがあって、それに御が付いたのではなく、御付＋家老と思われるからだ。

ここから連想するのは、岩瀬文庫で見た明和九（一七七二）年刊『鹿《か》の子餅』に見える「鼻ねじり」という古い笑話。鼻ねじり（鼻ねじともいう）とは、馬を調教する際に、急所の鼻をねじ上げる短い棒状の道具のこと。

「殿の御好み（御注文）でできた鼻ねじり、御預け遊ばされたにより、紙袋《かんぶくろ》をこしらえ、これに入れて御次の間に掛けた所、白うて見とむなければ（みっともないので）、〈御鼻ねじり〉と書き付けたが、〈御鼻ねじり〉では、旦那（主人）の鼻をねじるようなれば、書き直して〈鼻御ねじり〉」。御＋鼻ねじりのつもりが、御鼻＋ねじりに見えるという笑いだ。

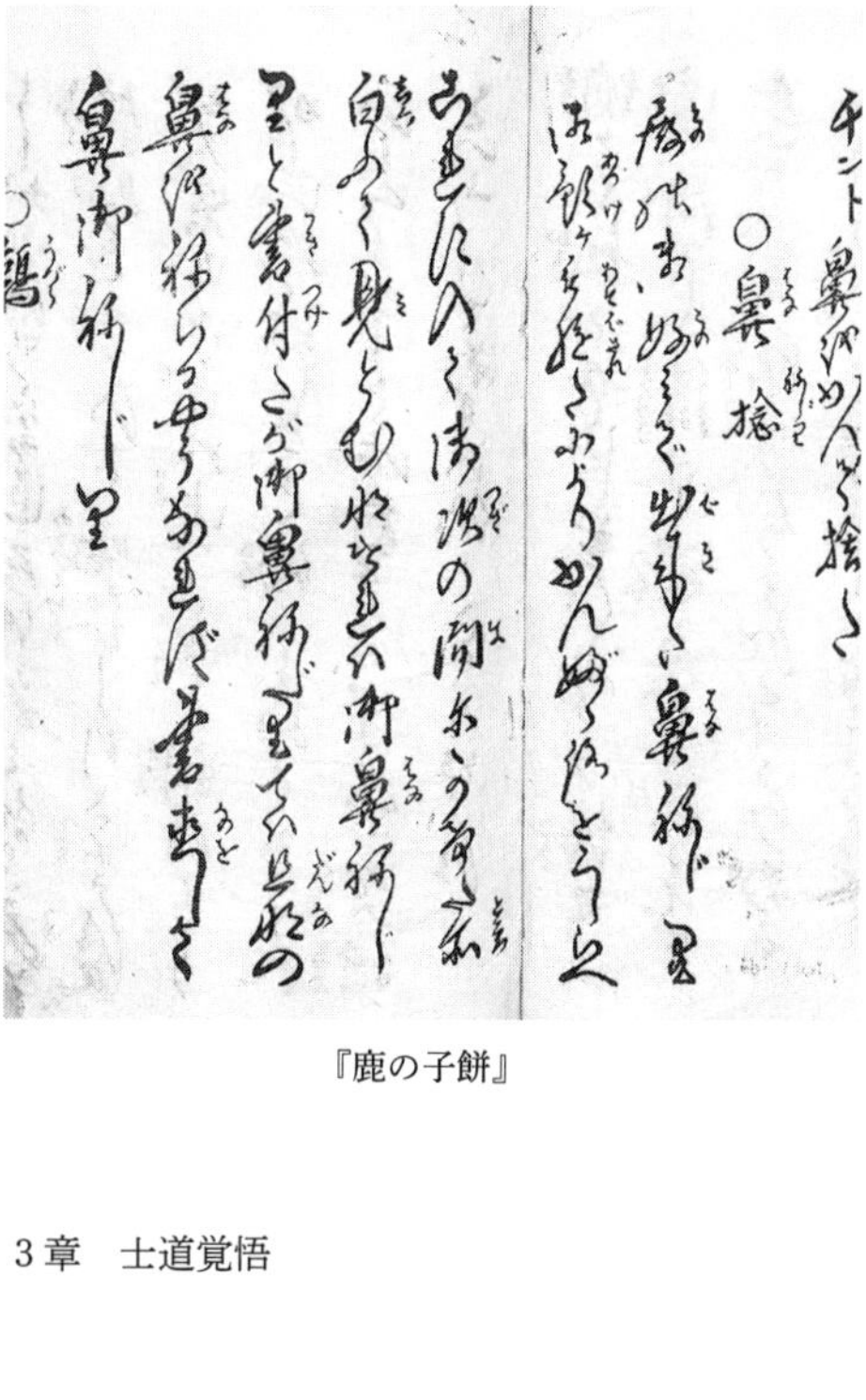

『鹿の子餅』

水腹と手腹

切腹と打ち首の間に――――切腹口訣

私の子ども時代、昭和四十年代の前半頃までは、大人たちが日常の会話の中で「これもんでっせ」などと言いながら、手の平を上に向けて腹を切る仕種《しぐさ》をしていた。最近はとんと見なくなったが、これは私だけの経験か。あるいは比喩的な意味ですら、切腹をする人がいなくなったせいなのだろうか。

江戸時代、侍が重大な過ちを犯した場合には、自ら決着を付ける、すなわち切腹するのが原則だった。腹の中にある心を見せるためだったと考えられている。その切腹にもいろいろな種類があった。

岩瀬文庫で見た『切腹口訣《くけつ》』という江戸時代後期の写本。介錯人《かいしゃくにん》（切腹の際に斬首をする役）の心得ておくべき作法が詳細に記されている。

まず、切腹には身分と罪状により、上三段、中三段、下三段の九段の格付けがある。上の第一段は自分が仕える主人の切腹。第二段は大名・高家《こうけ》・御直参の歴々の切腹。第三段は追い腹（死んだ主君への殉死）。

中三段は陪臣（大名や旗本の家臣）高禄《こうろく》の人の切腹で、中の第一段は上輩つまり、罪の軽重によらず、勇武な行為で義理にかない、誰もがこれを賞するような人の切腹。第二段は中輩つまり、勇でも臆でも義でも悪でもない者の切腹。第三段は下輩つまり、悪逆を主とし義理に背き、心も臆し、誰もが憎むような人の切腹。

下三段は平士《へいし》（ひらざむらい）以下の切腹で、中三段と同じく上中下輩の別がある。以上の格付けにしたがい、切腹の場所や装束などに区別が付けられた。

さて、建て前の上では自主的な死とされた切腹と、不名誉な死刑である打ち首との中間には、上から順に扇子腹《せんすばら》、水腹《みずばら》、手腹《てばら》と三種類の方法があった。扇子腹とは要《かなめ》を取った扇を、水腹とは端を欠いた土器《かわらけ》を、手腹とは手を、それぞれ短刀の代わりに用いた切腹だ。特に水腹と手腹とは辞書にも載っていない。

これらは、どうも上級武士が打ち首に相当するような罪を犯した際に、便宜的に適用されたものらしい。ただし切腹と同じ扱いなのは水腹までで、手腹以下は打ち首と見なされ、介錯とも言わないらしいから、難しい。

子どもの時に見た、大人たちの仕種の源流は、昔の手腹にあったのかもしれない。

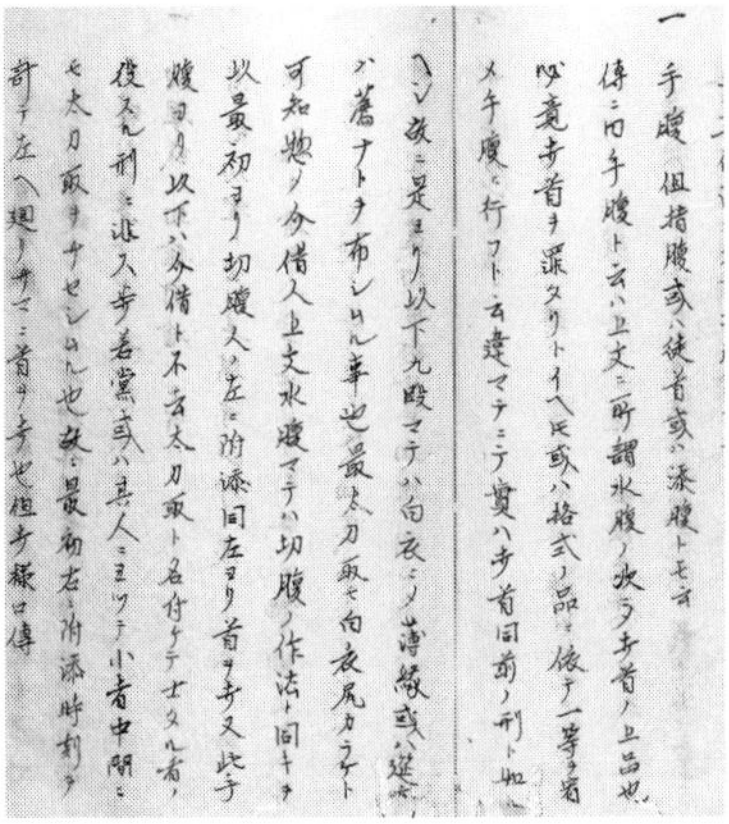

『切腹口訣』

首斬り役の家

土壇打毎日千百回の修練――山田家秘伝巻物

岩瀬文庫で見た『徳川幕府刑事図譜』は明治二十六年の刊行で、江戸時代の刑罰の具体的な状況を、彩色画で詳細に描写する。刑罰については、江戸期の書物ではタブー視され、記述されることが少ないため、参考になる。

同書には、江戸で代々首斬り役を務めた山田浅右衛門家の第九代が、序文を寄せている。文中に「我が輩の祖先が一閃《いっせん》電光の下《もと》に、身・首、処《ところ》を異《こと》にせしものは殆《ほと》んど万以上を以《もっ》てこれを数《かぞ》うべし」とあるから、すさまじい。

ただし、職務としてやむを得ず行ったまでであるから、「曽《かつ》て刑死者の我が家に怨恨《えんこん》を訴えし者なし」という。そして自分も職務として斬首してきたが、「心中顧みて憐愍《れんびん》の情なきを得んや。依《よっ》て一方に仙薬を製し、罪なくして夭死《ようし》（若死に）する者を救済し来たれり」というが、この仙薬こそ、有名な浅井家の人胆丸《じんたんがん》だろう。労咳《ろうがい》（肺病）の特効薬とされ、罪人の肝を用いて作られたという。

岩瀬文庫には奇妙な資料が多いが、山田家に関連する据物斬《すえものぎり》の秘伝書、巻子本《かんすぼん》（巻物）十三巻が「山田家秘伝巻物」として一括保存されている。据物斬とは、刀剣の切れ味を確かめるために罪人の死体を斬ったり、斬首を行う術のこと。侍は時に切腹人の介錯《かいしゃく》を命ぜられることもあるから、剣術の一環として据物斬を修練する者も多かった。

山田家では実子が相続せず、門人の中で技量の優れた者を選んで跡継ぎとすることが多かった。岩瀬文庫の資料群は、後に六代目山田浅右衛門を継ぐ三輪源八郎に伝えられたものらしい。

たとえば、その中の『絵図第一之巻』には基礎的な修練法である土壇打《どだんうち》（刀で土壇を打ち込む）の所作を図解する。これを毎朝三百本、昼三百本、暮れ五百本稽古しないと片手打ち（片手で首を斬ること）はできないという。

江戸期には、復讐《ふくしゅう》権の重視、見せしめのほかに、試すべき刀が大量にあること、それから斬首技術の発達から、死刑が多く行われた。現代の日本も世界の中で死刑大国というべき状況だが、そんな特殊な経緯と無関係ではあるまい。

そのことを十分に認識した上で、死刑を存続すべきか、見直す時期に来ている。死刑に犯罪抑止効果のない事実は、江戸期の経験で明白だから。

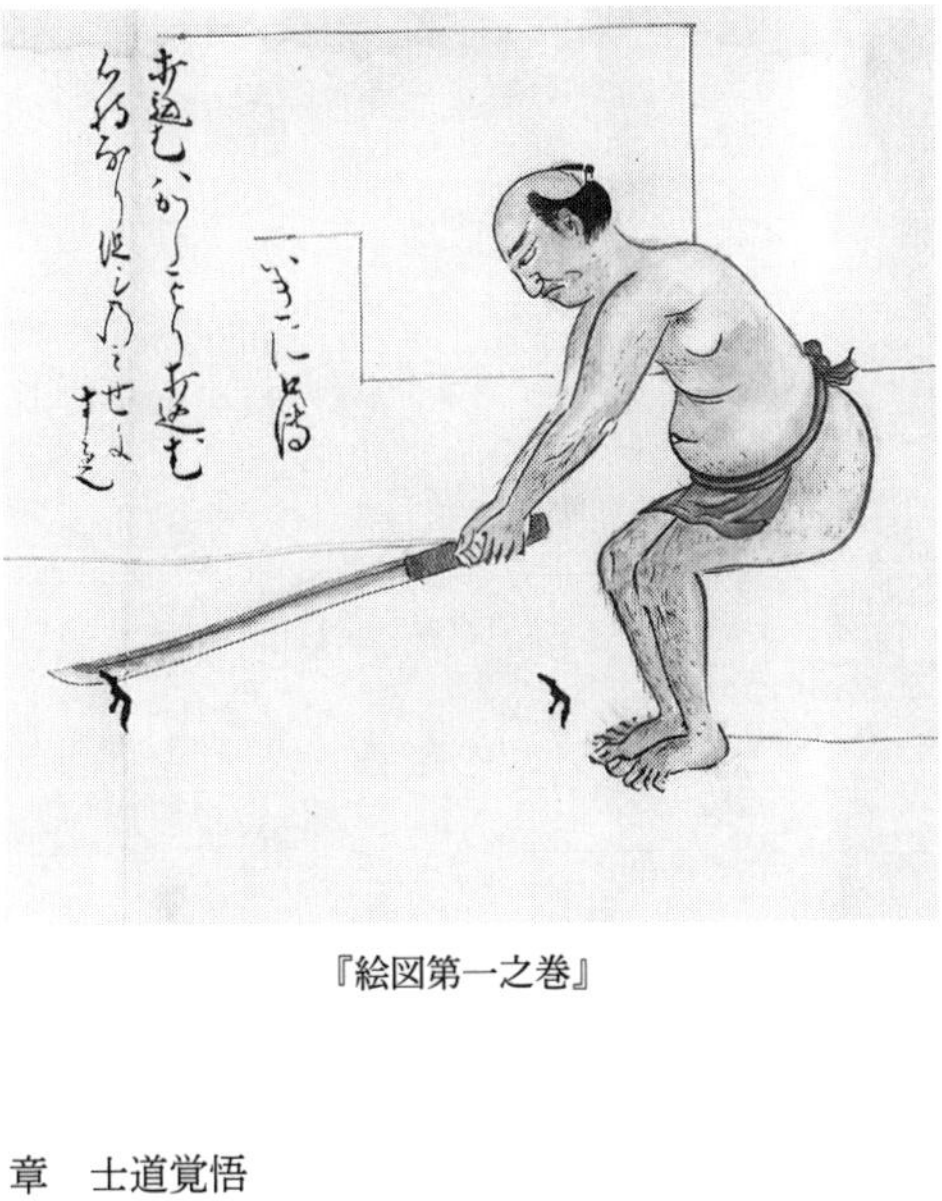

『絵図第一之巻』

指手水

「雑談」に生活の息遣い――買櫝雑話

江戸時代の人々が、仲間うちのくつろいだ席で語り合った雑談が聞きたい。もちろん座談はその場限りで消えてゆくが、たまに奇特な人が書物に書き残してくれる。岩瀬文庫蔵の写本『買櫝《ばいとく》雑話《ざつわ》』もそんな一冊だ。

著者井土学圃《がくほ》（一七八二〜一八六二）は筑前福岡藩儒。同藩の藩主や藩士を中心に、人々の逸話や噂話《うわさ》をたくさん収めている。たとえば、こんな話。

上級藩士の毛利長兵衛は「むさき事」を好む癖《へき》があった。むさいは、他人に不快感を与えるような感じの汚さをいう形容詞。とりわけ入浴が嫌いだった。

朝、家来が手水《ちょうず》（洗面）の盥《たらい》を持ってくると、人差し指の先を湯につけて、まぶたをちょっと濡らしておしまい。これを「指手水《ゆびちょうず》」と称した。殿様の御前に出る前日はたいへんで、お付きの者たちが手足を押さえつけて沐浴《もくよく》させたが、泣き叫んで嫌がった。冬は火燵《こたつ》にあたりながら食事し、魚の骨などはみな火燵の火に放り込むので、あたりにいやな臭気が立ちこめた。

ただし、武芸を甚だ好み、日夜、弓馬や剣術、槍術《そうじゅつ》の習練を怠らなかった。武術の一つである水練も、船頭を先生にたのんで稽古した。もっとも、家の梁《はり》からぶら下げた帯に体をくくりつけ、手足を動かして波をしのぐ練習をしたというから、やっぱり変わっている。

あるいは、町奉行を務めた建部佐右衛門は、近隣の町家《まちや》の子どもを集めて、迷蔵《めいぞう》（目隠し鬼）や鬼渡し（鬼ごっこ）をして遊ぶのが大好きだった。そのため、建部が役所から帰ってくる時間帯になると、町口に子どもらが大勢集まり、待っていた。

あるいは、下級の士卒から用聞《ようきき》にまで出世した永野左兵衛は「迎合」（上司の気に入ること）に巧みだった。わざわざ隣家に煮売店《にうりみせ》（居酒屋）を出させ、屋敷から直接行き来できるようにし、来客があると、たとえ多人数であっても直ちに酒肴《しゅこう》を提供した。

書名の買櫝の櫝とは箱のこと。その昔、中国の楚の商人が珍しい珠《たま》を、飾り立てた箱に入れて売ったところ、鄭の人は箱を買って珠を返した故事による。ためになる話は忘れ去り、どうでもよい話を収録したという趣意らしい。しかし、そんな話の方が実は面白い。

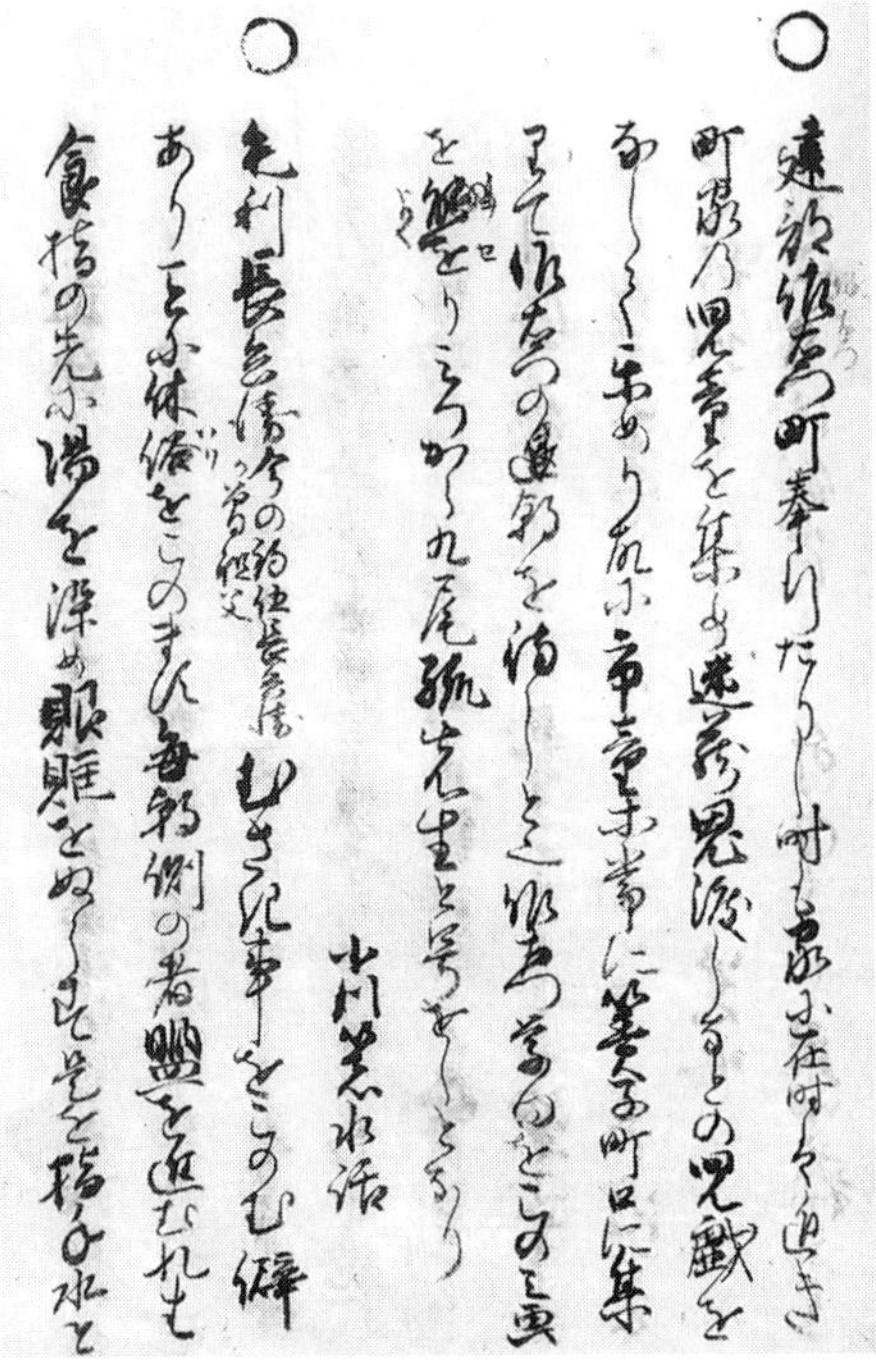

『買櫝雑話』

扇の作法、贔屓の情

博識二人、流人の雑談——深山雑話

『深山雑話《みやまざつわ》』自筆本一冊は、武家の雑談を書き留めた随筆だ。筆者森内繁富《もりうちしげとみ》（一七五八〜一八三二）は陸奥弘前藩の上級武士だが、ある時、藩士の待遇改善を藩主に直訴した件を咎《とが》められ、藩領内の奥深い山中にある川原平村《かわらたいむら》（青森県中津軽郡西目屋村）に数年間蟄居《ちつきょ》の身となる。

そこでは読書のかたわら、住民に学問を教授する日々だった。村には西川氏という何でもよく知っている知識人がおり、彼と談じた古今の物語を録したものという。詳細不明ながら、西川氏もまた流人なのかもしれない。

こんな話を収める。柔術の師範として名高い藩士の川元定右衛門を招き、話を聞いている席で、手にした扇を何度も爪はじきする人がいた。川元の言うには、貴公は扇の扱いに不案内と見える。扇には色々の作法があるが、上座の客が不適切な話題を話し始めた時に、静かに扇を爪はじきして聞かぬ体にする。すると上客がそれと察して話を変えるものなのだ。

扇については今やわからなくなってしまったことが多い。こんな面白い使い方があるとは初めて知った。

別の話。ある廉潔《れんけつ》で知られる役人が、隠居後に語った。どれだけ廉潔を心がけても、贔屓《ひいき》を免れがたいのが人情である。馬好きの自分に、名馬を贈ってくれた人がある。不正な贈り物ではないので貰《もら》っておいたが、その後、役得のある官職に空席が生ずるたびに、いつもその人のことが心に浮かんで困った。

また、兄の子どもが大病を患った時、一夜のうちに三度まで見舞ったが、家に帰ると快く寝入った。ところが、わが子が病気の時には、一度も見舞いはせずとも、夜が明けるまで寝られなかった。「これも贔屓の情のやむ事を得ざるところなり」と語った。

こんな味わい深い話を収める本書は、東京の書肆《しょし》つづらやの古書販売目録から入手した。文書などの歴史資料を主に扱う同店の目録は、解説が丁寧でありがたい。一点物の古書は、書名だけでは内容の見当がつかないからだ。

われわれが長年かかって拵《こしら》えた、岩瀬文庫の書誌データベースも、書物の形態や内容について詳しく記述している。これからの時代、そんな方策こそが古書の活用につながると信じている。

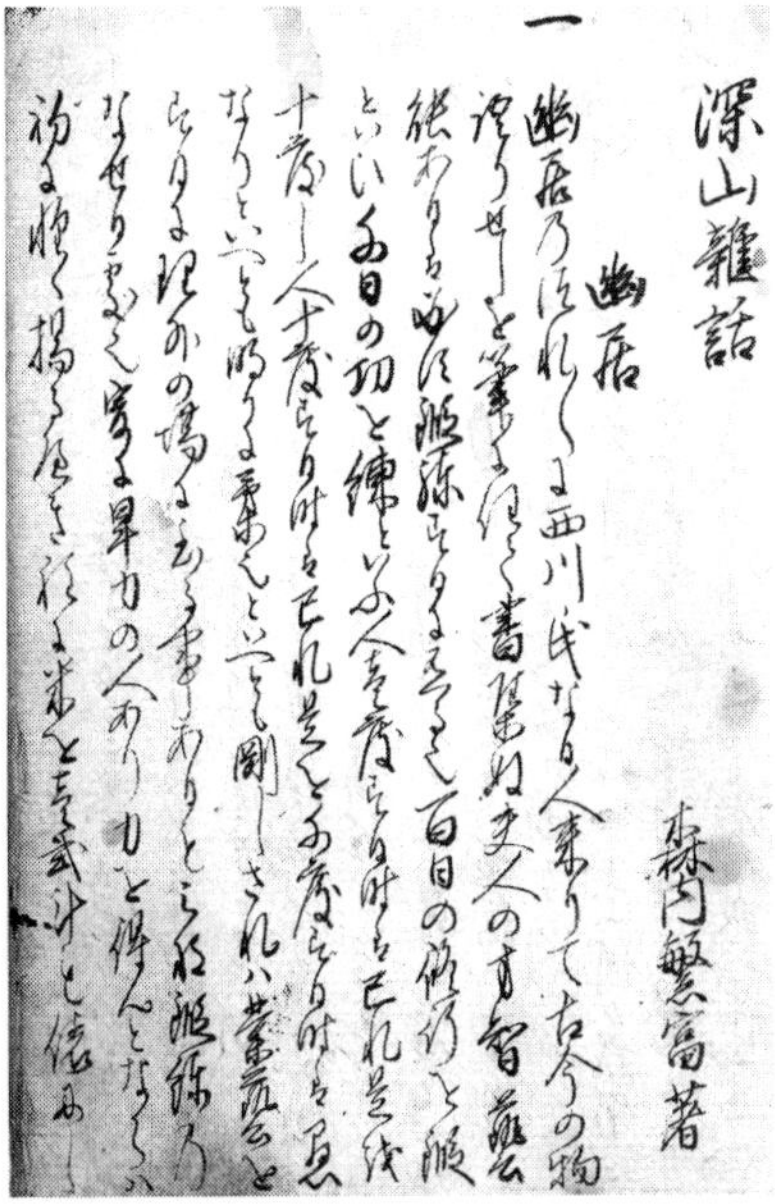

『深山雑話』巻頭

魂は肉体のどこに宿るのか

漢学者が西洋思想に傾倒――刪補長寿養生論

現代日本は医学の先進国なのに、移植治療はなかなか進展しない。それは臓器の提供が少ないからで、その原因は、脳死を人の死と見なすことに国民の共感が得られない点にある。

このような死生観にかかわる問題については、医学だけでなく、人文学の知見をも動員して人々の理解を深めるべきだろう。

そもそも人の精神は目に見えないもので、それが肉体のどこに宿っているのかは、さほど自明な問題ではない。「胸の内」「腹に一物」などの言語表現より見て、昔の日本人は胸や腹と考えるのが一般的だった。だから、脳死については、まさに頭ではわかっていても、腹に落ちるには至っていないのだ。そんな日本にこんな人もいた。

岩瀬文庫蔵『刪補《さんぽ》長寿養生論』写本十巻六冊。松本鹿々《ろくろく》なる人の著した『長寿養生論』に、京の漢学者、岩垣松苗《まつなえ》（一七七四～一八四九）が刪補（記事を削ったり増補したりすること）を加えたものだ。

同書は冒頭部こそ男女交合を主とした医学や養生が論ぜられるが、大部分は国粋主義の立場より外来思想である仏教を徹底的に排撃した論書だ。もう少し違った書名にすればよいのに、江戸期の本にはこういうことが多い。

その増補部分の中に、魂のありかについて、こんな記事があった。「〈こころ〉というところへ〈心〉の字を当てるも、場所を取り違えしなり。心《しん》の臓は、胸中にありて血をこしらへる官《やく》にて、出し入れ殊《こと》の外《ほか》忙しく、静かならぬ臓にて神明（精神）の舎《やどり》になるべき臓にあらず。されども漢土（中国）にては医者、解体の学（解剖《かいぼう》学）に熟せず、神明の宿る場所を解し得ぬ故、心の臓を魂の住処《すみか》と思い、〈こころ〉といふ場所に〈心〉の字を用ひ来たるなり」。

つまり和語の「こころ」に心臓の象形文字である「心」の漢字を当てるのは、中国人の間違った考え方を受け継ぐもので、不適切というのだ。

そして「一身の君主たる魂の住処は、頭脳中にある玉液の如《ごと》き、透き通るように清き、脂《あぶら》の如き液中についてあるなり」と、魂は脳に宿ると言い切る。明らかに西洋解剖学の影響を受けた言説で、排外主義に心を寄せる漢学者が、こんな考えを受け入れていたことに驚きを覚える。

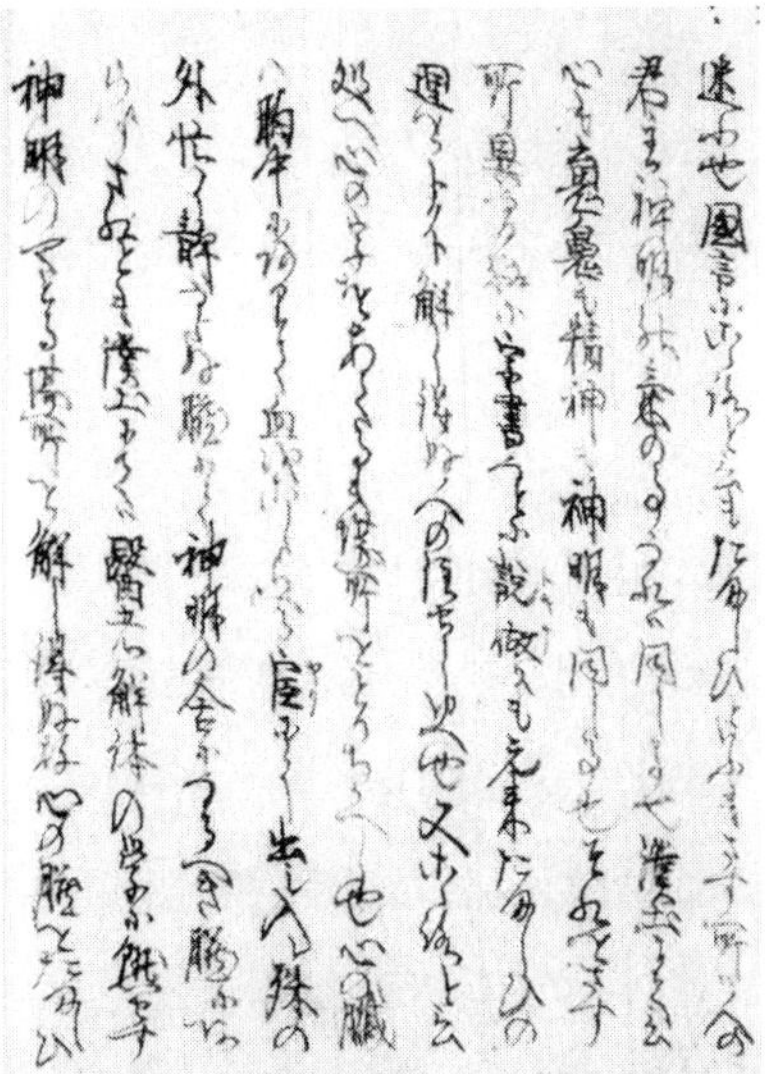
『刪補長寿養生論』

知恵は肉体のどこに宿るのか

侍と町人で場所が異なる――上杉軍記

「頭が良い・悪い」は、人を評価する語として完全に定着している。近年の脳科学の発達も、これを後押しする。ところが、古書の中には見出《いだ》せず、どうも明治以降に流行《はや》り出した新しい表現らしい。前項で取り上げた魂と同様、昔の人は知恵も頭に宿るとは、必ずしも考えていなかった。

数少ない例外的記述が西鶴の『好色一代女』「濡問屋硯《ぬれのといやすずり》」の中にある。主人公の一代女は大阪で問屋の蓮葉女《はすはおんな》となる。問屋に抱えられて、各地からやってくる顧客の床の相手をする女のことで、刹那的、享楽的な生き方をする者が多かった。「はすっぱ」の起源はここにある。一代女は秋田から来た客と仲良くなり、腹に子ができたなどと偽って、結婚を迫る。困った客が問屋の「重手代《おもてだい》の、頭にばかり知恵の有る男」を頼み、カネで示談にするという話だ。

重手代とは古参の手代、つまり中間管理職的な奉公人のこと。「頭にばかり知恵の有る」とはひねった表現で、人情の機微に通じた賢い男ならば別の解決法もあるのに、ということを言外に語っている。つまり本当の知恵は頭以外の場所にあるのだろう。

また、岩瀬文庫で見た『上杉軍記』という写本の中に興味深い記事があった。これは上杉謙信《けんしん》と景勝《かげかつ》の二代の事蹟《じせき》を中心とした軍記だが、通常の歴史書のような内容でなく、筆者の体験や見聞に基づく臨場感あふれる記述となっており、好もしい本だ。

その巻十七にある、上杉景勝が語ったという、ちょっと怖い話。「侍はもと心《しん》の臓より思案工夫して分別するものなるゆえ、科《とが》あれば切腹申し付くる。下人《げにん》は首もとにて思案するゆえ、しまりなく落ち着きたる分別なし。このゆえに科あれば首を切る」。

侍は腹ないし胸の中にある心で考えるから、罪があれば腹を切らせ、下人は頭で考えるから、首を切るという。

江戸時代を通して、侍の死刑は切腹、町人などは斬首という原則は知られているが、当時の肉体観に基づく、こんな明解な理由のあったとは初耳だ。ここでも頭の方にあるのは浅知恵なのが面白い。

知恵の浅深を見極めようとした古人の感覚から見ると、現代の「頭が良い・悪い」は、理解の速さや記憶の量にかたよった、底の浅いことばであるように思われる。

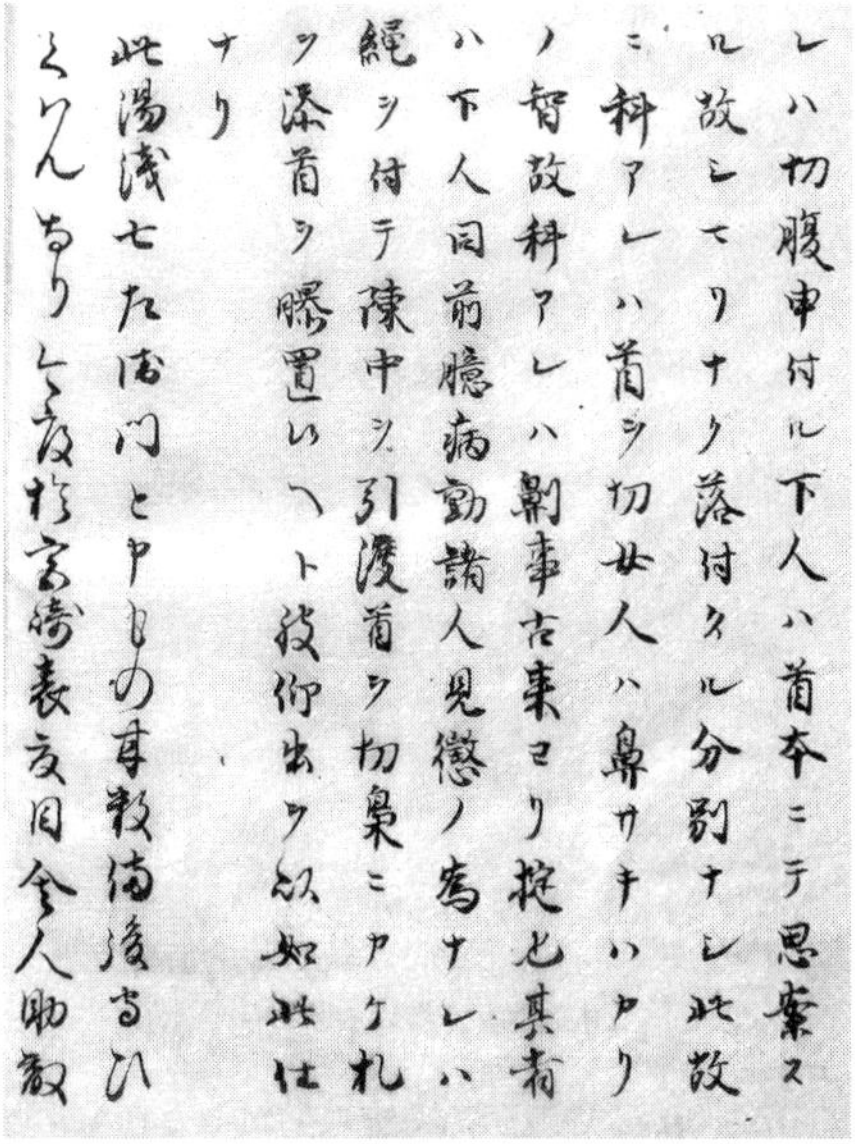

『上杉軍記』

主殺しと縁坐

重罪による連帯責任は幼子にまで――石山再来

岩瀬文庫には、私が尊敬してやまない黒川道祐《どうゆう》（京都の偉大な地誌『雍州府志《ようしゅうふし》』の著者・182頁参照）の自筆の紀行文が十一点も保存されている。いずれも京都の周辺に出かけた小旅行の記録で、『府志』と同様、浮世に対する特異な観察眼が随所に光っている。

そのうちの一つ『石山再来《いしやまさいらい》』では、貞享四（一六八七）年九月、京都御所近くの自宅を出て石山寺（滋賀県大津市）の本尊開帳を見に出かける。出発早々、三条より東海道を東へ行った所の記述だ。

「粟田口《あわたぐち》、刑戮《けいりく》の場に到る。去年九月三井寺善見坊を殺せし人、ならびに力を加えし者、所々忍び行くといえども、天罰遁《のが》れがたく、江戸において捕らえらる。主人を殺する者、竹鋸《たけのこぎり》を免れず、その後磔《はりつけ》にかかる。その親族、ともに京師ならびに大津にありしを僉議《せんぎ》にて八人捕らえられ、京師の大路を引き渡し、遂にこの所において梟首《きょうしゅ》す。その中、九歳の子、二歳の子あり。中々目も当てられず、そぞろに涙を催せり」。

昔は主要な街道が都市に入る境界の地に刑場があった。したがって旅人は必ず目にしたはずなのに、道祐のように、その様子を記述する人は少ない。強いタブー意識があったらしい。

この件は、元禄以前に江戸町奉行所が扱った事件の分類判例集である『御仕置《おしおき》裁許帳』に記録が残されている。すなわち貞享三年九月、三井寺の寺小姓が主人の僧を切り殺して逐電、十一月に武蔵蕨町（埼玉県蕨市）で捕縛され、翌年八月に日本橋で三日晒《さら》し、鋸挽《び》きの上、品川で磔となった。

当時、最も重大な犯罪とされた主殺《しゅうごろ》し事件だ。そのため、たとえ犯罪と無関係でも、血縁関係があるだけで連帯責任を取る縁坐《えんざ》が適用され、犯人のみならず、親・兄弟・叔父・従弟《いとこ》・甥《おい》までもが獄門となった。この時は親類の多くが京都と大津に住んでいたため、粟田口の刑場で獄門となったようで、道祐はその直後に通り合わせ、右の感想を抱いたらしい。

九歳（『裁許帳』によれば六歳）と二歳の甥までもが刑死しているのは、あまりに痛ましい。これもまた江戸時代の現実だった。ただ、この記述により、同時代の人も、われわれと同じように理不尽を感じていたことがわかり、少しだけ安心する。

『石山再来』

硬骨の儒者・雨森芳洲

理不尽な政道を批判――たわれ草

江戸時代前中期の漢学者、雨森芳洲《あめのもりほうしゅう》（一六六八～一七五五）が『徒然草』風に書いた和文随筆『たわれ草』に次のような短い一段がある。

「主《ぬし》を殺せる奴《やっこ》あれば、咎《とが》なき親兄まで罪に行わるるは痛まし」。

奴は奉公人の意。主殺《しゅうごろ》し事件の犯人は、何の罪もない親族までもが死刑となる縁坐《えんざ》制について、前項の黒川道祐《どうゆう》と同様、理不尽を感じている。現代から見ると当然と思われる感想だが、江戸時代には同時代の制度に対して批判的な言説を公にするのは勇気を要することだった。

もっとも、それは版本（出版物）の世界のことで、写本ではかなり自由に書くことができた。江戸時代には版本と写本とが同じように生産され流通した。そのような二重構造が言論の自由をある程度保障し、江戸時代の書物文化を豊かにもしている。

『たわれ草』の場合、芳洲から親しく中国語学を学んだ、京都天龍寺の禅僧、桂洲道倫《けいじゅうどうりん》（一七一四～九四）が、出版の中心地である京都で同書が出版されるよう、版元に働きかけている。ところが、版元は、同書のうち政道の機微に触れる八カ条について、そのまま出版することをためらった。

その報告を受けた芳洲は、その八カ条は「この書の眼目にて御座候ゆえ、これを除き候ては『たわれ草』はなくなり申し候ゆえ、抜き申すことにては御座なく候」とし、刊行のことは「再不要提起（再び提起を要せず）」とし、写本を反古箱《ほうぐばこ》の底に押し込んでおいてもらいたいと桂洲に返答している（塩村蔵、芳洲書簡）。

つまり、時勢に合わせた妥協的な改変を加えるのではなく、写本のまま後世に託そうとしたのだ。これは見識のある判断で、そのおかげで『たわれ草』の完全な本文が残された。芳洲七十七歳の寛保四（一七四四）年に成った最終稿本は、自筆清書本の精密な写本が岩瀬文庫に蔵されている。その系統の写本もある程度流布したらしく、たとえば、私の所にも延享四（一七四七）年の写本がある。

さらには芳洲没後三十数年を経た寛政元（一七八九）年には、よい時機を得たのか、ついに大阪の版元から公刊され、より広く世の中に流布するようになる。

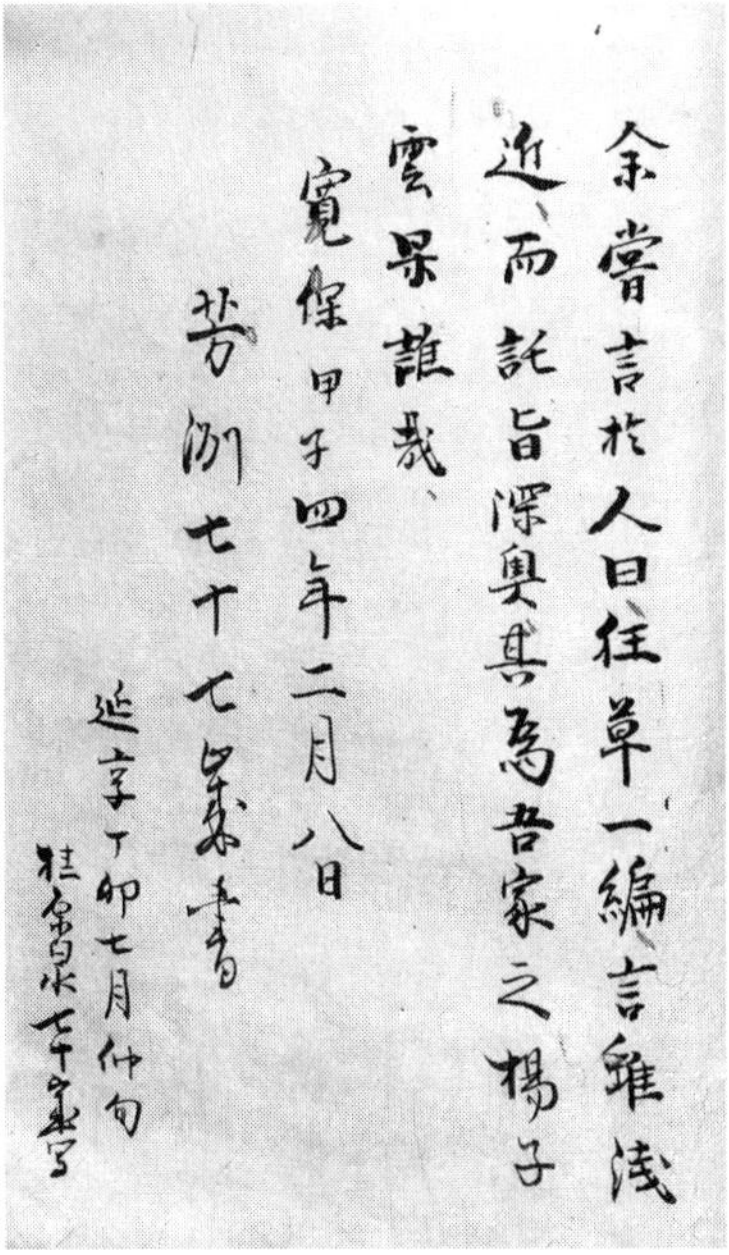
余嘗言於人曰往草一編言雖浅近而託旨深奥甚為吾家之楊子雲畢誰哉
寛保甲子四年二月八日
芳洲七十七叟書
延享丁卯七月仲旬

『たわれ草』延享四年写本

塵は山にならない

芳洲先生の見識――たわれ草

東京の古書店、青裳堂《せいしようどう》さんからわざわざ手紙が届き、雨森芳洲『たわれ草』の版本以前の写本が手に入ったとのこと。ありがたい話で、すぐにいただいた。七万円也（前頁図版に掲げた本とは別の本）。届いた本は、天明二（一七八二）年、京の漢学者で蕪村門の俳人でもある、樋口道《どう》立《りゆう》（漢詩壇の雄、江村北海の次男）が、京の漢学者、端《たん》春荘の蔵書を写した本だった。その底本は、京の大儒、皆川淇園《きえん》と篆刻《てんこく》で名高い高芙蓉《こうふよう》の蔵書を写したものというから、すごい由来だ。この写本の存在は、当時、京の知識人たちの間で、『たわれ草』がいかに歓迎されたか、よく物語っている。

『たわれ草』の面白さを知ったのは、学生時代、東大図書館にある森鷗外旧蔵の写本がやはり版本以前で、版本との間に重要な異同があることに気づいたのがきっかけだった。そして岩瀬文庫に最善本があると知り、初めて西尾の地を訪れたのだった。つまり、その後の深くて長い岩瀬文庫とのご縁をもたらしてくれたのは、この『たわれ草』なのである。

版本以前でさえよく読まれたように、『たわれ草』は見識ある言に満ちている。一例を挙げると、かつて倹約のために乗り物（引き戸の付いた高級な駕籠《かご》）の棒が細められ、また付け木（硫黄を塗った点火用のへぎ板）が付け竹に改められたが、ほどなく廃止となった件について、「小事に心を用うるもおかし。また話のみ聞きて、いまだ試みざる事を妄《みだ》りに言い用うるも恨めし」と批判する。これは元禄二（一六八九）年に、実際に幕府の出した触書《ふれがき》を指しているから、勇気ある発言だ。

　今も昔も財政難には倹約を強いることが多いが、歴史上、成功した例《ためし》があるのだろうか。「塵も積もれば山となる」ほど、日本人を苦しめてきたことばも少なかろう。はっきりと言い切っておくが、塵は山にはならない。それより、巨額で無駄な支出を削るのが先だ。

　また「いまだ試みざる事」を改革と称して「妄りに」行う事例も、大学という狭い社会しか知らぬ者でさえ、数多く見てきたし、今も進行中だ。多くは失敗に帰し、不思議なことに誰も責任を取らぬ。

　日韓関係をはじめ、今の社会を芳洲先生が見たらどう思うか、そんな風に考えることも、古人を重んずる人文学的な営みだと思う。

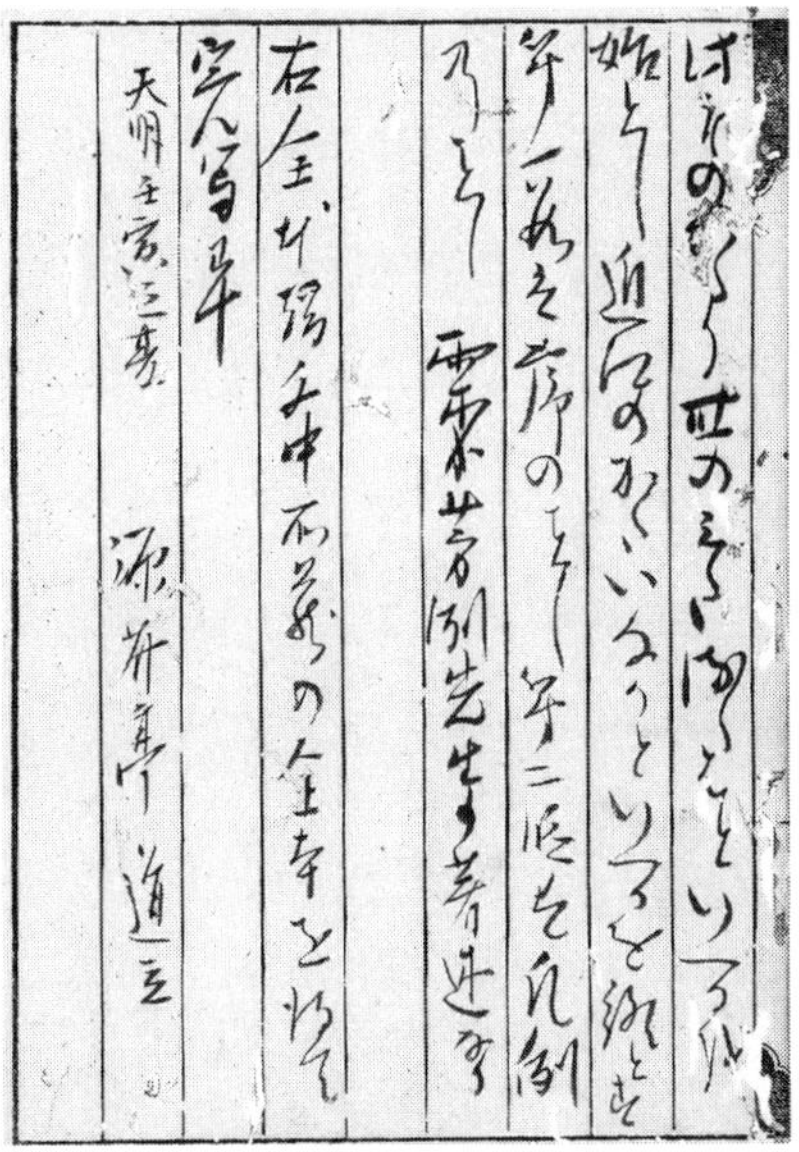

樋口道立写『たわれ草』

鉄砲殺人事件

相手の尊厳までも傷つける――見聞随筆

鉄砲は戦国時代に伝来すると、すぐに国産品が生産され、合戦で盛んに用いられたのに、その後の平和な江戸時代には、人を殺傷する道具として用いられた形跡がほとんどない。世界史上の謎ともいうべきこの問題に答えは出ているのだろうか。

筆者不明の内容豊富な雑記、岩瀬文庫蔵『見聞随筆』（58頁参照）の中に、こんな事件の記録があった。

文政元（一八一八）年七月、青山百人組（幕府の鉄砲隊）の荷持ち、久蔵の娘ときが、伊予西条藩、松平左京大夫の家来、栗西市之助に鉄砲で射殺され、大騒動となった。市之助は二十九歳、幼いころから鉄砲の技に習熟し、十一歳の時に十匁玉《もんめ》の連射を行い、藩主から褒美を得るほどの腕前だった。成人後は藩より命ぜられて、家中の侍に鉄砲の指南をしていた。

ただし、放蕩《ほうとう》な性質で悪い友だちと付き合い、その年の春から、ときと密通し、ゆくゆくは夫婦となる約束を交わしていた。ときは三味線をよくし、芸者のような仕事をしていたらしい。ときの住む青山百人町は松平家の上屋敷（今の青山学院大）と目と鼻の先なので、いつしか通うようになったのだろう。

ところが、その素行が藩主の耳に入るところとなり、在所勝手、つまり国許《くにもと》の西条（愛媛県西条市）へ帰国を命ぜられた。そこで、ときの家へ忍んでやって来て、一緒に伊予へ行こうと誘ったが、ときは承諾しない。そのことを立腹、翌日鉄砲を持ち出し、ときを撃ち殺した。市之助は直ちに自首したが、町奉行所の裁きで獄門となった。

『見聞随筆』は「御府内（江戸）において鉄砲をもて人を殺せし者、昔は知らず、今の世にしては、いと珍らしきことなりと言えり」との世評を記してくれている。

この事件は他書にも記述があり、大田南畝《なんぽ》の『半日閑話《はんにちかんわ》』によれば、市之助は取調《とりしらべ》に対し、被害者は「畜生同前の者」で、刃《やいば》を用いると穢《けが》れるから、禽獣《きんじゅう》のように鉄砲で撃ち殺したと供述したという。どうも、銃で人を射殺することは、相手の尊厳を傷つけると考えられていたらしい。

江戸時代の行動規範である武士道は、敗者の名誉を最大限に重んずることを特徴とした。その意識が銃を殺人の具としなかったのだろう。

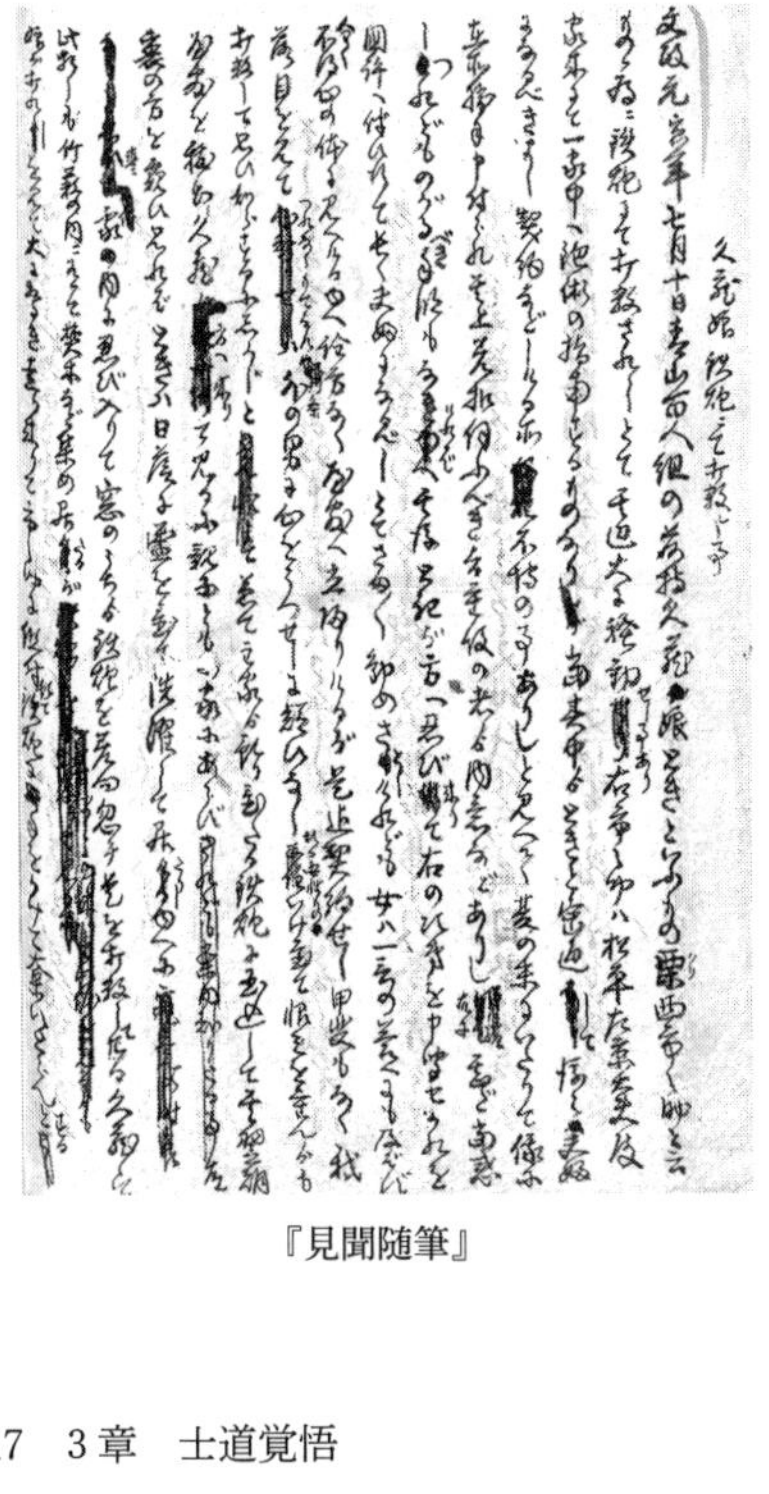

『見聞随筆』

4章　西鶴の視線

『日本永代蔵』

見苦しきほどねんごろ

仲良すぎるのも危険――新可笑記

元禄の文豪、井原西鶴《いはらさいかく》の多彩な作品群は、『好色一代男』などの好色物、『日本永代蔵』などの町人物、『武道伝来記』などの武家物、『西鶴諸国ばなし』などの雑話物に大きく分類される。このうち武士の社会に材を取る武家物については、従来評価があまり高くない。思うに、明治になってから西鶴が再発見される際に、当時流行した自然主義文学に通う側面が高く評価されたため、写実的な描写にやや乏しい武家物は軽視されたからだろう。

しかしながら、さまざまな難しい局面において、いかに身を処すべきかという行動規範、つまり武士道を正面から扱ったものとして見るならば、随所に参考となる記述がある。かつての武士道は、士に限らず、農も工も商も是とした理念であり、浮世の観察者、西鶴は武士道の本質をよく見抜いていたからだ。

たとえば、西鶴作、元禄元（一六八八）年刊『新可笑記』の「市にまぎるる武士《もののふ》」の中で、ある家中で起きた、こんな事件が語られる。

「中小姓《ちゅうごしょう》三人、ふだん心の合う友として、外《ほか》をかまわず、見苦しきほどねんごろに語りしが、かかる心ざしより家の掟《おきて》をそむき」、家中を騒がすことがあった。そのため横目役（監察官）が咎《とが》めると、三人は逆恨みして、その役人を討ち捨て、屋敷内に立てこもったという。中小姓というのは軽い身分の侍で、調子に乗った未熟な若者たちだったのだろう。

「ねんごろ」とは親密という意味で、「外をかまわず」とは、傍若無人《ぼうじゃくぶじん》つまり傍《かたわ》らに人無きがごとき様子をいう。そんな風に、仲の良さを周囲に見せつけるようなふるまいを、作者は「見苦しい」と一蹴し、「かかる心ざしより」とあるように、そんな態度が事件の原点にあると判断しているのだ。

考えてみたら、こういう不適切な人間関係は、いつの時代、どんな社会にあってもありがちであることに気付かされる。一見、善に見える「仲の良さ」も、ある一線を越えれば、仲間以外を軽んずるような邪悪におちいる危険性がある。教育の現場では、子どもたちに「君子の交わりは淡きこと水のごとし（仲良くしすぎてはいけない）」を教えるような視点も、時には必要なのだ。

『新可笑記』

日本の風土と車文化

牛車の稼働地域は限定的――万の文反古

西鶴の第四遺稿集、元禄九（一六九六）年刊『万《よろず》の文反古《ふみほうぐ》』は日本文学史上、書簡体小説の最高傑作だ。その巻二の三「京にも思ふやうなる事なし」は、故郷の仙台に嫉妬深い女房を「置き去り」にして京に上ってきた男が、京女との結婚に失敗を重ね、カネを使い果たして「手と身ばかり（すっからかん）」になる話。

「都ながら桜を見ず、涼みに行かず、秋の嵯峨松茸《まつたけ》も食わず、雪のうちの鰒汁《ふくじる》（江戸時代はフクと澄んでよんだ）も知らず、ようよう鳥羽に帰る車の音を聞きて都かと思うばかりに候」。

これは、落ちぶれて伏見近くの裏長屋に住む男が、今の身の上を述懐することばだ。京の四季の景物を挙げるのに、春の桜、夏の涼みときて、次を凡庸に「秋の紅葉」とゆかず、食に転ずるところが上手《うま》い。男は貧のためにそんな楽しみを知ることもなく、家の中で内職に励む日々なのだった。ただ、表の街道をごとりごとりと行く牛車の音に、ああ自分は京にいたのだなと気付くばかりという。男の窮状を印象的に活写した名文だ。

ところで、この記述から、車は特殊なもので、ほかの土地ではさまで一般的でなかったことがよくわかるだろう。この街道は竹田街道で、まさに車道《くるまみち》とも呼ばれた。

今や日本は世界に冠たる自動車生産国で、自家用車の台数も多い。ところが、そんな状況は昨日今日のことで、前近代を視野に入れると、車文化はぜんぜん豊かではなかった。時代劇を見れば一目瞭然、江戸時代には乗り物といえば、直接人が乗る馬と、人が担ぐ駕籠《かご》、ほかには人が引く大八車がある程度だ。

日本は雨が多く川があちこちにある。時に大水となるため、川には橋が架けにくい。また国土には起伏があり坂道が多い。こんな日本の風土は車にとって致命的な悪条件で、だから日本で馬車は発達しなかったのだ。

そのため、牛車も利用できる地域が限られていた。有名なのは、京三条から大津に至る東海道と、京の市中から伏見に至る竹田街道で、そこでは琵琶湖の港である大津や淀川の港である伏見から京に送る大量の物流を牛車が担っていた。西鶴はその状況を巧みに踏まえている。

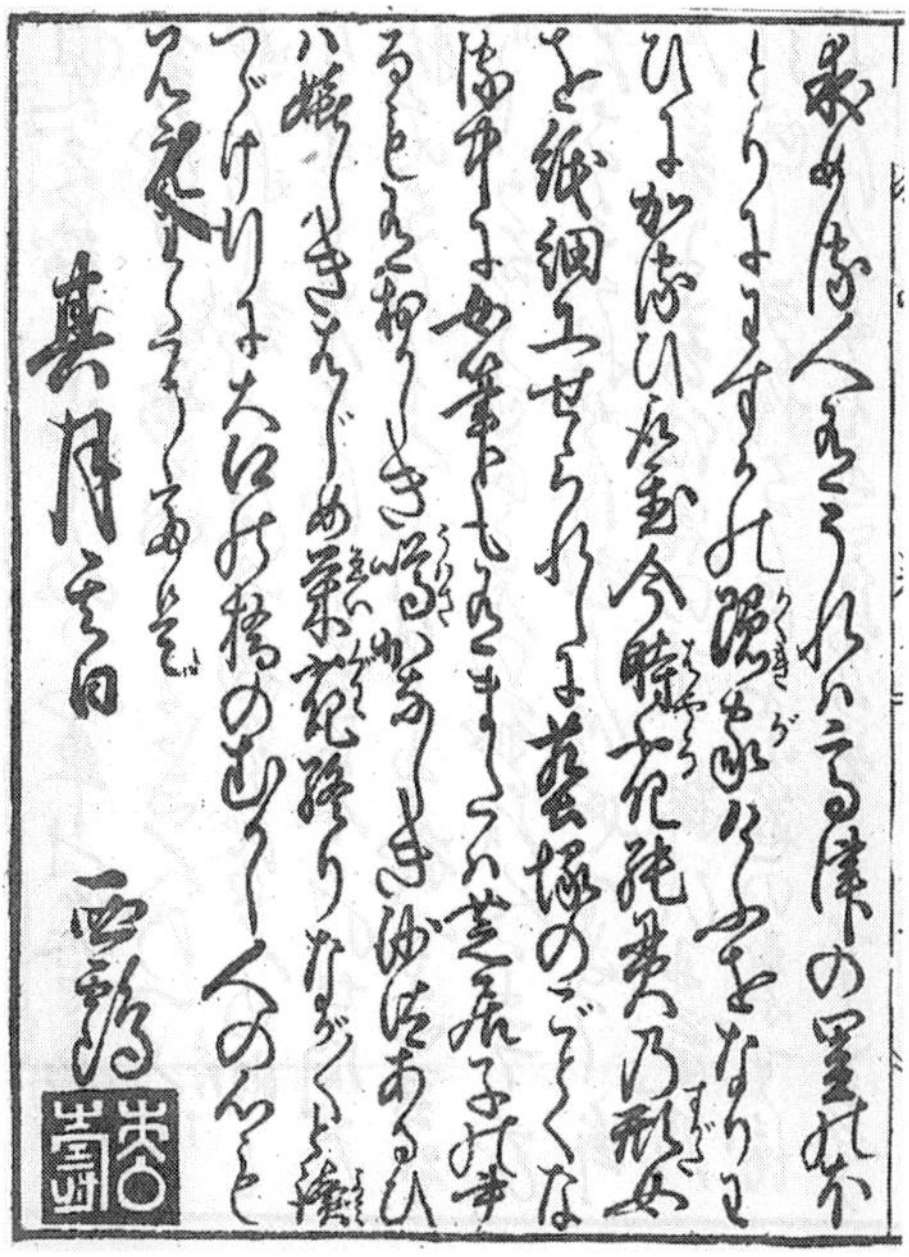

『万の文反古』序文

夫婦は寄り合い過ぎ

思うに任せぬ世を生きる——万の文反古

前項に引き続き、西鶴による書簡体小説の傑作『万《よろず》の文反古《ふみほうぐ》』「京にも思うようなる事なし」より。

主人公の男は、故郷の仙台に女房を「置き去り」にしてきた過去がある。「置き去り」の「去る」とは、現在は使われないが、離縁する意味の他動詞で、「女房を去る」のように使う。「置き去り」とは離婚の形態の一つで、妻がどうしても離婚に同意せぬ場合に、妻を家に置いたまま、夫が逐電することをいう。緊急避難的な、ひどい離縁方法で、もとより社会的地位のある者のすべきことではない。

現代語の「子供を置き去りにする」の「置き去り」は、右の「去る」を自動詞に誤解した用法に由来する。もはや修正は不可能だろうが、あまり使いたくない嫌なことばだ。

さて、男が逃げてきたのは、妻の悋気《りんき》(焼き餅)があまりにひどかったためという。そして、京に出てきた男は、家計のためにもなると女房を持つが、うまくゆかない。何人も持ち替えるが、皆問題がある。中には、かつて公家の御殿に勤めた奥女中あがりの、性格の良い女があったが、庶民生活の経験が全くなく、すり鉢の伏せたのを富士の焼き物かと不思議そうに眺めているような女だったので、庶民の家庭の台所を任せられず泣く泣く別れた。落語の「たらちね」（上方落語の「延陽伯《えんようはく》」）の原型みたいな話だ。

そんな結婚を二十三度も繰り返してカネを使い果たし、もはや女房を持つ力も失った男が、ついにたどりついた結論が、次の一文だ。

「京も田舎も住みうき事、少しもかわらず、夫婦《みようと》は寄り合い過ぎと存じ候」。

どこに住もうが、人生は思うようにならぬのが常で、そんな人の世にあるからこそ、夫婦だけはお互いに助け合って生きるべきなのだったと、男は気付くのである。

好色本の作家として知られる西鶴だが、こと夫婦の関係には純粋な考え方の持ち主で、結婚にカネだの、仕事の都合だの、余計な要素を持ち込むことをひどく嫌った。

自身の人生では、三十四歳の時に二十五歳の妻を亡くしているが、悲しさの余りに頭を丸めてしまう。さらに、亡妻追悼の句集も刊行しているが、そんなことをする俳人は当時珍しい。そして、以後再び妻を娶《めと》ることはなかった。

『万の文反古』

生類憐れみの令と文学

江戸では厳格な法令適用——睡余録

江戸時代の法制度はこれこれと、一概に言いにくい面があって、それは封建の時代だったからだ。つまり、現代のような中央集権とは正反対に、各地に政府があるような社会で、法の運用も地域によりまちまちだった。

西鶴『日本永代蔵』の「才覚を笠《かさ》に着る大黒」。京の富商大黒屋の惣領《そうりょう》新六は、算用なしの色遊びを始め、店の大金を遣《つか》い込み、怒った親仁《おやじ》に勘当される。

冬空に裸同然で追い出された新六は、江戸に向かう途中で、大きな黒犬の死体を貰《もら》い受ける。そんなものを何にするのかと思うと、これを枯れ草でいぶして、狼《おおかみ》の黒焼き（冷えの妙薬とされた）と称して東海道を売り歩き、漸《ようや》く江戸の入り口、品川にたどり着く。

その場面、「これまでの口を過ぎ（生活をし）、銭二貫三百（二千三百文＝およそ六万円くらい）延ばし、売り残せし黒焼きを磯波に沈めて、それより江戸入りを急ぎしに」とある。残った黒焼きも江戸で売ればよいのに、なぜわざわざ海に沈めたのだろうか。

『日本永代蔵』は貞享五（元禄元年＝一六八八）年正月の刊行だ。これが執筆されたのは、五代将軍徳川綱吉による生類憐《あわ》れみの令が強化された時期に当たる。品川で残った黒焼きを捨てたのは、江戸市中でそんなものを売ることが難しかったからに違いない。まして実体は犬なのだから、なおさらのことだ。

逆に江戸以外の東海道筋では、同じものを売っても大丈夫と見なされたことがわかる。総じて江戸の地は法令の運用が厳格だった。西鶴一門による俳諧連句集『西鶴五百韻』の中に「江戸は法度《はっと》の強い山風」なる句もある。

この生類憐れみの令について、ほぼ同時代の京の漢学者、藤井懶斎《らんさい》の随筆『睡余録』に「貞享元禄の間、東武（幕府のこと）、狗《いぬ》を殴ることを厳禁す。もし誤りてこれを殴りて狗死せば、すなわちその刑は殺人の罪の如《ごと》し。蓋《けだ》し殿下（将軍）の本命《ほんみよう》（えと）はこれ戌《いぬ》なるが故なり。人皆この禁を楽しまず、反《かえ》って以《もっ》て怪しとなす」（原文は漢文）と、世人の不満を代弁する。これは幕府批判に通ずる言説で、当時、版本での掲載は難しく、写本だからこそ可能だった。それでも勇気ある発言で、懶斎の反骨心を示している。

『日本永代蔵』

西鶴と大矢数

矢を射るように句数を競う——矢数俳諧

西鶴の本業は俳諧師で、小説家としての活動は、四十一歳の天和二（一六八二）年に処女作『好色一代男』を出して以後、十年ほどに過ぎない。もしも小説を書いていなかったならば、矢《や》数《かず》俳諧に熱中した変わり種の俳諧師が、この時代にはいたとして、文学史のほんの片隅で触れられるに過ぎなかっただろう。

矢数俳諧とは一日一昼夜に連句を何句作るか、数を競う競技俳諧だ。西鶴は、まず三十四歳の延宝三（一六七五）年、妻を亡くし、その追悼に一日千句を詠む。ついで延宝五年、今度は大阪生玉《いくたま》の本覚寺で興行、つまり見物人の見守る中で、千六百句を詠む。延宝八年には生玉の南坊で興行、四千句に伸ばす。その間、ライバルが現れ、記録が破られたりするのだが、四十三歳の貞享元（一六八四）年、住吉神社で興行、ついに二万三千五百句という空前絶後の記録を達成する。食事やトイレの時間を無視しても、三・七秒に一句という計算で、ほとんど信じがたい数字だが、多くの証人がいるので、実際に行われたことは疑いない。

これらは文学的な価値とかかわらない、無意味で愚かな営みと思われるかもしれない。それでも西鶴のために一言弁ずると、これは観衆が作家と創作の時間を共有するという、新しい文学のあり方と見なすことも可能だ。

この矢数俳諧は、京の三十三間堂で行われた大矢数《おおやかず》（通し矢）という競技から発想された。長い本堂の縁側の端から端へ、一昼夜に何本の矢を射通すかという競技だ。上に軒先があるため、直線的な強い矢筋でないと通らない。今も本堂軒下を見ると、失敗した矢尻がいくつも突き刺さったまま残っている。

西鶴時代には尾張藩士の星野勘左衛門《かんざえもん》と紀州藩士の和佐《わさ》大八郎という名手がおり、日本中の耳目を集めた。

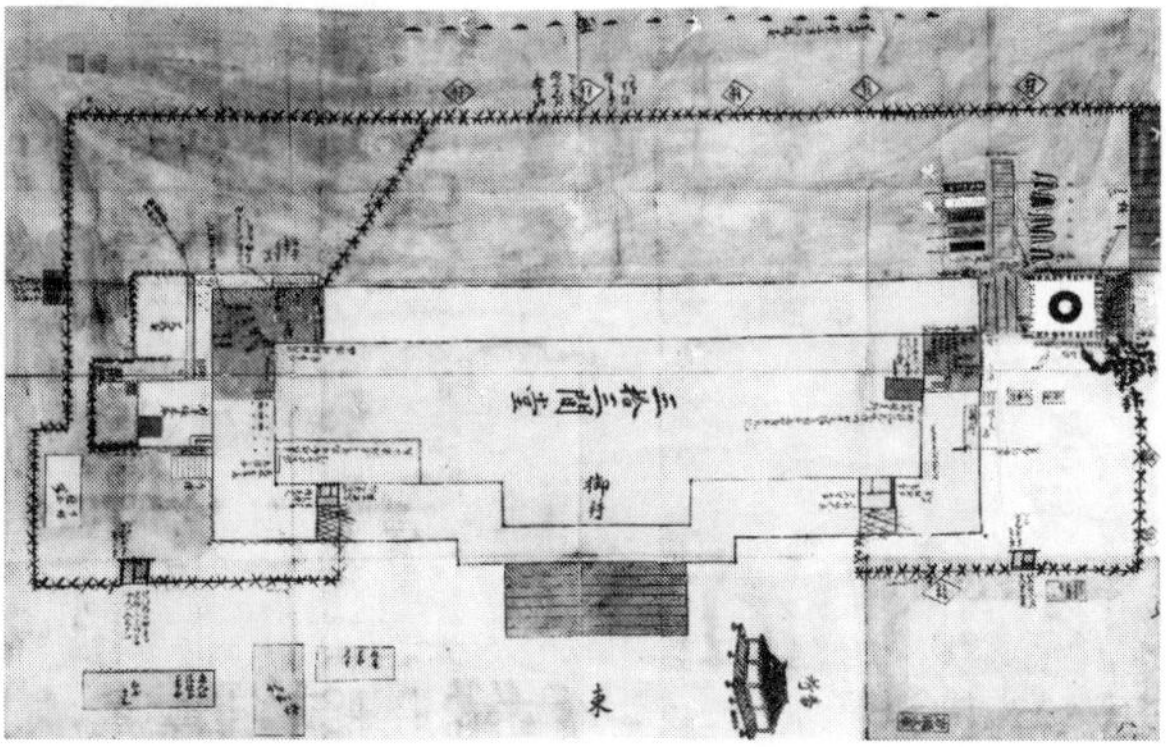

『三十三間堂絵図』

岩瀬文庫には不思議な資料が多いが、これもその一つで、江戸時代中期に三十三間堂で行われた通し矢の会場設営を描いた絵図面だ。

南北に長い本堂の西側の縁で行われ、射手は南端、的は北端にある。周囲は竹矢来《たけやらい》で囲われ、東南に木戸があり、そこから入場料を取って客を入れたようだ。西側の矢来の外には「この辺、諸見物茶店売り物、数多《あまた》これ有り」とあり、見物人目当ての売店まであった。よほど盛大な催しだったことがわかる。

西鶴の住所

謎が多い中、自ら明記――――見聞談叢・西鶴名残の友

西鶴の人生は霧の中にある。何兵衛とか何右衛門とかの通称さえわからない。当時の短冊には、裏面に筆者の本名を注記したものがあり、西鶴の短冊はそこそこ残っているのに、そんな裏書きは見つかっていない。書簡も七通が知られているが、実名を記さない。西鶴（初期は鶴永《かくえい》）の俳号しか名乗らないのだ。そのことは、プロの俳諧師としての意識が強かったことを物語っているように思う。

唯一、西鶴が没して四十余年後に書かれた『見聞談叢《けんもんだんそう》』という本に西鶴の略伝が載り、そこには西鶴の本名を「平山藤五」とする。ところが、平山も藤五も傍証が皆無で、信ずることは難しい。同書にはまた、西鶴について「有徳《うとく》（金持ち）なる者なれるが」とあり、通説化しているが、これも疑わしい。相応の生活の苦労を経験した人だったと考えられる。

一方、住所については、晩年の手紙に自ら「大阪谷町筋四丁目錫屋町《すずやまち》東側」と記し、はっきりしている。これは大阪の町を南北に走る谷町筋を内本町《うちほんまち》の通りから少し南に下がったあたりの東側だ。

周辺は江戸時代の初期に伏見から移住してきた、武具関係の商人や職人が多く住んでいたこと

が知られている。西鶴の家も同様で、具体的には西鶴の父は刀屋だったのではないかと想像している。

西鶴の住む谷町筋の東側までが町家《まちや》（町人の住む地域）で、それより東は武家地だった。つまり西鶴は、町家と武家地のまさに境界線上に住んでいた。そのことは西鶴文学の持つ複雑な性格と関係があるはずだ。

西鶴の住居周辺の環境について、最後の遺稿集である元禄十二（一六九九）年刊『西鶴名残《なごり》の友』巻四の四に描写がある。「……松の夕風、綿入れ着よと言わぬばかりの声騒がしく、南隣には下女が力に任せて拍子もなき、しころ槌《づち》（衣を打つ砧《きぬた》）のかしましく、……北隣には養子との言葉からかい（口げんか）……」。松風つまり松の大木の枝葉を吹き抜ける風の音が、うるさいほど響く一方、近所では庶民的な生活が営まれていたことがわかる。

松風の響きは、西鶴の家の背戸《せど》より東、現在の市立東中学や国の合同庁舎のあるあたりに大阪城代の宏壮《こうそう》な下《しも》屋敷（別荘）があったためだろう。

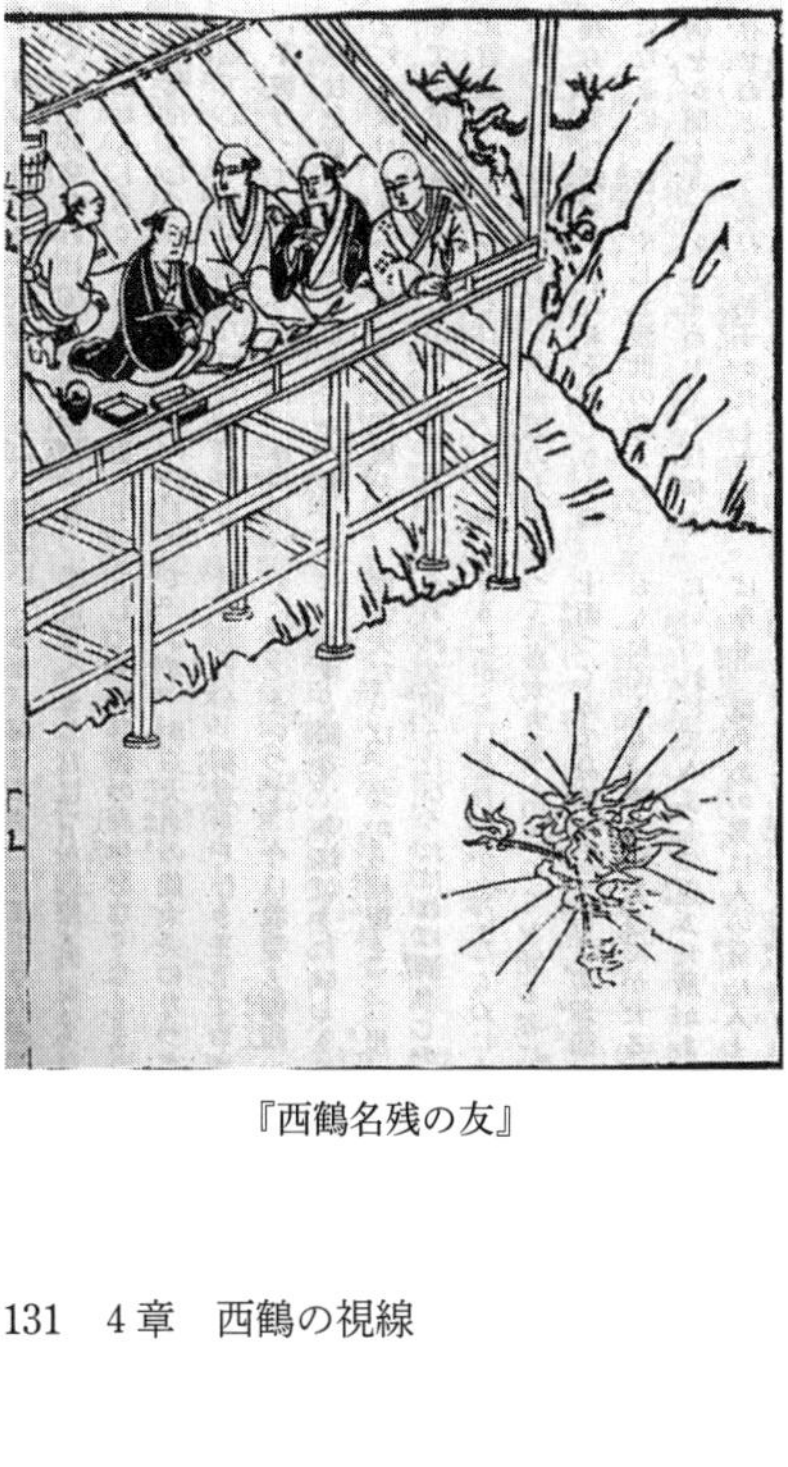

『西鶴名残の友』

異様な旅嫌いの西鶴

謎の江戸行き断念――見聞談叢・椀久一世の物語

前項に引き続き、西鶴の実像についての話。江戸期に書かれた数少ない西鶴の伝記資料『見聞《けんもん》談叢《だんそう》』に、西鶴について「（店の）名跡《みようせき》を手代に譲りて、僧にもならず、世間を自由に暮らし、行脚《あんぎや》同事にて頭陀《ずだ》を掛け、半年ほど諸方を巡《めぐ》りては宿（自分の家）へ戻り……」とある。

さらに全国の話題を集めた『西鶴諸国ばなし』などの著述もあることから、好んで旅をした人というイメージが強かった。ところが、西鶴周辺の資料の調査が進むにつれて、少なくとも西鶴の名前が知られるようになって以後は、ほとんど旅をしていないことが明らかとなった。

なかでも注目されるのは、西鶴四十歳、天和元（一六八一）年夏の不可解な一件だ。五月十九日のこと、大阪天満にある西山宗因《そういん》（西鶴らの属した談林俳諧の総師）の家に大阪中の宗匠（俳諧師）が集まり、近々江戸に向かう西鶴のために、はなむけの会が催された。そこでは西鶴の「此《この》たびや師を笠に着て梅の雨」を発句《ほつく》に連句が巻かれ、後に『梅の雨百韻《ひやくいん》』と題して刊行されている（本は残っていない）。ところが、この旅はついに実現しなかった。

今ならさしづめ、海外へ向かう壮行会をホテルで盛大に開きながら、出発をやめるようなものだから、西鶴も面目を失ったことだろう。逆に言えば、精神的なのか肉体的なのか、旅に出られぬ、よほどの事情があったらしい。

その翌年以後、西鶴は俳諧から小説の世界へ転身する。貞享二（一六八五）年二月、西鶴は『椀久一世の物語《わんきゅういっせ》』を述作刊行、大阪に実在した大尽《だいじん》（遊郭で豪遊する客）椀久が、徐々に狂を発して死に至る顚末《てんまつ》を描いている。その下巻に、既に破産した椀久が江戸に旅立つ場面がある。

椀久は余裕もないのに、大阪を出て淀まで駕籠《かご》で行き、伏見の撞木町《しゅもくまち》遊郭に泊まる。翌朝、「急ぎの江戸じゃと起き別れ、逢坂山《おうさかやま》（京都と滋賀の県境にある山）の関寺よりまた無分別になりて、駕籠あとに戻せ、これから愛宕《あたご》へ参詣すべしと夢の如《ごと》くに都入り」と、京の北山から愛宕山を見物した上に、また大阪に戻ってきてしまう。椀久の異常な精神状態がそうさせたのだが、このくだりを書きながら、西鶴は四年前の自分の姿を思い浮かべたはずだ。

『椀久一世の物語』

人間と見栄

包んだ本心、ぽろり吐露――西鶴置土産

西鶴の遺稿集五作のうち最初に世に出た『西鶴置土産《おきみやげ》』は、零落した大尽（遊郭で豪遊する金持ち客）たちの姿を描くという変わった主題だ。

その巻頭話「大釜の抜き残し」の主人公は、大阪の中心地、船場辺りの大店《おおだな》の主《あるじ》で、屋敷だけは残るものの、親から譲られた遺産は見事に蕩尽《とうじん》した。それでも見栄《みえ》だけは忘れず、そのために徹底して本心を「包む」男だ。

ある晩、新町遊郭の馴染《なじ》みの女に逢《あ》いに行くが、自分と付き合うと女のためにならぬと思い返して逢わずに帰る。既に本心を抑えつけている。

家の前まで戻ると、近所の年寄が集まり、この屋敷が売りに出されたら、どのように利用できるか、話している。男のことを「若い子どもの風上《かざうえ》に置く事もいや」などと悪口を言う者もいる。男は「おのれ後ろから踏み倒しても」と思うが、ぐっとこらえる。

翌日、昔の遊び仲間に道頓堀での宴会に招かれ、昔と同じように大尽風の身なりを整え出かける。一日だけの草履《ぞうり》取りを雇い、着替えを入れた風呂敷包みを持たせる。ただしそんな着物はないから、店の暖簾《のれん》を畳み込む。原文ではここのところ、「人目には替え着物と見るらんと、我が

心の恥ずかしく」とある。こんな風に、男の人間性が腐っていないことをちらっと見せるのが西鶴のよいところだ。

遅れて着いた宴席では、空腹なのに既に食事は済ませたと嘘《うそ》を言う。一座は若衆《わかしゅ》（美少年）の色に盛り上がり、前後を忘れる酔い心だが、男は酒どころではない（昔は食事を済ませてから酒を飲んだ）。思わず「これは寒い」とつぶやくと、若衆の一人が気を利かせ、男の風呂敷包みを皆の前で広げてしまう。唯一、男の漏らした本音が、こんな悲喜劇を招く皮肉。

その後、男は色道を思い切り、「髭《ひげ》おのずからに伸ばし、手足終《つい》に洗わず」、人付き合いをやめ、夢のように五年余りを過ごして亡くなった。人間にとって見栄とは何なのかという問題を、深く考えさせる名作だ。

本話は脱落箇所があり、分量も多すぎるなど、一気呵成《いっきかせい》に書かれた未完成で未推敲《すいこう》の草稿をそのまま刊行したものらしい。それなのに「包む」という主題が首尾一貫した、見事な出来となっており、西鶴の天才を物語っている。

『西鶴置土産』

立腹考

秘すべき感情 外に出す——西鶴置土産

前項で紹介した『西鶴置土産《おきみやげ》』巻頭話の主人公は、終始本心を包み隠す男だったが、途中で一度だけ、本音をあらわしそうになる。久しぶりで招かれた道頓堀での宴席に急ぐ途中、小間物屋の下男が道に撒《ま》く打ち水に行きかかり、着物をびしょ濡れにされ、「着替えなき身の悲しく、心《こころ》腹《ばら》立てて眼色《がんしょく》変われば」とある。

心腹とは心底《しんそこ》怒る意だ。落ちぶれて着替えを持たない不如意が、普段は穏やかな男の怒りを増幅させている。ところが、ここでも店から走り出てきた主人に丁寧に謝られ、男は怒りの持って行き場をなくしてしまう。

さて立腹——古い時代には腹立《ふくりゅう》ともいう——は極《ご》く基本的な漢語だが、中国人には通じないことをご存じだろうか。つまり立腹は、腹を立てるという日本的な表現を漢語化したもので、こういうのを和製漢語という。それでは腹を立てるというのは、そもそもどういう意味なのだろうか。辞書を見てもしかとした説明は得られない。以下に試案を呈し、大方の批判を待ちたい。

まず腹とは心や感情を意味する（106〜109参照）。通常、人が心の中で何を考えているか、感情がどのような状態にあるか、他人は察知することができない。

一方、立てるは、見えにくいものを、目に見える形にすることをいう。たとえば、願を立てるは、神仏への願い事をことばや行動で表すこと。男を立てるは、立派な男であることを示すために、臆病者にはしにくいことをする。

腹を立てるの立てるも、これらと同じではないか。つまり、大人は通常、心の中に沸き起こる怒りの感情を隠しておくものなのだが、それを外に見せてしまうことを指しているのではないか。したがって、腹を立てる行為は必ずしも悪いことばかりではない。『徒然草』四十五段の榎木《えのき》の僧正は、怒りをすぐさま行動に移す人だが、この人のことを、兼好は明らかに面白がっている。陰険とは正反対の子どもっぽさ、わかりやすさがあるからだろう。

もっとも、それも程度問題で、本書に何度も登場いただいた中根東里先生は、塾生に「怒りに難（後の災難）を思えば悔いに至らず、欲に義を思えば恥を取らず」と示している（『東里外集』所収「壁書」）。古今の金言なるべし。

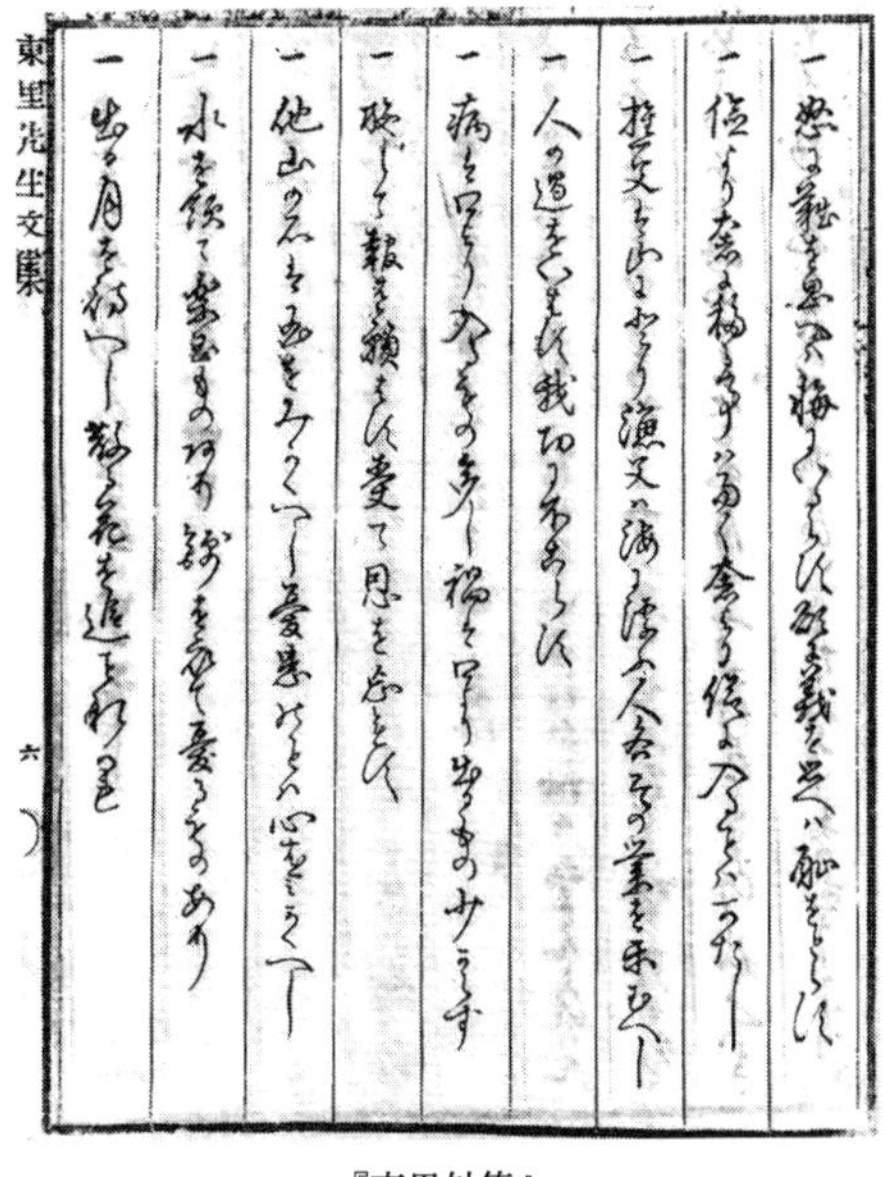

『東里外集』

心中立て考

究極は命を投げ出すこと――万の文反古

心とことばとを一致させることは不可能だ。江戸時代人はそれを百も承知の上で、それでも何とかしようとした。そんな行為を心中立て《しんじゅう》という。

心中とは、文字通り心の中で何を考えているかということ。立てるは、前項で述べたように見えにくいものを、形として見せることをいう。

具体的な様相を、西鶴を通して見てみよう。書簡体小説集『万《よろず》の文反古《ふみほうぐ》』巻五の「お恨みを伝えまいらせ候」は、大阪の新町遊郭で全盛の太夫（最上位の遊女）が、他の女郎に心を移して、自分と手を切ろうとしている恋人の男に送った手紙だ。

その中に「我が身、方《かた》さま（あなた）へ立て申し候事を一つ一つ御思案あるべく候」として、これまで女が果たしてきた心中立ての数々が記される。まず誓紙を十三枚。次に髪切り。左手の肘に入れぼくろ（相手の名を彫り物にする）を二十七。

ここから先は血生臭《ちなまぐさ》くなる。左の太股に煙管《きせる》焼き（焼いた煙管の先を押し付ける）。放爪《ほうそう》（指の爪を剥ぐ）。切指《せっし》（小指を切る）。血染めの袱紗物《ふくさもの》（絞った血で袱紗を染める）。さらには男の名を一日に千遍ずつ書く。年中の日記を書いて男に贈る。昼夜に十二の一時文《いっときぶみ》（二時間に一通ずつ手紙を送る)。

こういうやりにくいことをやって見せるのが心中立てだ。国会の証人喚問で記憶にないなどと言う人には、せめてこれに類したことをしてもらいたいと思うのは、私だけか。

究極は命を投げ出すこととなり、後にはそれを専ら心中と呼ぶようになる。ただし、一家心中や無理心中を心中と呼ぶのは間違っている。本来の心中立てとは無関係な、非人間的行為だからだ。ところで、「お恨みを……」の話は、当時実際に起きた事件に基づくことがわかっている。それは新町の高間《たかま》という太夫が、恋人への恨み言を書き残して自殺した一件で、「高間のひとり心中」と呼ばれて評判になったらしい。

西鶴は女に「我が身を只今《ただいま》まで色々にきざまれ、その男に会わぬ事はならず候」と語らせている。全盛の太夫が、過去に尽くしてきた男と切れることは、遊女としての面目が立たないからできないというのだ。恋情ではなく、女の意地という論理を持ち出すのが西鶴らしい。

『万の文反古』

美少女による主殺し

説話を断新な切り口で――本朝二十不孝

井原西鶴作、貞享三（一六八六）年刊『本朝二十不孝』は、二十人の親不孝者を扱う一種の悪漢小説だが、一方で不孝者出現の背景に親の不適切を示唆する話が多い。孝が絶対的な道徳だった時代に、親子関係を相対的に捉える点が斬新で西鶴的だ。

中にこんな話がある。紀伊熊野の奥深い山中で育った少女小吟は、立ち寄った旅僧が大金を所持することを親に告げる。むらむらと悪心を起こした父は、僧の跡を追い、殺害して金を奪う。

その後、小吟は美しく成長するものの素行が悪く、異見を加えようとする親には、かつての秘密をタテに脅すため、親も手を焼く。総じて子に弱みを持つ親は、子の不良を助長する。

その後、小吟は和歌山の武家屋敷に奉公するが、主人と通じ、それを諫《いさ》めた奥さまを逆恨みし、殺害して逐電する。娘が出頭するまではと父は牢舎となるが、小吟は現れない。父はかつての殺人を告白し、その報いであると覚悟して刑死する。その後、小吟も捕まり成敗となる。

さて、同書刊行の九年前の延宝五（一六七七）年、江戸上野の池之端で、唐物屋の手代が主人を傷害、主人の妻を殺害し、金品を奪って逃げる大事件があった。犯人は間もなく捕縛《ほばく》され磔《はりつけ》となり、犯人の両親や弟妹たちも斬首獄門となった。例の縁坐《えんざ》制だ。

その後、巷《ちまた》では次のような説話が語られる。実はこの犯人の親には、かつて旅僧を殺し金を奪い取った過去がある。その翌年のその日に生まれたのが犯人で、その子が成長して大罪を犯し、親も命を奪われることとなった。つまり殺した旅僧が、わが子に転生し、縁坐制を利用して復讐《ふくしゅう》を果たしたというのだ。

この話は岩瀬文庫にある『鸚鵡《おうむ》物語』という写本随筆に載っていた。実は江戸期には縁坐による死罪があると、同様の説話が世間で語られた形跡がある。犯人の親にも相応の過去があったとすることにより、無実の者が殺される理不尽さを解消しようとする大衆心理によるのだろう。

西鶴は当時流布していた、右の事件の説話によって、小吟の物語を創作したと見られる。ただし、小吟を旅僧の転生とはしていない。そして、怖るべき美少女小吟という魅力的な人物造形に、筆の冴《さ》えを発揮している。

『本朝二十不孝』

枕並べた男に生き写し

田中絹代の名演生んだ原作の力――好色一代女

溝口健二《みぞぐちけんじ》監督の「西鶴一代女」（一九五二年公開）は日本映画史上の傑作として知られる。冒頭近く、羅漢堂《らかんどう》に入った主人公のお春（田中絹代）が、さまざまな姿態の羅漢像に、かつて自分が関係した男たちの風貌を、次々と重ね合わせてゆく印象的なシーンがある。これはモンタージュの手法によるもので、もとより映像ならではの表現だ。

ただし、その功のなかばは、原作者に帰すべきだと思う。西鶴作『好色一代女』の最終話に、既に映像的ともいうべき秀逸な描写があるからだ。老女となった主人公の女（原作では名前がない）は、故郷の都に帰り、後世《ごせ》を願おうと大雲寺に参詣、ふと境内の羅漢堂に入る。中には五百羅漢の像があり、その中には必ず思い当たる人の顔があると言われていた。

女が心静かに見てみると、五百の羅漢像の一つ一つが、かつて「女盛りに枕並べし男にまざまざと生き写し」ではないか。「さても勤めの女ほど、わが身ながら恐ろしきものはなし」と、自分の罪深い人生に気づかされ、涙を流し、そこに倒れ伏す。

すると、僧たちが来て、「お婆《ばあ》さんは何を嘆いておられる。この羅漢の中に、先だてた息子さんか、ご主人の姿でも見なさったか」と、やさしくことばをかけてくれるほど耳が痛く、恥ずかしさに声も出ない。

一代女は転落の人生を歩むのだが、原作では、女は自分のことを不幸だと思わない。その時々の環境に、自分の心を変化させて順応してゆくからだ。ところが、右の衝撃的な体験が契機となり、ついに出家遁世《とんせい》するに至る。

ところで、この名場面の舞台となった大雲寺は、京の北郊、岩倉にある天台宗大雲寺とされている。しかし、大雲寺に古来、羅漢堂はなく、そのような意味のない虚構を西鶴が書くとは思えない。そうではなく、寺町四条下ルにあった大雲院（現在は円山公園の南に移転）を書き間違えたのだろう。浄土宗だから「ここぞ目前の浄土大雲寺」とある本文にも合うし、繁華街四条河原町にほど近く、一代女がふらりと立ち寄るにふさわしい。

天明八（一七八八）年の京大火で焼けるまで羅漢堂があった。西鶴の遺稿集を刊行するなど、最も重要な門人である京の北条団水の菩提寺《ぼだいじ》だったから、西鶴もよく知っていたのだろう。

『好色一代女』

色の道は永遠

自然より人間に興味尽きず——西鶴の短冊

「桜も散るに嘆き、月は限りありて入佐山《いるさやま》……」。日本の小説史に画期をなした西鶴『好色一代男』（一六八二年刊）の冒頭部だ。桜の花はすぐに散ってしまうし、名月もやがて山の端に隠れてしまってつまらない。入佐山というのは但馬国（兵庫県の日本海側）の歌枕で、（月が山に）「入《い》る」を掛けつつ、主人公世之介の親、夢介の生国が但馬であると設定する。

右の文章は、花と月という代表的な自然の景物も、限定的な楽しみしか与えてくれないのに対して、色の道の楽しみは永続的であることを言外に語っており、作品全体の主題を提示している。このように、ことさらなる暗示的表現法をヌケという。俳諧師としての西鶴が属した談林俳諧の主要な技法だ。西鶴がヌケにとことん習熟したことは、散文作家として多彩な暗示的手法を駆使するきっかけとなったにちがいない。

図版は西鶴自筆の短冊で、「おやの親夕《ゆうべ》は秋のとま屋かな　西鶴」とある。下絵の銀焼けと虫ナメ（表面を削り取るような虫損）のために見にくいが、さすがに西鶴の短冊は高額なので、難のない品は私の家にやって来ない。それでも、これまで知られていない新出句で、句風より見て晩年の作だろう。

多くの西鶴句と同様、わかりにくい句だ。以下に解釈を試みてみよう。まず「親の親」は古歌に見える表現で、祖父母ないし先祖を意味する。

次の「夕べは秋の苫屋《とまや》かな」は、普通の語順ならば「秋の夕べの苫屋かな」を、倒置法的に言い換えたもの。もちろん三夕の歌の一つとして名高い、藤原定家の「浦の苫屋の秋の夕暮れ」の古歌を踏まえ、歌の上の句「見わたせば花も紅葉もなかりけり」のヌケとなっている。つまり、祖父母の代に裕福だった家が、今や「花も紅葉もなかりけり」、すっからかんになってしまったという句意だろう。

諺《ことわざ》には「長者に二代なし」という。そんな話が西鶴は大好きで、『日本永代蔵』や『西鶴置土産』などに繰り返し取り上げた。死すべき存在たる人間が、あの世に持って行けぬカネといかに付き合うかというのが、西鶴の大きなテーマの一つだった。この句はそんな発想による人事句だ。本来俳諧が本領とした自然の諷詠《ふうえい》は、西鶴の興味にはない。

西鶴短冊

芭蕉の奇短冊

書き方にも遊び心と工夫——芭蕉の短冊

西鶴（一六四二〜九三）と芭蕉（一六四四〜九四）の二人が、ほぼ同じ時代を、同じ俳諧の道に生きたことは、日本の文学史にとって奇跡ともいうべき幸運だった。

二人はある面で似ており、ある面で対照的というほど違っている。何《いず》れも庶民の家に生まれ、高等教育を受けていない。それを豊かな天分と強烈な上昇志向により、文学史に新たな局面を切り開いた。

芭蕉は、連歌に対応する俗文芸だった俳諧を、伝統的な漢詩や和歌の世界を背景に普遍的な雅文芸に昇華させた。一方、西鶴は旧来の俳諧観のもと、暗示を多用した都会的な作風を得意とした。結局、俳諧師としては成功しなかったものの、俳諧的興趣を散文の世界に開花させた。

また文学活動の基盤を出版に置かなかった芭蕉に対し、西鶴は正反対だった。

二人に交流の形跡はないが、お互いの本質を理解した上で、それぞれの創作を切《せっ》磋《さ》琢《たく》磨《ま》したと思われる。

前項に続き、手もとにある短冊を紹介しよう。「月　三日○や蕣《あさがお》の夕《ゆうべ》つぼむらん　ばせを」。小さな「○」は文章を訂正する際の記号で、書き添えた文字を、この箇所に挿入せよという意味。

補う語句を通常は傍記することが多いが、ここは上部の「月」を指し、つまり「三日月や……」となる。

句は『虚栗《みなしぐり》』に見え、芭蕉三十九歳の天和二（一六八二）年、比較的早い時期の作だ。このころは五七五をはずれた破調句が多い。

それにしても、本来清書したものであるべき短冊に、訂正の跡を見せるとは奇妙だが、これは「三日や」と書き損じた句を訂正したのではなく、はじめからわざとこのように書いたに違いない。あたかも句の題のように、上部に「月」を記したところに、遊び心を見せている。

しかもそれは単なる遊びにとどまらない。この句は三日月と朝顔という二つの秋の季語をもつが、朝顔ではなく、月が主題であることを、この書き方で見せている。そんな新たな工夫を思いついて、にやりとする若き日の芭蕉の顔が見えるようだ。

なお、この句は得意作だったらしく、真筆短冊が外《ほか》に二点知られており（『芭蕉全図譜』所収）、それらは普通に書かれている。

芭蕉短冊

5章　健養・保寿

『西鶴名残の友』

江戸の金山寺味噌

上方とは大違いの代物 ——地獄物語

古今亭志ん生の名演で知られる落語「黄金餅《こがねもち》」（44頁参照）につき、細かい話だが、主人公の金兵衛の商売が、どうして金山寺味噌屋《きんざんじみそ》なのかが、よくわからなかった。われわれの知っている金山寺味噌は、大豆に麦麹《こうじ》を混ぜ、刻んだ茄子や瓜に、生姜《しょうが》や麻の実、山椒《さんしょう》などを加えて熟成させた、上品な副菜だ。すさまじい貧乏長屋の住人の商売として、ふさわしくないように思われる。

名古屋大学附属図書館にある『地獄物語』という幕末の写本を読んで、その疑問が氷解した。同書は伊勢松阪の富豪で勤王の志士、世古延世《せこのぶつぐ》（一八二四〜七六）の自筆本だ。安政六（一八五九）年、世古はいわゆる安政の大獄に連座して、身柄を江戸に送られる。当時松阪は紀州藩領で、世古は町人ながら、紀州藩の扶持を受ける士分だったため、江戸青山にあった紀州藩屋敷内の揚屋《あがりや》（侍用の牢屋《ろうや》）に収監される。『地獄物語』はその苦難の日々を綴《つづ》った奇書だ。

ある日、牢屋での夕食に金山寺味噌が付いてきた。嘗《な》めてみると「その味わい甘く酸く、いやらしさ譬《たと》えがたく覚え、一口にて喰《く》わざりし」。あとで牢番の伝蔵に尋ねると、江戸の金山寺味噌は、上方のそれとは大違いで、火事場で焼け残った大根や茄子漬を拾い集め、「これを刻みて桶に入れ、水に漬け置く事数日にて虫のわくに至るを、そのまま取り出し、鍋にて麦豆とともに砂糖蜜にて焚《た》き、一日に製して翌日売り出るなり」と、妙に詳しく教えてくれた。

裕福な家に生まれ育った世古は、ほとんど潔癖症気味の人で、「これを聞いて胸悪《あ》しく、吐却《ときやく》(嘔吐《おうと》)もせまほしく覚えたり」というから気の毒な話だ。

なるほどこれならば、いかにも金兵衛さんの商売として納得できる。そのいかがわしげな人間像も浮かび上がってくるようだ。

落語であれ文学作品であれ、昔の日常生活に取材したものは解釈が難しい。風俗やモノの意味やニュアンスが、すぐにわからなくなってしまうからだ。この場合は、伊勢出身の世古が、自らのあずかり知らない、江戸の地の庶民的な食物について、いわば異邦人の眼で記述してくれたおかげで、しみじみ理解することができた。

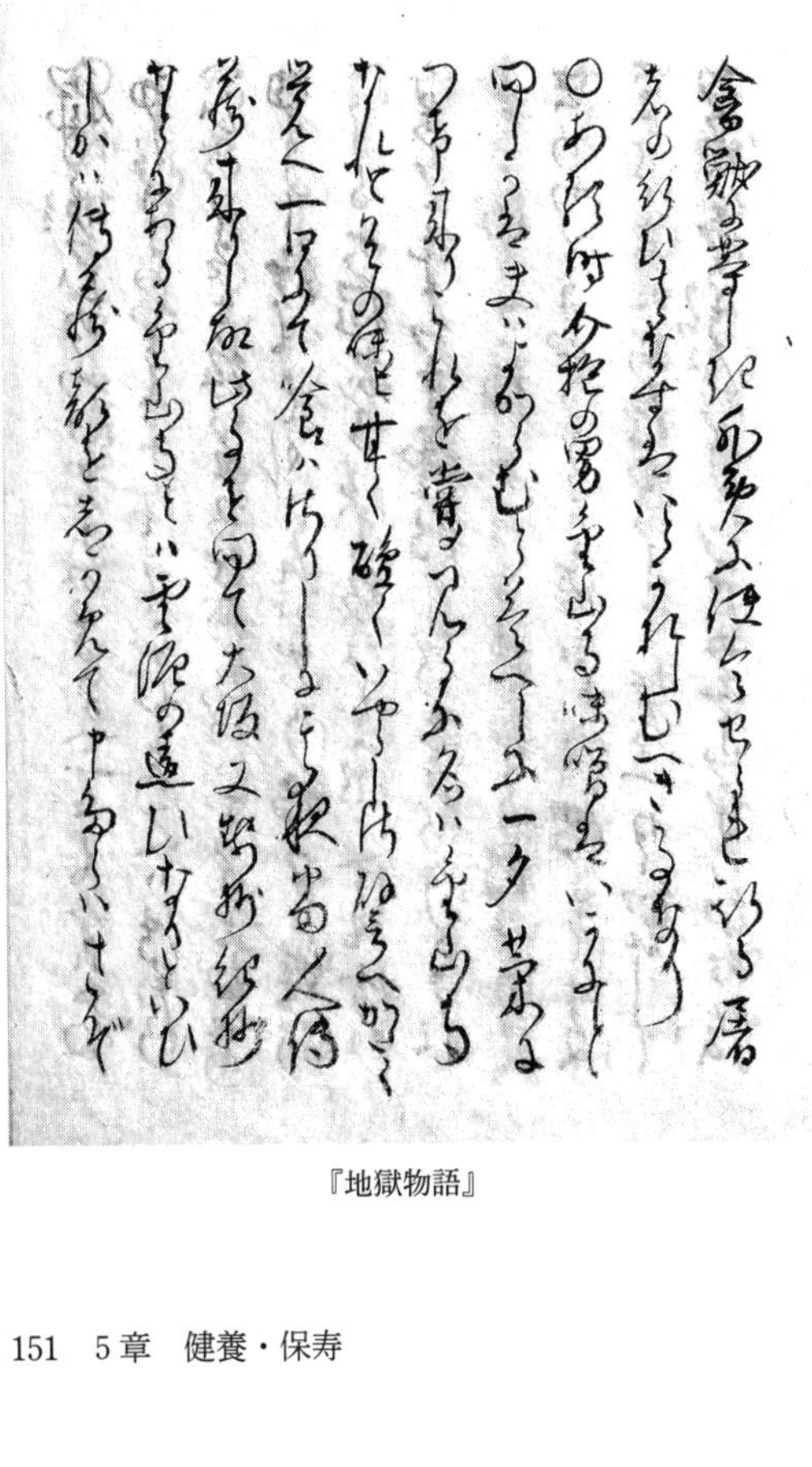

『地獄物語』

本当の茶漬け

はなはだむつかしき飯なり――茶話聞書

岩瀬文庫を通して、前田了白《まえだりょうはく》（一八三五～九九）という人を知った。江戸深川の人で、篆刻《てんこく》家・茶人。仏教や詩文、和歌俳諧、音楽などにも詳しく、帝室博物館の鑑定顧問を務めた。要するに骨董《こっとう》万般に通じた人で、もしも生きていたら真っ先に会いたい人だ。『大日本人名辞書』に「著書ありといえども、敢《あ》えて自署せず」とあるが、岩瀬文庫の全資料調査から、この人の書写した本が大量に同文庫にあることがわかった。

なかでも、明治十年代に内務省のち農商務省の命により、前田らが行った、全国の陶磁器についての調査報告の写本群は資料価値が高い。全国の産地を実地に踏査し、陶工に聞き取り調査を行い、さらに文献資料を渉猟している。

そのほか専門の篆刻や茶道に関する写本も多く、研鑽《けんさん》を積んだ人と知られる。

さて前田が写してくれたおかげで『茶話聞書《さわききがき》』という本を知った。著者は正木文京《まさきぶんきょう》（一八〇一～五〇）。禄高《ろくだか》二百石の尾張藩士、正木惣三郎のことで、風禅老人とも号した。職務の暇《いとま》に陶器作りを能《よ》くし、精緻に人物を刻んだ香合《こうごう》を得意とした。茶道にも通じていたようで、茶と縁の深い料理についての談話を聞書にしたものが同書だ。伝本はほかに知られない。

たとえば鯛《たい》について、「兵庫（神戸市）・明石の鯛を上とす。一尺一寸の鯛を使ふをよしとす。そのほか国々にて善悪ありといえども、尺一寸の鯛に極めて和《やわ》らかなり。……生鯛は焼き物、煮物等にするも一尺一寸をよしとす。一尺一寸は三年になる鯛なり。艶も甚だうるはし」などとある。口の肥えた人には、鯛は三十三センチに限るらしい。

「茶漬け、甚だむつかしき飯なり。まず茶を茶碗に入れ、冷めかかりたる飯を上へ盛り、半分茶のかからぬやうにする、第一也」などとある。飯の上に番茶をざぶざぶかけてはいけないらしい。

笑話的な味わいの話もある。ある人が南都（奈良）の尊教院（興福寺の子院）に行き、鹿の音《ね》を聞きに来たと語ると、院主に「南都に鹿はなし。鹿の音は鞍馬、宇治山なり」と叱られた。折節、庭で鹿がぴいと鳴いた。「あれは鹿ではなきか」と問うと、「鹿でなき。名所の鹿、名所の虫ならではその名を言わず」と答えられた。

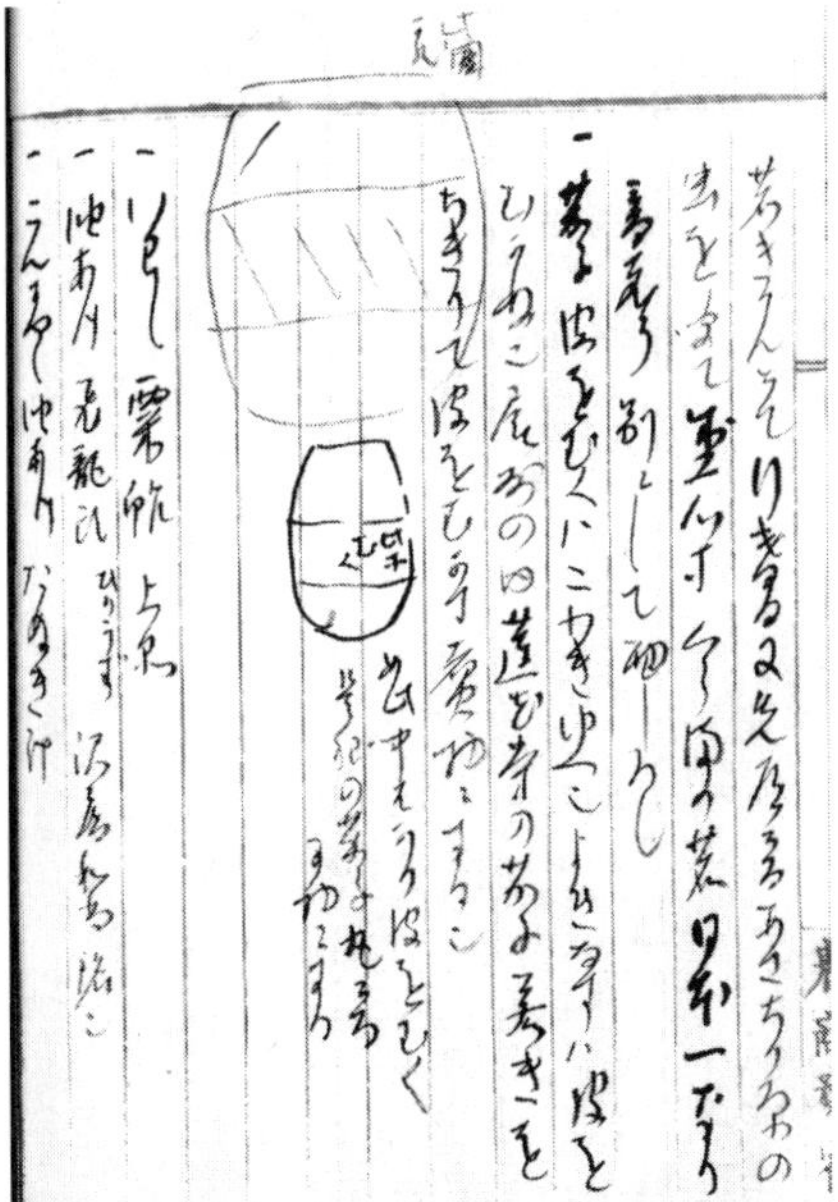

『茶話聞書』

水雑炊

酔い覚めの腹にしみる──西鶴名残の友・式亭三馬雑記

元禄十二（一六九九）年刊『西鶴名残の友』は西鶴最後の遺稿集だ。その中の「何とも知れぬ京の杉重《すぎじゅう》」という話。杉重とは杉のへぎ板で作った使い捨ての重箱で、普通は贈答用の菓子を入れた。九州の人が京で遊興、昼の淀舟で帰ることとなった。伏見で見送りの人と酒宴、舟に乗り込むと、京の親しい家から急ぎの使が杉重を届けた。蓋《ふた》には「枚方（京と大阪の中間）の少し下にてお開き下さるべし」と書いてある。

枚方あたりまで下ると酔い覚《ざ》めとなり、菓子を食べようと杉重を開くと、「一重《いちじゅう》には香の物、焼き塩、また一重には洗い飯に若菜を細かにして組み合わせける。……鍋に川水を汲《く》みこみ、焼き塩の加減して水雑炊《みずぞうすい》を炊き立て、おのおの酔いを覚まして正気になりぬ」。確かに気の利いた贈り物で、これを西鶴は「中々下戸のなるべき事にはあらず、世に上戸ほど賢きものはなし」と高く評価している。ただし、西鶴自身は意外にも下戸だったのだが。

細かい話だが、洗い飯とある。つまり炊いた飯を水でよく洗いさらして、ネバを取ったものだ。こうすると、あっさりした雑炊となり、酔い覚めの腹にしみ通ったことだろう。西鶴は日本文学史上、初めて食の悦《よろこ》びを追求した作家だが、その本領がこんなところにも表れている。

雑炊の本来の表記は増水で字義は明白。そのしゃぶしゃぶのものを水雑炊といった。雑炊は中世以前からある米の食べ方で、古くは「みそうず」といった。これは味噌《みそ》水の転訛《てんか》と見られるので、もともと味噌味が基本だったらしい。

それにつき、岩瀬文庫で見た、式亭三馬の『式亭三馬雑記』という随筆に、かつて男芸者（幇《ほう》間《かん》）をしていた武蔵屋伊三郎という男から教わった水雑炊の仕立て方が書いてあった。

まず鍋の底に味噌を練り付けて、焦げ付かせ狐《きつね》色になったところへ、水を加えてよくかきまぜ、飯を入れる。煮立ったのを合図に細かに刻んだ菜を入れ、蓋をして少し蒸らしてから食べる。これまたうまそうだ。

古い風俗の考証を好んだ三馬は、これによって水雑炊の本来の意義がわかったと喜び、当時世間で行う水雑炊は、湯沢山《ゆだくさん》の菜粥《ながゆ》にすぎないとけなしている。

『西鶴名残の友』

復元してみたい料理、したくない料理

ひねったレシピが続々——料理覚書

『料理覚書』写本一冊。十年ほど前に買っておいた古書だ。奥書などはないが、筆跡は、おおむね寛文・延宝（一六六一〜八一）ごろと見て誤らないだろう。そんな早い時代の料理本なのに、ひねったレシピがたくさん書いてある。既に食文化が成熟していたことが察せられる。

まずは鰹《かつお》のたたき。「新しき生鰹の血合い、骨皮を去り、身ばかり少しの間、薄塩に漬け置き、洗い上げ、細かにたたき、一升に塩三合、麹《こうじ》五勺《しゃく》、これもよくたたき、三色《みいろ》（三種類）取り合わせ桶《おけ》に込め、たびたびまぜ申候也」。これが本来のたたきだったらしい。保存食の醤《ひしお》の類だろう。

次は鳩味噌《はとみそ》。「鳩一羽に、白味噌二合よく擂《す》り、そのままにてもよし、練り漉《こ》しても。鳥をよくたたき、皮を去り、味噌を合わせ、鍋にてそろそろ炭火にて煎《い》り、山椒《さんしょう》の粉振りてよし。上げ火は、あぶりこ（網）にてよし」。上げ火というのは、仕上げに炙《あぶ》って焼き目を付けるのだろう。鳩の炭焼きハンバーグ。空を飛ぶ鳥は骨が軽いから、よくたたけば骨も食べられる。鶏や駝鳥《だちょう》はいけない。

蒜《にんにく》味噌もある。「蒜の皮を去り、擂りて六七合に味噌一升、よく擂りて混ぜ合わせ、割り山椒、煎り胡麻《ごま》など入れて、壺《つぼ》に入れ、口を包み、口際まで土に掘り込むなり」。既にこんなものがあったとは驚く。古書を逸脱するが、これに上等の豚肉を漬けて、焼きトンにしたら、さぞうまかろう。どこかの居酒屋で復元してくれたら、試食に参上したい。

鮓《すし》の記事が多い。もちろんよく発酵させた、なれ鮓だ。中に宇治丸の記事があった。これは京都近郊、宇治川辺で取れた名産の鰻《うなぎ》のことだが、代表的な料理である鰻鮓の異名でもある。ところが早く滅びたために製法がわからなくなってしまった。ただ、本書にも「宇治丸鮓は、皮に焼き鉄《がね》を当てると言えり」と、簡単なコツしか書いてない。

これについては岩瀬文庫に『魚《うお》鑑《かがみ》考証』写本六冊という、おそるべき資料があり、製法が書いてある。鰻を背から割《さ》いて、頭と骨を去り、三日ほど薄い塩水に漬け、その漬け水でよく洗い乾かし、飯に塩を合わせ、麹を振り混ぜて、それに漬けて重石《おもし》を乗せ、六〜七十日で熟すという。これはもし復元されても、試食には勇気を要するだろう。

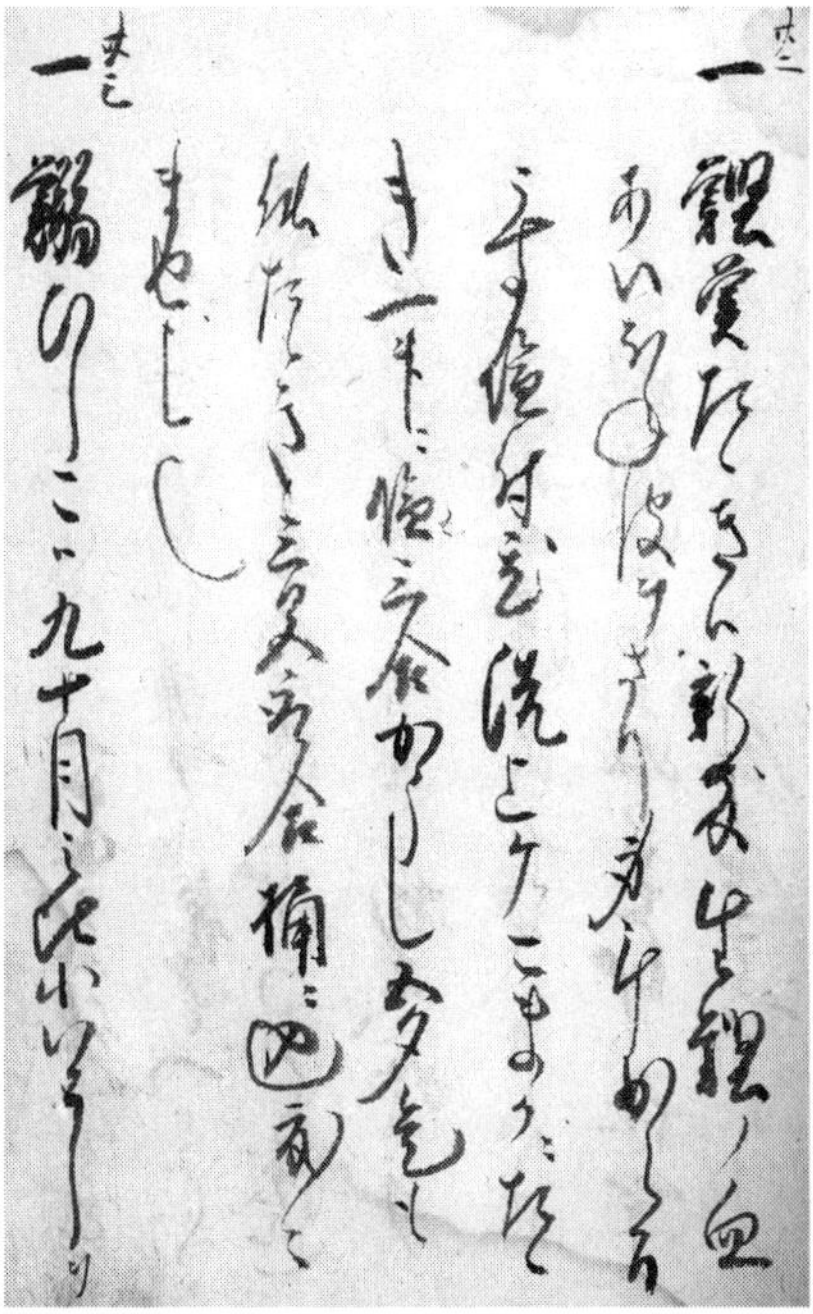

『料理覚書』

名医の養生訓

手足の指を屈伸すること――老人養草

全国の古書店の総合的な検索販売サイト「日本の古本屋」の充実が著しい。洋装本古書だけでなく、最近では和本や筆跡物についても、思わぬ発見をすることが多い。超巨大な古書店が身近にあるようなものだから、古人の知らぬ快楽というべきか。

同サイトで『老人養草《やしないぐさ》』版本五冊を、ふと見つけて買った。年齢相応の読み物と思ったからだが、大概の本は揃《そろ》っている岩瀬文庫にないからでもある。届いた本は正徳六（一七一六）年刊の初版初刷り本で、しかも原装（オリジナルの装丁）の美本だ。

著者は筑前（福岡県）の人で豊前中津藩に仕えた香月牛山《かつきぎゅうざん》（一六五六～一七四〇）。臨床で活躍した名医で、本書のように啓蒙《けいもう》的著作をも多く著した。八十五歳の天寿を全うした人だから、その養生論には説得力がある。

期待通り、参考になる記事が多い。いわく「人、年老いてはみだりに形体（肉体）を労すべからず」。運動嫌いなので膝をたたく。「手足をひたと撫《な》でて気血をめぐらすべきなり。手足の指を屈伸する事、一日一夜に十余度すべし」。これならできる。「酒は人に益あり。陽気を助け、血気をやはらげ、食気をめぐらし、腸胃を厚くし、皮膚を潤し、憂をわすれ、興を発して……」、まだまだ続き、酒はよいことずくめらしい。

現代人には無用な知識ながら、頭頂部を剃《そ》る月代《さかやき》について「常に剃り慣れたる人は、少し伸びても心持ち悪《あ》しきとて毎日も剃る人あり。年老いては元気減りて……、風に感じて咳嗽《がいそう》（せき）を生ず。四十以上は月代を剃らずして一つに束《つか》ねたるによろし」とあった。対馬藩儒、雨森芳洲は四十三歳の時に総髪にすることを藩に願い出て許可されているが、こういう常識が背景にあったとわかる。

また「老人、眼《め》を養うには菖蒲石《しょうぶせき》（植物のセキショウのこと）を常に愛すべし」とある。牛山は四十四歳の年に眼病のために仕えをやめ、京都に移住した。そして市中に閑居して医療に従事するかたわら、座右にセキショウを「清閑寺石（清水《きよみず》の奥の清閑寺山より出る石という）に植えて盆中に養いて愛翫《あいがん》」したところ、六年後に眼病は治療もせず、自然に癒え、「細字《さいじ》を灯下に見るに、ものうからず」という。真似《まね》をしたいが、清閑寺石が手に入らぬ。

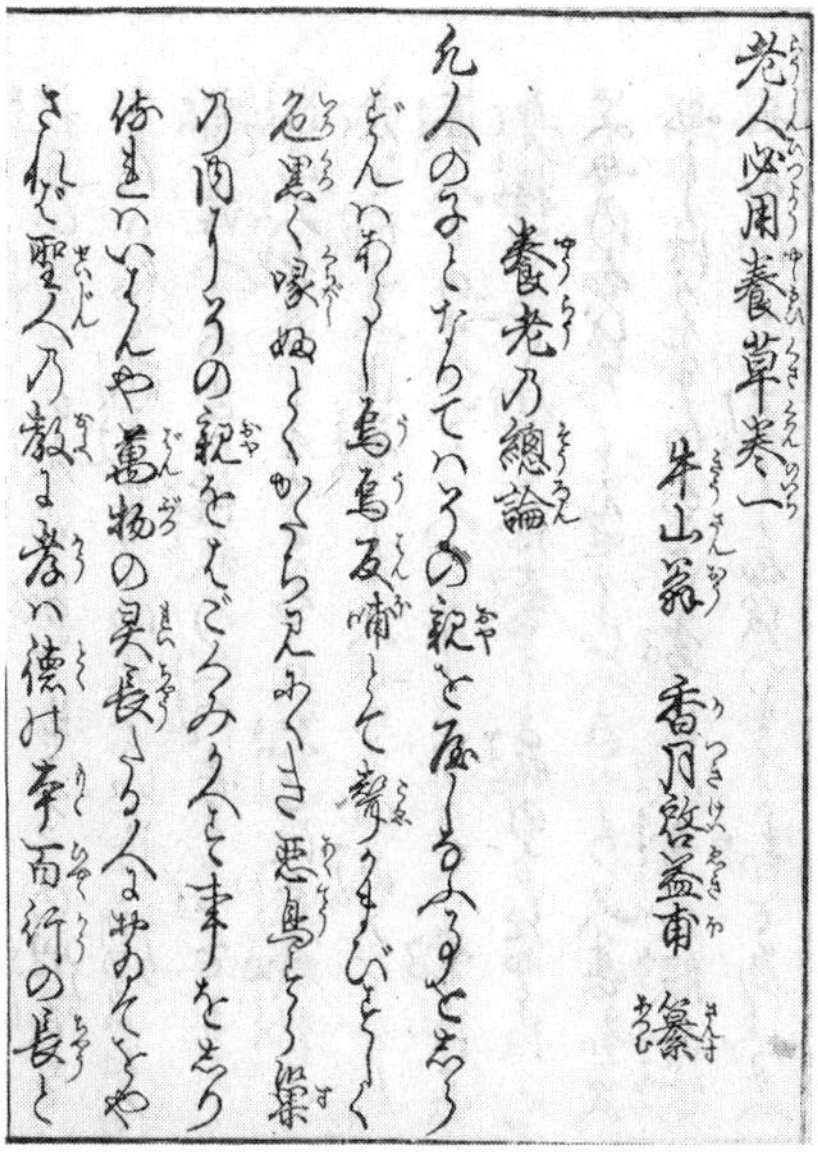
老人必用養草巻一
牛山翁　香月啓益甫　纂
養老乃總論

『老人養草』

塩水を鼻から飲めば……

脳も爽快、奇人の健薬——蓑唱老稿初編

鷹羽雲淙《たかのはうんそう》（一七九六～一八六六）は志摩鳥羽（三重県鳥羽市）の漢学者。江戸に出て昌平黌《しょうへいこう》に学び、特に漢詩人として名を馳《は》せる。のち帰国し、五十歳の弘化二（一七四五）年、鳥羽藩に仕え、藩校の教師となる。数ある詩集の多くが岩瀬文庫に所蔵されており、おかげで知る人となった。

その一つ『蓑唱老稿《さしょうろうこう》初編』は、六十六歳の文久元（一八六一）年に刊行された。その付録に「鼻飲《びいん》」という記事があった。漢文を意訳すると、水一椀《わん》に塩一つまみを入れ、鼻をずぶりとつけて吸い込む。その際に口をしっかりと閉じれば、空気と水が逆流せず、安く喉を下る。水が入ると「脳涼しく膈《かく》（胸と腹の間の境）開け、内、廓然《かくぜん》（からりとはれる）として光風霽月《こうふうせいげつ》（雨後の気持ちよい風と晴れた月）の如《ごと》きを覚ゆ」。雲淙は常に喜んでこれを行い、「健薬」だという。奇人だ。

この名文に感銘、私もやってみたいが、血圧が高めなので、塩水を飲み下すのが怖い。シャワー時に両手で受けた湯を、鼻で奥まで吸い込み、ふんと吹き出す鼻うがいまでは実行しているので、もう少しがんばって、いつか鼻飲をマスターしたい。

雲淙によれば、鼻飲は秦漢《しんかん》時代、中国の甌粤《おうえつ》という地方の異民族の習俗で、そのことは胡三省《こさんせい》による『資治通鑑《しじつがん》注』にあるという。確かに同書の巻二十八に記事があり、雲淙はその記述に若干の工夫を加えて実践したものと見える。古い書物に書かれた奇習を、実際に試してみようという探求精神は立派だ。

この『蓑唱老稿初編』の巻頭には「雲淙進士火影真容」として、著者の影絵の肖像を載せるのが珍しい。面長の顔立ち、髪の少なくなった丁髷《ちょんまげ》など、老詩人の風貌が彷彿《ほうふつ》とするようだ。

また、この人の自筆書簡を一通手に入れた。伊勢内宮の御師《おんし》（伊勢信仰を国民に媒介した特殊な神職）である棡《ゆずり》土佐に宛てたもの。いかなる経緯があったのか、雲淙は帰郷後、鳥羽藩に出仕する前は、内宮の御師を務めていた。その頃の手紙だろう。内容は、江戸の知人の息子で、諸国を遊歴修行中の医師、和仁《わに》真庵を紹介、近日に本人を参上させるのでお心添えを賜りたいと丁寧に頼んでいる。懇切な人柄だったらしい。

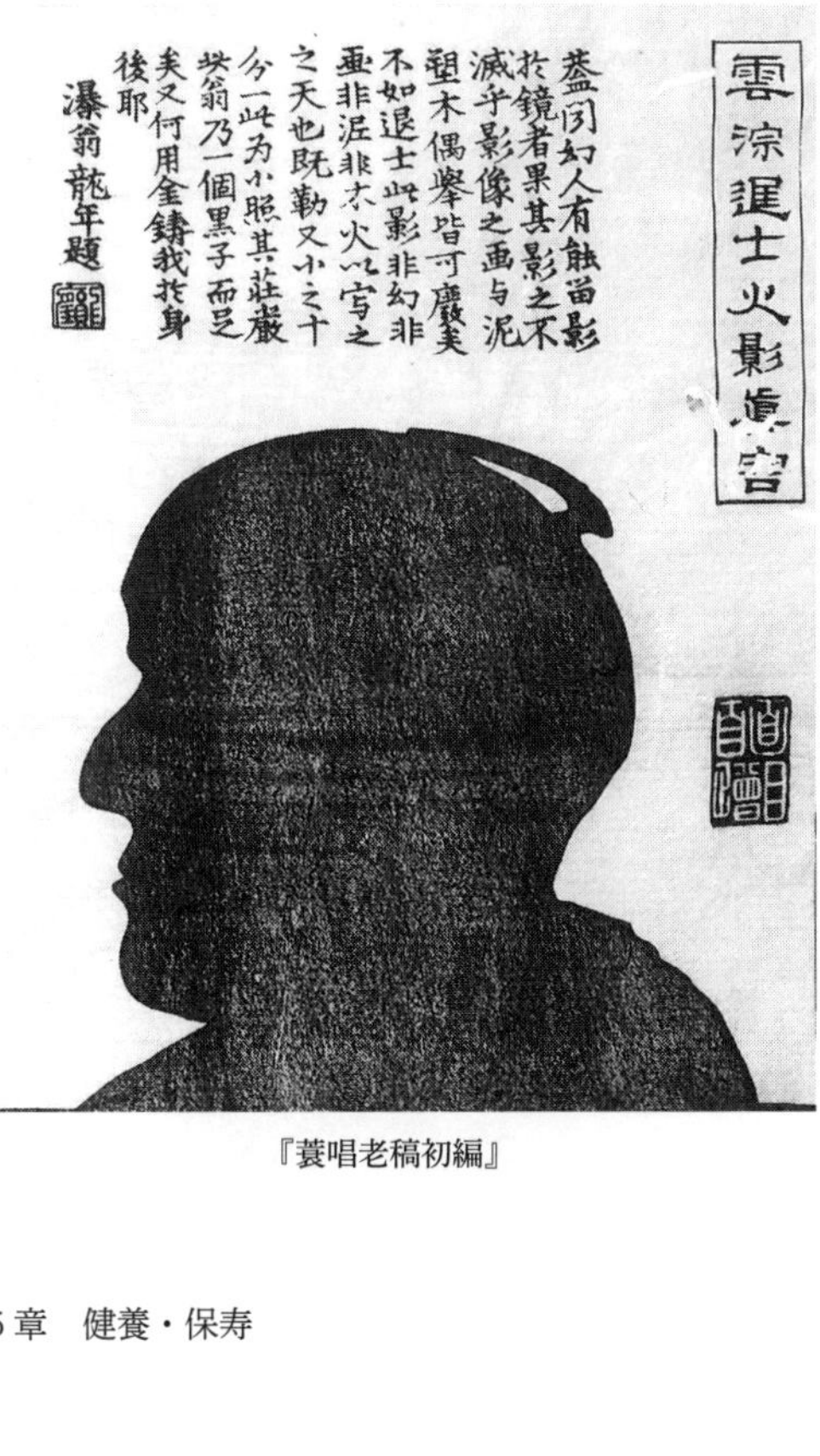

『蓑唱老稿初編』

著書が将軍上覧となった喜び

老医の幸せな人生——香月牛山の書簡

「名医の養生訓」（158頁）で取り上げた大医、香月牛山の書簡を所持しているので紹介しよう。享保二十（一七三五）年、八十歳の筆で、全百三十八行に及ぶ。筆致もしっかりしており、元気な老人だったとわかる。牛山は京都で十七年間医療で活躍した後、享保元年に豊前小倉藩主小笠原氏の招きにより小倉（北九州市）に移り住んでいた。郷里の植木村（福岡県直方市植木）辺に住む親戚と思われる香月利右衛門宛て。

まず、かねて依頼されていた天満宮の鳥居の額の文字が調ったことを報ずる。京都で懇意にしていた赤塚土佐守（宮中に仕え雑用に従事した非蔵人《ひくろうど》）の周旋により、菅原道真の末裔《まつえい》でもある公家の桑原長義《ながよし》卿、時に七十五歳が揮毫《きごう》した。互いに老人のよしみで、特別に書いてくれたという。「これはよほど成りがたき願い候筋、早々相調い候て、御仕合《しあわせ》と存じ候」と喜んでいる。

これにより額字を彫り、原本は表具して神社の神体とするよう指示している。これらは同地辺の神社に今も無事残っているのだろうか。

それにつき銀一枚（四十三匁《もんめ》、七～八万円くらい）程度のお礼をしないといけないが、たまたま地元の名産、小倉絹縮《きぬちぢみ》の織物が一反、「銀《かね》まわし」（現金化のために在庫を処分した金融品のこと）に

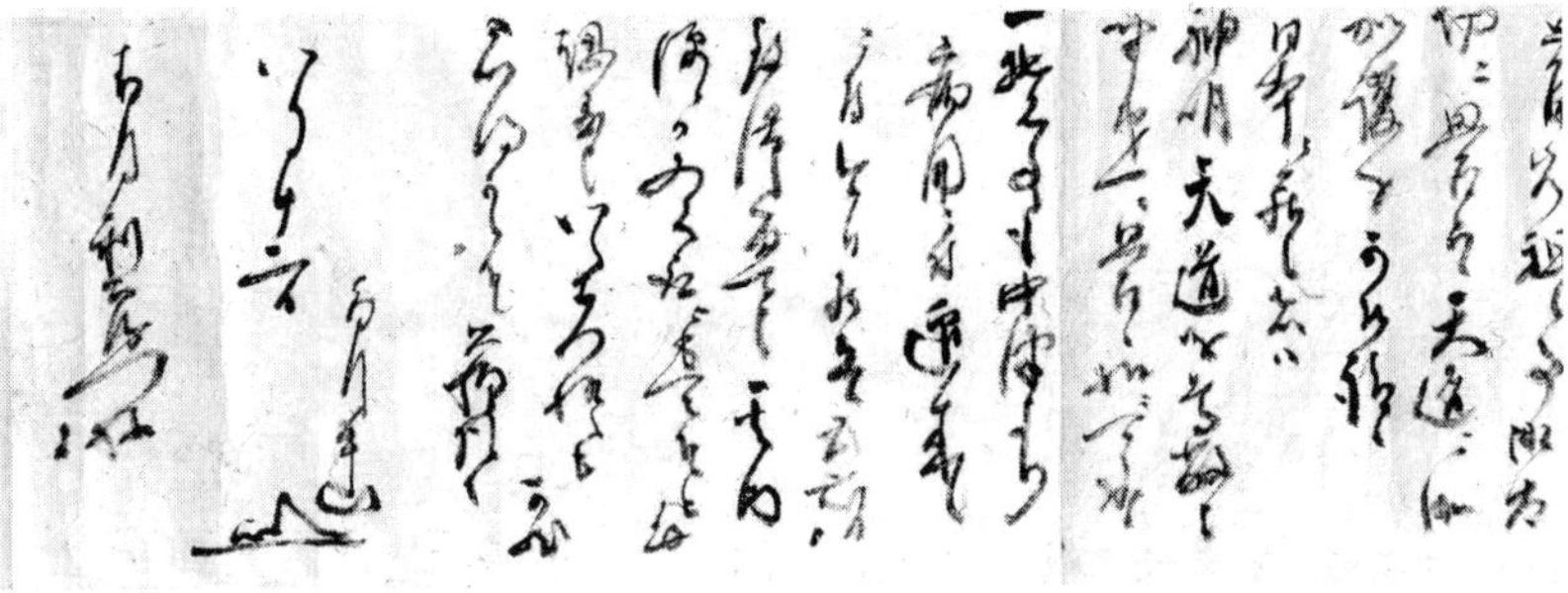

香月牛山書簡

出て格安で入手でき、京都だと銀一枚くらいに見えるので、それを贈る旨を記す。ケチとはちょっと違う、合理的な精神がうかがえる。西鶴も、人と物の贈答をする際には、よくよく値踏みをして、過不足のないようにすべきと書いているが、それを上手に実践している。

次に前年に刊行した自著『薬籠本草』が、幕臣の加納遠江守を介して、将軍（第八代徳川吉宗）の上覧に入った栄誉を伝える。この本は岩瀬文庫にもあり、人参《にんじん》や甘草など百二十種類の薬種について解説した本草書だ。牛山は、人家がわずか三百軒しかない植木村に生まれた自分のことが、公方様に知られるようになったのは、「さてさて不思議の事と存じたてまつり候」。そして、香月一族の遠祖で、香月村（北九州市八幡西区）を本拠とした源平時代の武将、香月則宗《のりむね》を尊信し、同村の鎮守杉守大明神（杉守神社）や香月氏ゆかりの吉祥寺を大切にしてきた加護だと感謝の意を述べる。

時代に重んぜられた老医の幸せな人生を象徴するような、めでたい手紙だ。

貝原益軒の農書

肥の重要さを説く――用因抄

糞尿《ふんにょう》の話を少々。さる殿様が家来の三太夫を呼び、膳部の菜のおひたしの味が落ちたという。恐縮した三太夫が、以前の菜は三河島《みかわしま》（現・東京都荒川区）の産で、下肥《しもごえ》をかけて作ったので柔らかく味が良いが、今朝の菜は屋敷内の菜園で作ったため、下肥をかけていないと説明する。それを聞いた殿様、「苦しゅうない、その下肥をこれへかけて参れ」。「目黒のさんま」など大名の登場する落語の枕で語られる小咄《こばなし》だ。かつて人の糞尿は下肥と呼ばれ、最高の効きめのある肥料として珍重された。

岩瀬文庫蔵『用因抄』一冊。有名な益軒貝原篤信《あつのぶ》（一六三〇〜一七一四）の自筆本だ。伝本は他になく、『益軒全集』にも入っておらず、あまり世に知られていない本かもしれない。

大根、蕪菜《かぶらな》、油菜《あぶらな》、浮き菜（京菜のこと）以下、さまざまな食用植物百八種類について、栽培法や利用法、効能を懇切に解説した農業書だ。実用的な説明の他に「篤信曰《いわく》」として自らの見聞に基づく文化誌的な記事を記しており、参考になる。

たとえば南瓜《ぼうぶら》（カボチャのこと）について「鎮西（九州）殊に長崎に多し。唐人、紅夷人《オランダ》、好んで食す。……西瓜《すいか》より早く日本に来る。京都には寛文年中（一六六一〜七三）初めて植う。その前はなし」とあり、カボチャが日本に来てまだ間もないころの様子がうかがえる。

さて本書の蕪菜の項を見ると「かねてより地を深く熟耕する事二度、糞を敷きて乾《ほ》し、雨を待ちて後、又《また》熟耕し、畝《うね》を切りて種を植うべし。植うる時、種を糞土に和して蒔《ま》くべし」などと糞をよく用いている。三河島の菜はこうやって作られたのだろう。

本書の巻頭に置かれた総論を見ると「万の菜蔬《さいそ》（野菜）に水をそそぐ事、根土堅まりて悪《あ》しし。糞水をそそぐべし。糞一桶に水三桶加え、大瓶に入れ、三四日置きて後、是《これ》をまぜてそそぐべし」、また「種植（植物の栽培）第一の勤めは糞を集むるにあり。糞を集むるの法、一ならず。人糞、また畜の糞および塵《じん》埃《あい》雑物を浸漬《しんし》（つけること）し、溝泥、河泥、焦土、腐れたる藁《わら》、茅《かや》および草木の葉、皆これ糞となる」とある。古人が耕作するのに糞つまり肥《こえ》をいかに重視し、入手に苦心したかがわかる。

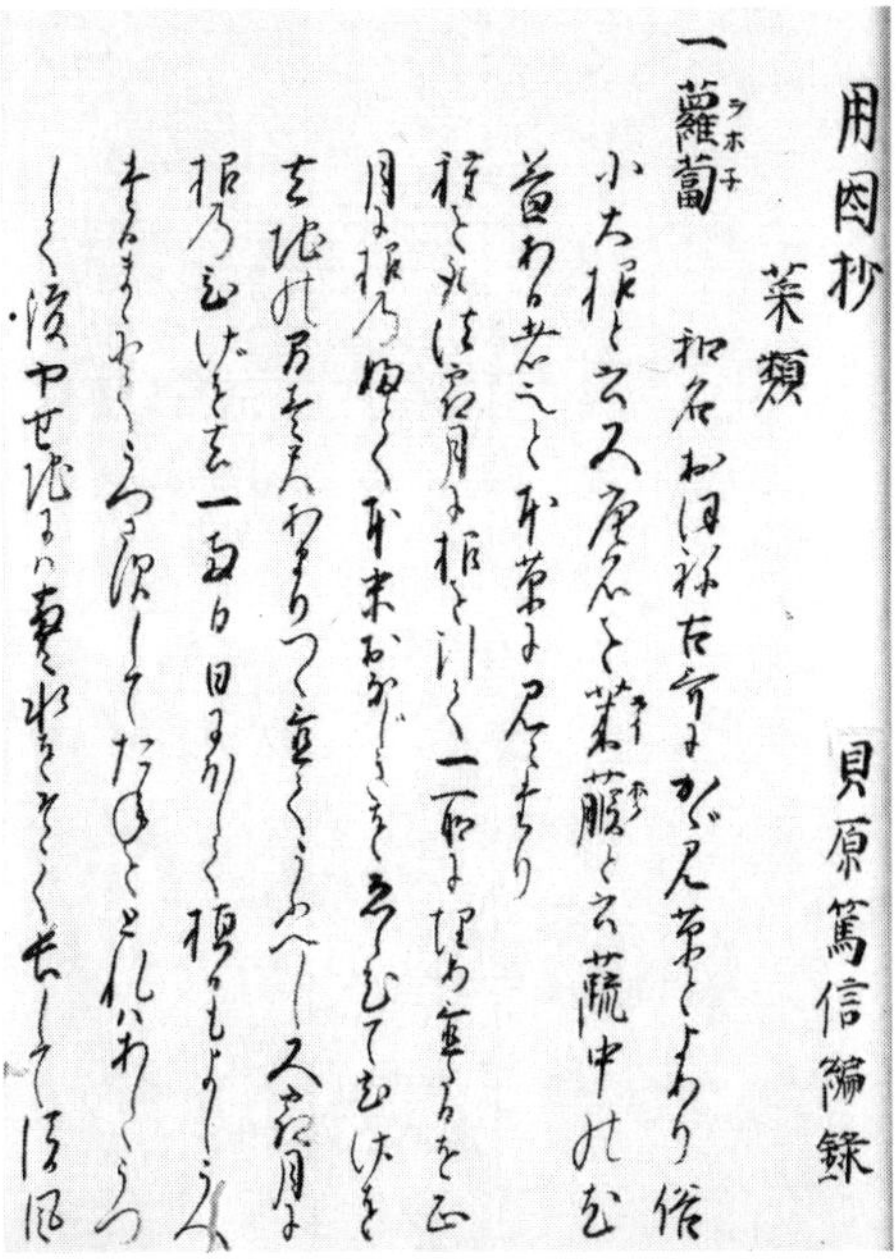
用因抄　貝原篤信編録

菜類

一 蘿蔔《ラホ子》

『用因抄』

老人も二食で三合

現代人には無理だが——老人養草

朝夕《ちょうせき》という漢語は、たぶん中国語でそういう用法はないと思うが、江戸時代の日本では日々の食事という意味でよく用いられた。それは、古来朝夕二食だったからで、それが江戸時代の前期、おおよそ元禄時代ごろに三度の食事に変化しても、ことばはそのまま使われ続けた。

それにつき、名医香月牛山による老人向けの養生指南書、正徳六（一七一六）年刊『老人養草』に参考となる記事があった。

まず「本邦いつのころよりにや、人一度の食《しょく》のかぎりを二合五勺《しゃく》と定め置きたるは、無病にして健《すく》やかなる壮年の人に相応の事なるべし。老人は朝食を一合五勺、これを二椀にして定食《じょうしょく》とすべきなり」という。成人男性の一度の飯は二合五勺が基本だった。奉公人に支給される扶持米《ふちまい》は一日五合が原則なので（女は四合）、これは一日二食を前提としている。そして、老人はそれよりも少なめにして、朝飯は一合五勺を二椀にして食べるべきとする。

次に「日長き時は午飯を進むべし。朝飯の半分にてやむべし。夕飯は朝飯よりも消化しがたきものなれば、朝食の三分の二にてよろしかるべし。夜食は夜永き時ばかり進むべし。午飯は三月朔日《ついたち》よりはじめて八月晦日《みそか》にてやむべし。夜食は九月朔日よりはじめて、二月晦日までにてやむべし」とある。

昔は日の出と日の入りとが時の基本で、昼と夜をそれぞれ六等分した時間が一時《いっとき》となる。したがって、季節により昼と夜の時間の進行感覚が変化する。たとえば冬は夜の一時が長くなるし、夏は逆だ。殊に秋の彼岸を過ぎると、夜と昼の長さが逆転し、急に夜の時間進行が遅くなったように感じられる。その感覚を秋の夜長という。

牛山先生に戻ると、昼の長い夏の前後は昼食をとり、冬の前後は昼食はなく、代わりに夜食をとるべきという。あるいは一日二食から三食に移行する過渡期に、このようなことが行われたのだろうか。

季節の進行に相応した自然なやり方だと思うが、くやしいことに時計に支配される現代人には真似《まね》るのが難しい。なお、牛山先生の勧める食事量だと一日三合余りとなる。一日十キロ以上歩く老人はともかく、現代人には多すぎる。

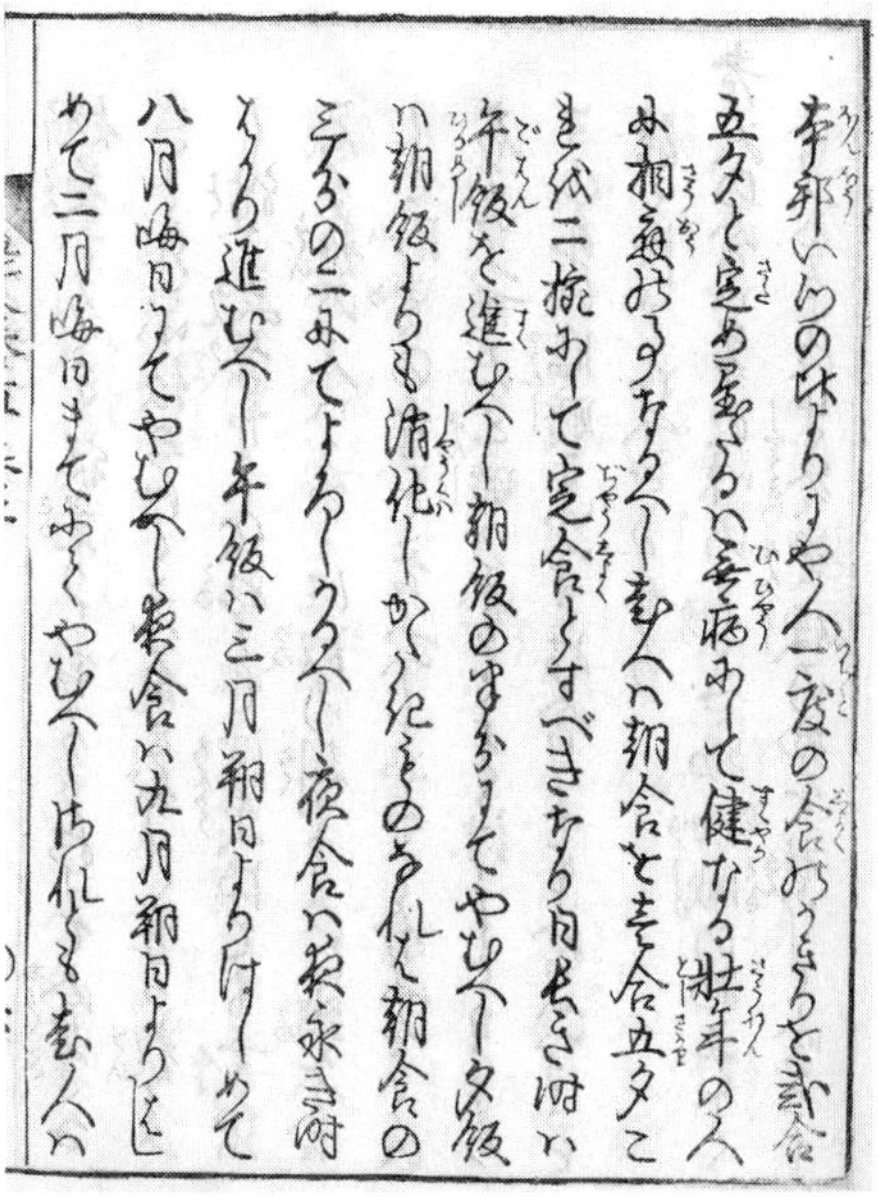

『老人養草』

6章　記録の愉楽

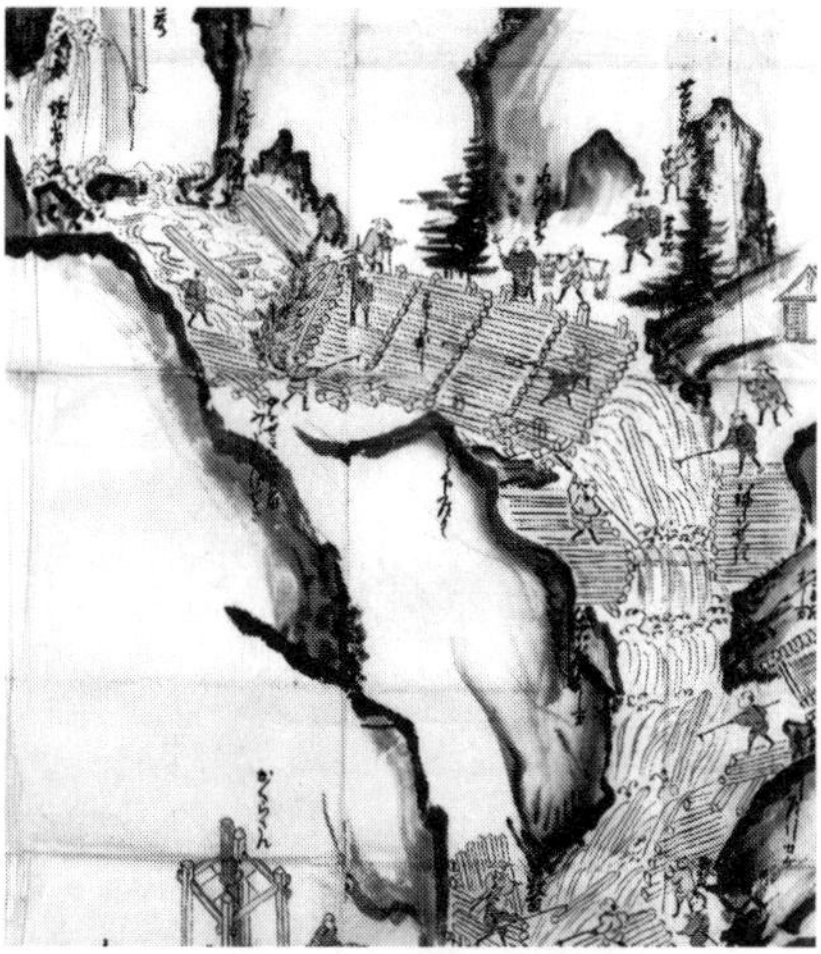

『木曽山中材木伐出絵図』

国学者の青春旅日記

歓びの歌おおらかに――――――――阿之折紀行

出雲松江藩に仕えた森為泰《ためひろ》（一八一一〜七五）という国学者で歌人がいる。その生涯の歌文の自筆稿本類が一山、遠く離れた三河の岩瀬文庫に収められている。その中に、この『阿之折紀行《あしおり》』があった。

著者二十三歳の天保四（一八三三）年、痛めた足の治療のために、松江を発《た》って楯縫《たてぬい》郡平田（現・島根県出雲市）の医師を訪ね滞在、続いて山間部にある秘湯、牛尾温泉（現・雲南市、海潮《うしお》温泉）で湯治する。その旅の見聞を和歌を交えて綴っている。

「神在月《かみありづき》のころ、ある男の足痛みて……」と、自らを「ある男」として、古物語風に始まる。神在月とは神無月のことで、全国から神が集まるという出雲では、こう呼ぶ。

以下、よくあるまじめな和文の習作的な紀行文だろうと思って読み進めると、さにあらず。若き日の森先生は大した色男で、王朝物語の主人公さながら、行く先々で色模様を繰り広げる。

まず平田では宿泊先の家に若い女が四、五人集まり、糸繰り作業をしながら歌っている。板戸の節穴からのぞくと「中に一人、二十《はたち》ばかりなるが、眉目形《みめかたち》も優れて、面白く歌えり」。早速、その家の主婦に媒《なかだち》を頼み、「その夜、かの二十ばかりなるに、忍びに物言いて」つまり情を交わすことに成功、翌朝「現《うつつ》とも夢とも更に覚えぬや逢《あ》う嬉《うれ》しさのあまりなるらん」と歓《よろこ》びの歌を詠んでいる。

続く道中でも、宿泊先の農婦や、たまたま道連れになった若い女に心引かれたりしながら、牛尾の湯に着く。湯治滞在中のある日、近所の女が家事をする姿を垣間見て、「おむがしき姿を垣のよそながら見てぞ心も動き初《そ》めける」（「おむがし」は嬉しい）。今度は宿の娘に媒を頼む。「ある夜、書見《ふみ》、歌詠《よ》み終えて、臥所《ふしど》に入りてしばしまどろみければ、後ろの方なる寝屋の戸、折々叩《たた》く音せり」。戸を明けてやると「おむがし」と見た女で、石垣をかろうじてよじ登ってきたという。「いとあわれに覚えて／この頃の時雨《しぐれ》の雨に増さりけり嬉しき袖にあまる涙は」。こうやって逢う瀬を重ねる。やがて来る別れに際しては、歌を知らぬと言う女に代わって歌を詠んでやったりしている。

男も女も、自由におおらかに青春を謳歌《おうか》していたことがよくわかる名作だ。

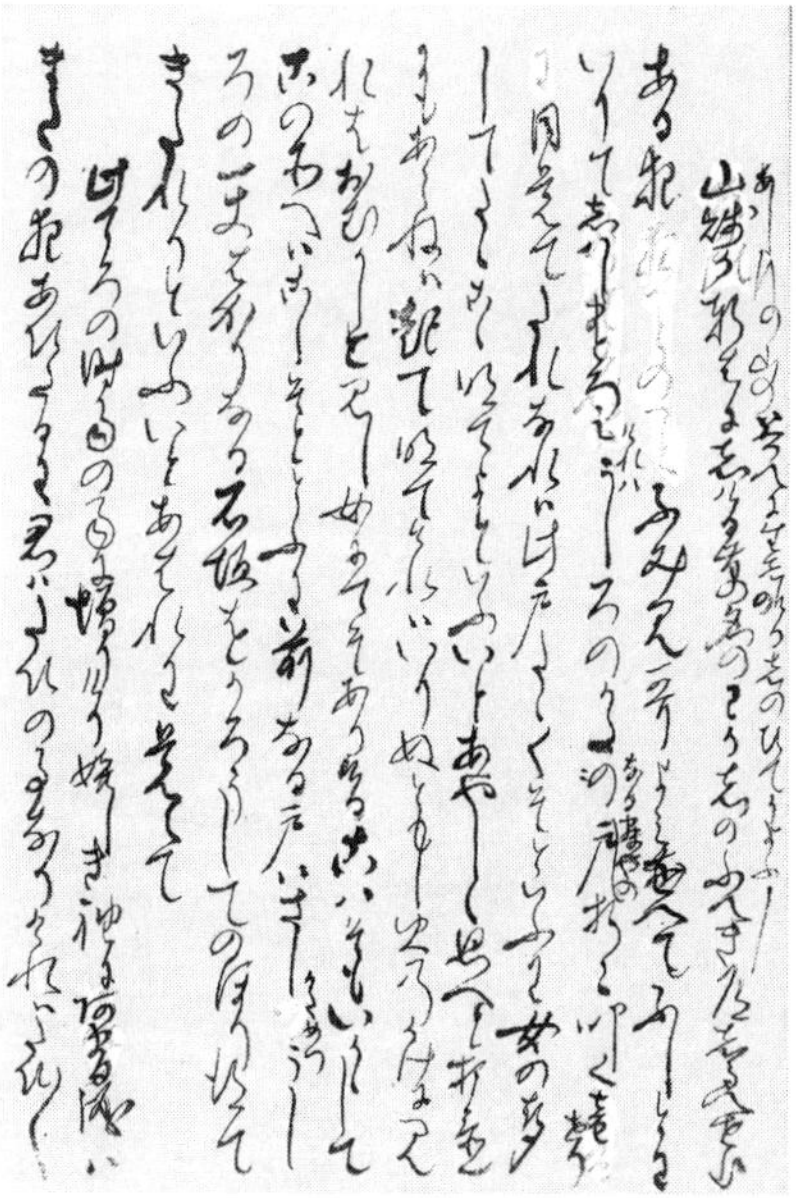

『阿之折紀行』

悪所の美意識を説く奇書

教科書をもじり茶化す――瓢金今川

この十年以内に手に入れた本の中で、最も嬉《うれ》しかったのが、この『瓢金今川《ひようきんいまがわ》』だ。京都の古書店の目録からメールで注文、返事が来るまで、久しぶりで胸がどきどきした。表題の瓢金は江戸時代初期の流行語で今も使われるが、当時の語感はやや異なり、悪所（遊廓《ゆうかく》と芝居という非日常空間のこと）に通う者の、刹那《せつな》的享楽的な態度をいう。室町時代に成った武家教訓書で、江戸時代には一般的な往来物（教科書）だった『今川状』を逐語的にもじった本だ。

その内容は生半可なものではなく、冒頭から「女道《にようどう》（女色の道）を知らずして若道《じやくどう》（男色の道）、終《つい》に水保《すいほ》を得ざる事」と、色の二道の追求をうたう。すいほは当時の流行語で粋《すい》、つまり悪所の美意識のこと。ちなみに、原典の冒頭は「文道（学問の道）を知らずして武道、終に勝利を得ざる事」だから笑わせる。

「君父の重恩、忘却せしめ……」とか「両親を軽くし、我が身を重くし、天命を恐れず働く事」と、当時絶対的な道徳だった忠や孝をも茶化《ちやか》す。あるいは「節季《せつき》の払いを弁《わきま》えず、正五《しようご》の節供《せつく》、揚屋《あげや》の座敷に住する事」。節季も節供も、正月五月（正五）をはじめ年に五度ある決算期のことで、ツケを精算しないといけない。そんな日は借金取りを避けて遊廓の揚屋（高級な遊女を揚げて遊ぶ家）に逃げ込むという。
刊年記はないものの、最古の出版書籍《しょじゃく》目録（出版された書物の目録）である寛文六（一六六六）年の『和漢書籍目録』に載っているので、それ以前。書中に明暦二（一六五六）年に出た遊女評判記の『まさり草』と『みやこ物語』の書名が見えるので、それ以後、さほど年を経ぬころの刊行だろう。そんな早い時期に、こんな洒落《しゃれ》た本が出ているのは、日本の書物文化の成熟を物語っているように思う。

本書には「鹿田文庫」、つまりかつて大阪船場にあった古書店、松雲堂鹿田静七の蔵書印が捺《お》してある。創設期の岩瀬文庫も大量の古書を買い入れた、伝説的な名店だ。特別な価値のある古書として、自家蔵本としたのだろうか。

また、購入先の古書店主が耳打ちしてくれたところによると、蔵書印はないが、戦後の西鶴研究を牽引《けんいん》した京都大の故・野間光辰先生の旧蔵の由。二重に嬉しい伝来だ。

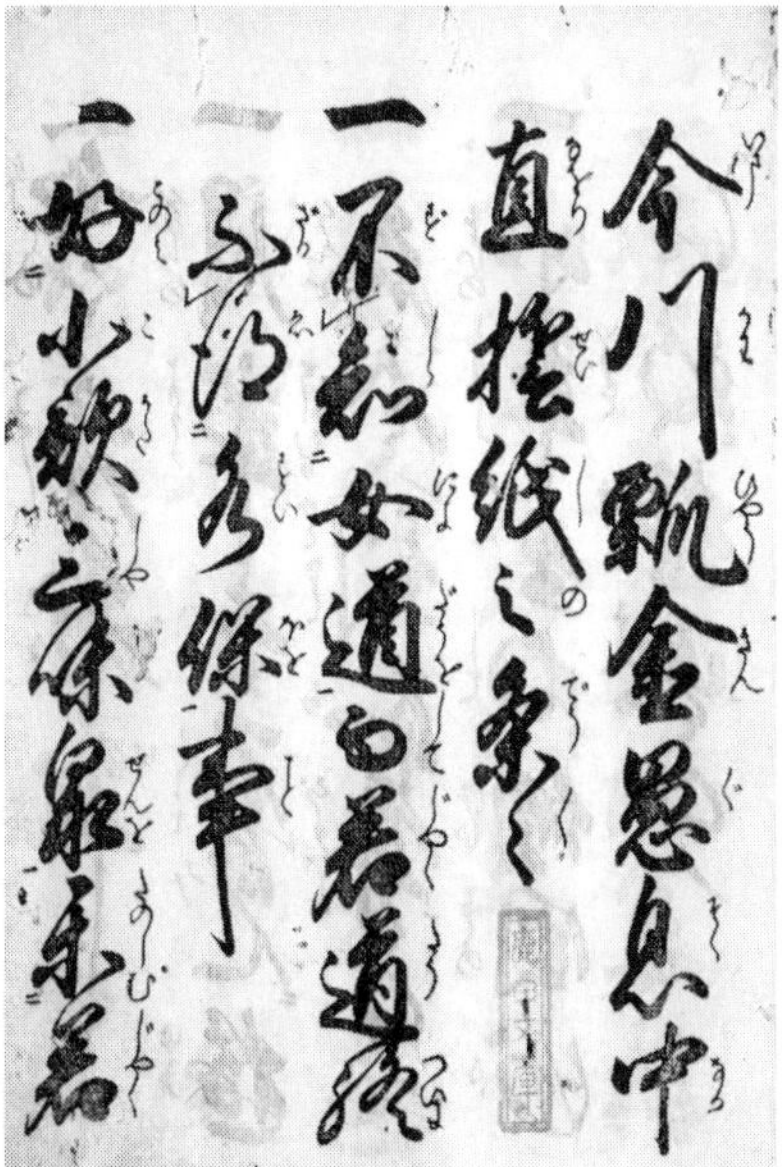

『瓢金今川』

巡見役人の旅日記

伊豆の生活風俗を活写――――伊豆濃国懐記行

岩瀬文庫は、江戸時代の各地方を知る資料を手厚く集めている。珍しい紀行文も多く、これもその一つ。『伊豆濃国懐記行《いずのくにふところきこう》』自筆本二冊。

著者は、二千石の旗本の酒井氏に仕える六十歳ほどの侍、清川箕川《きせん》。無名の人ながら、幕府儒官の林復斎《ふくさい》が自筆の序文を寄せており、かなりの知識人らしい。

天保六（一八三五）年、主人の代替わりに伴い、伊豆田方《たがた》郡、今の函南《かんなみ》町周辺の所領を巡見した旅日記だ。日々の見聞や各地の風物を達意の文章で綴《つづ》っている。作者自身による風景画も出来がよい。

まず三島の宿では、隣の座敷で旅の相撲取や行司の若者たちが女を呼んで騒ぐ。浮かれ女《め》の境涯に哀れを感じていると、酔って廊下に出てきた女は「背《せい》低く腰太やかに、色褪《さ》めたる衣《きぬ》など打ち着て、えも言われぬさまなり」と興をさましている。

各村では連日、庄屋たちより接待を受けるが、堅いことは言わずに酒食を楽しんでいる。たとえば、下畑村（伊豆の国市）では「肉厚き生椎茸《しいたけ》、山独活《やまうど》、鳩《はと》の肉、小口切《こぐちぎり》の鶏卵、薯蕷《やまのいも》の五味をほどよく醤味《しょうみ》（醤油による味付け）して器に盛り、糖汁を十分に盛りて山葵《わさび》を加え」た料理にいたく感動している。

一方、その翌日は村内をくまなく歩き、狭い耕地や害獣に苦しむ農民の生活を見、「大平の士民（武士や町人）は枕を高うして暖かに着、飽くまで食いて、農民を哀れまざるは愚かにもまた空恐ろし」と自戒している。総じて資料の少ない伊豆山中の生活風俗や領地巡見の実態を知る好資料で、何よりも旅に発見を楽しむ著者の態度が好もしい。

ところで、明治大正期に活躍した小説家、江見水蔭《えみすいいん》に『丹那山《たんなやま》の怪』（大正十四年）という短編の怪奇小説があり、本書を典拠としていることに気づいた。本書は岩瀬文庫本の他に伝本はほぼないが、岩瀬文庫に入る前に『続帝国文庫』（明治三十四年）に活字化されており、水蔭はそれを読んだのだろう。

小説では、酒井家の家臣、織部純之進という若侍が主人公で、本書とほぼ同じ経路をたどる一方、こちらは村人の接待攻勢を退ける硬骨漢だ。旅役者と恋に落ちた娘を、村の若者が嫉妬から生き埋めにした事件を、幽霊の導きで解決する奇談に仕立てている。

『伊豆濃国懐記行』

熊胆〝偽造〟詳細に

猟師からの聞き書き――見聞随筆

岩瀬文庫蔵『見聞随筆』（58頁参照）は、民俗に関する記事も豊富だ。

著者の知人で鳥マニアの持田茂俊（伝記不明）から聞いた話。相模国（神奈川県）の山村に遊び、猟師の家に泊まった。家から五、六間《けん》（十メートル前後）ほど離れたケヤキの樹上にカケスが一羽とまっているのを見て、主人にあれを撃って見せて欲しいと頼むと、あればかりのものを撃ってもお慰みになるまい、無益の殺生だからおよしなさいという。それでも強いて頼むと、傍《かたわ》らにある編笠《あみがさ》をかぶり、鉄砲を持って出ると、たちまちドウと撃ち落とした。

すぐに猟犬が林の中から鳥をくわえて持ってくる。主人が、鳥を撃つ時は、眼か、翼か脚の付け根をねらうもので、胴の真ん中を撃つと火薬の気がしみて肉が悪くなるという。見ると、たしかに玉は翼の付け根に当たっていた。

主人は竹串を鳥の尻に差し込んで、腸を出して犬に食べさせる。聞くと、鳥獣を撃った時には、その場で肉をそぐか、腸を抜いて犬に与え、その骨折りを賞するとのこと。

なぜわざわざ編笠をかぶったのか尋ねると、答えに、総じて山野の鳥獣は猟師の姿をひどく怖《おそ》れる。特に頭部は包み隠す必要があり、幼い時から鉄砲を稽古する時にも、必ず笠や頭巾をかぶるので、何もかぶらないと釣り合いが悪くて撃ちにくいという。

持田が富士山麓、駿河（静岡県）の熊猟師から聞いたという話もすこぶる面白い。猟師の中に熊捜しという役の者が、常に山中を徘徊《はいかい》し、熊の住む穴を見つけ出す。すると五人くらいの仲間で出かける。熊の住む近くには必ず熊の遊び木という樹木があるので、その梢《こずえ》に細引き（細い縄）を結びつけ、遠くに隠れる。鉄砲を一発放つと、熊が穴から出てきて、遊び木に登り、周囲を見る。その時に細引きを引き、木を揺すると熊が怒る。頃合いよしという時に三方から鉄砲を放つと、大概外すことがない。

さらに高級薬の熊胆《くまのい》の作り方が詳細に書いてある。鹿の胎児を包む膜で作った小袋をあらかじめたくさん用意し、熊胆の断片と血を入れて炭火で炙《あぶ》り乾《ほ》す。要するに熊胆を何十倍にも偽造する方法だ。これが一つ六、七両で売れたという。ただし、熊を絶滅させないための有効利用と考えられなくもない。

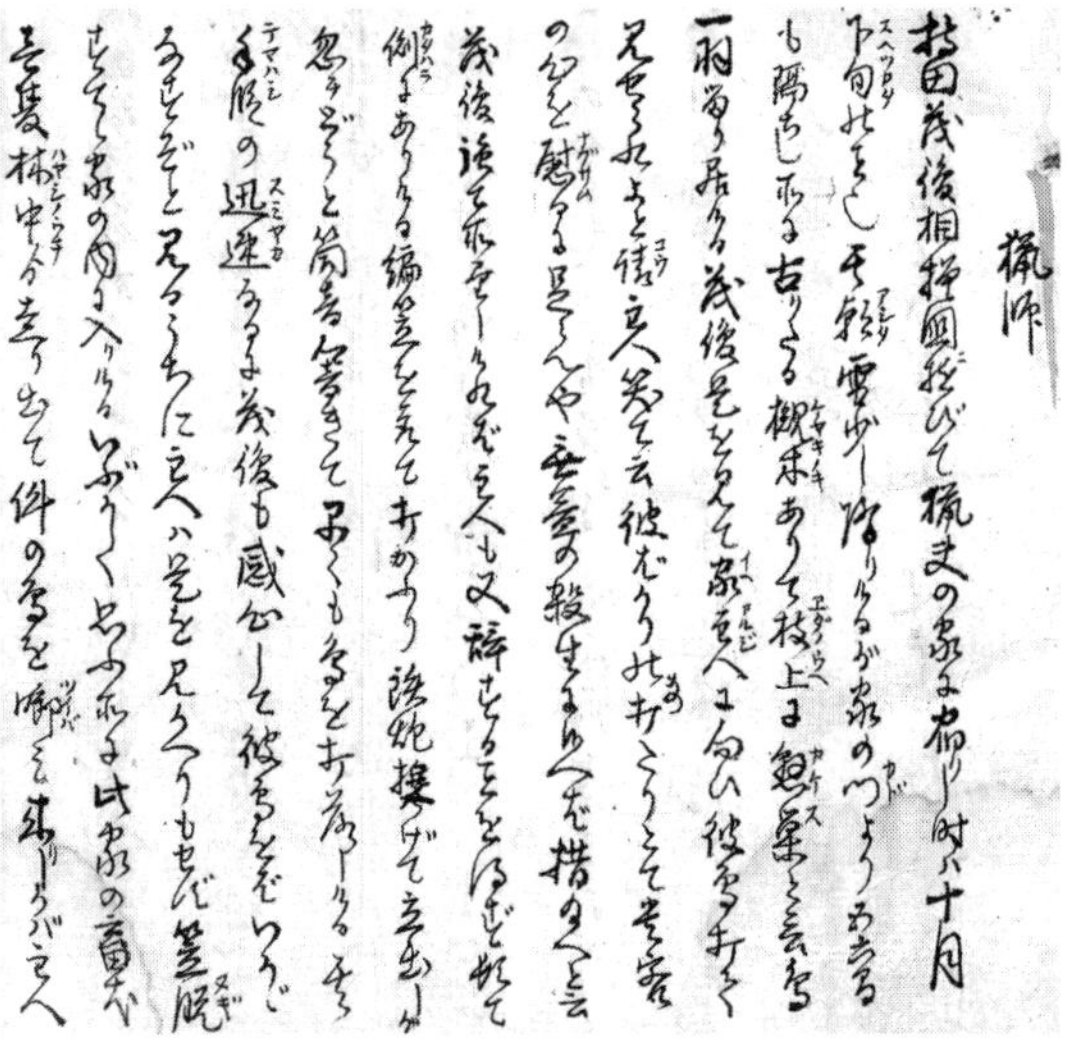

『見聞随筆』

木曽山中の作業絵図

材木搬出の苦労が一目で――木曽山中材木伐出絵図

岩瀬文庫には大量の地図類が集められている。これは創設者の岩瀬弥助が地図や旅行を好んだことに由来する。同じ地域の地図をいくつも集めており、そのおかげで経年の違いを見て取ることができる。それらを大量に見て思うのは、国土はまるで生き物のように変化するということ。現在、グーグルマップなどインターネット地図はあまりにも便利で、紙の地図を凌駕《りようが》しつつある。ところが、将来の人が土地の変遷を知るのに、二十一世紀の地図を簡単に参照できるのだろうか。人文学の未来が心配になる。

さて、岩瀬文庫の絵図や地図類は、文庫の学芸員の尽力と、図書館振興財団の助成のおかげで、最近、その多くが精細な画像として公開された。われわれの作った書誌データベースともリンクしているので、是非《ぜひ》活用していただきたい（岩瀬文庫のホームページより入る）。

その中の一つ、『木曽山中材木伐出絵図』（二種あり）。江戸時代、木曽は尾張藩の支配で、そこから伐《き》り出される材木は藩の大きな収入源だった。これは木曽山中で行われるさまざまな作業を描いた絵図だ。重機を持たぬ当時の人たちが、いかに苦労をして材木を伐採し、搬出したのかがよくわかる。

たとえば、材木を川に流すのに、流れにくい箇所には「すら出し」という、滑り台のような棚を設ける。その上には潤滑剤として苔《こけ》を敷き、ぬめりを維持するために水を打っている。別の箇所には、岩から苔を採取する「苔取り」や、それを背負い籠で運ぶ「苔持ち」の姿も見える。苔にこんな面白い用途のあることを初めて知った。きっと渓流などで足を滑らした人が思いついたのだろう。

「とり木より煙立ち消え」とある場面は、材木に付けた縄を立ち木の根に巻き付け、引きながら少しずつ崖を下ろす作業で、巻いた縄から摩擦熱で煙が上がっている。

直接、材木にかかわらない雑多な作業ももれなく描かれる。たとえば「柴《しば》きり」は、大きな松の木に登って、鉈《なた》で枝を落としている。それを束ねて運ぶ「柴背負い」も描かれる。木の下枝をも柴と称したことがわかる。昔話「桃太郎」の冒頭に登場するおじいさんも、身軽に木に登っていたのだろうか。

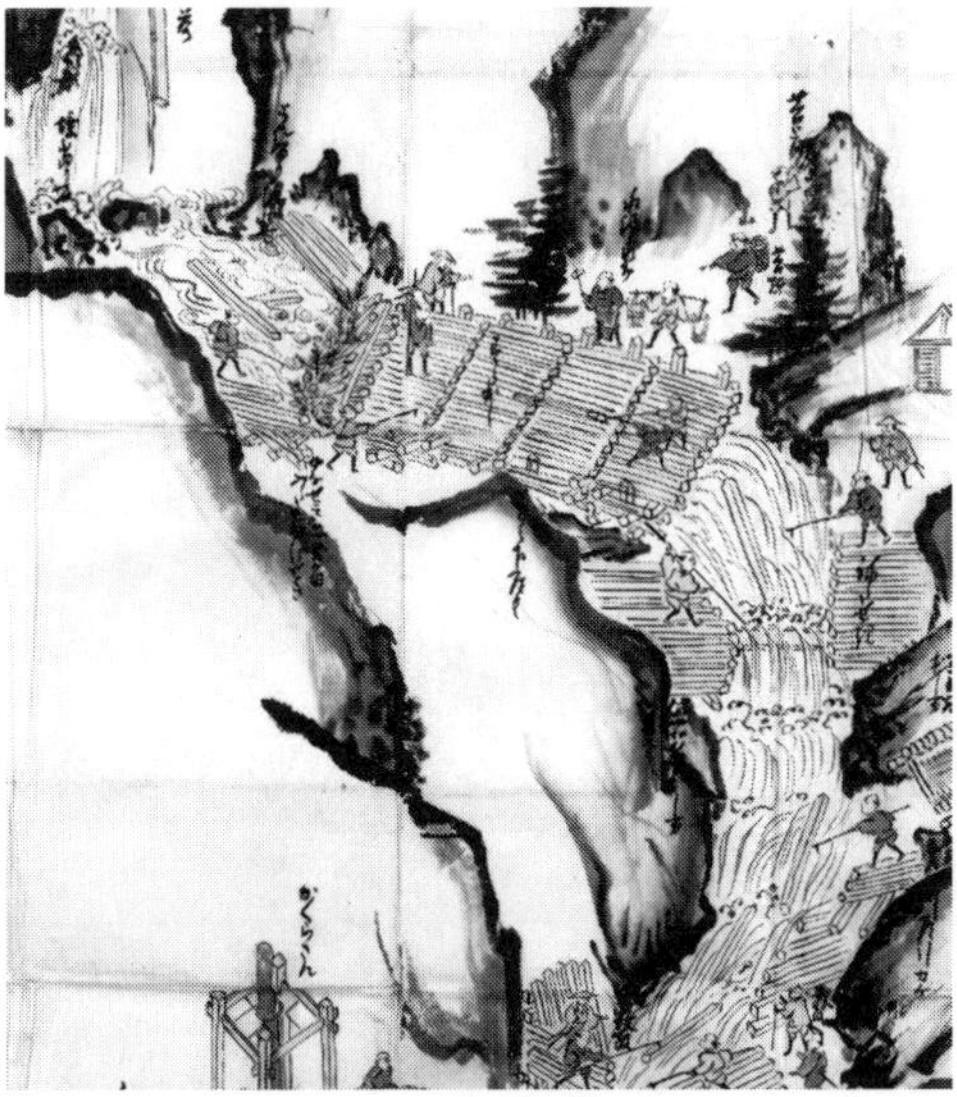

『木曽山中材木伐出絵図』

橋杭はどうやって建てたか

祭礼に似た熱狂――三河みやげ

東海道、三河岡崎宿（岡崎市）の西、矢作川《やはぎがわ》にかかる矢作橋は海道随一の大橋として知られる。何度もかけ替えられ、時代により変化があるが、江戸時代後期ごろには京間《きょうま》百五十間《けん》余り（約三百メートル）の立派な板橋だった。重機のない時代に、どうやって大きな橋杭《はしぐい》を川の中に建てたのか、想像できるだろうか。

岩瀬文庫で見た『三河みやげ』という写本に、絵入りで説明が書いてあった。その作業は橋杭の「震込」と称している。読みにくい二字は「ゆりこみ」か「ゆすりこみ」だろう。地震で地盤がゆるみ、建物が地中にめり込むことを「ゆりこむ」と表現している古い用例がある。

その作業は以下の通り。大きな橋杭の上部に、角《つの》のように二本の棒を取り付け、それに大綱を8の字に巻き付け、左右から引っ張って川の中に建てる。杭の上部には大きな棚板を取り付け、その上に土俵や石俵を積み上げる。大綱の端に引き綱を何本も付け、音頭に合わせて多くの人々が左右から交互に綱を引き合い、橋杭を錐のように回転させながら、地中に揉《も》み込んでゆく。

説明によると、綱引き人足は土地の人々で、十五歳から六十歳までの者を雇う。ただし、十二、三歳くらいの子どもが多く、彼らは前髪を取って（月代《さかやき》を剃って大人の髪型になること）仕事

『三河みやげ』

に出た。下払い（日当）は銭百八十文（五千円くらい）で、割の良い稼ぎだったのだろう。

音頭取りは二人分の下払いを得た。良く通る美声の持ち主が選ばれたはずだ。さらに音頭取りの歌う木遣《きや》り歌の歌詞まで何曲も書き写されている。それらから祭礼のような熱狂の中で、作業が行われたことがわかる。

この貴重な記録は、嘉永三（一八五〇）年秋に襲った洪水で矢作橋が流されたため、同五年に江戸から派遣された幕府御作事《さくじ》方仮役《かたかりやく》の役人である市川氏が記したものだ。矢作橋は特別に重要な橋として、普請は幕府の負担によって行われた。

さらに市川氏の記述は職務を逸脱し、地元の百姓娘の作業歌の歌詞、女の髪型の絵図、三河方言や店舗の看板、名産品の品評にまで筆が及ぶ。この人のように、仕事一辺倒でなく、かつ好奇心旺盛な人のおかげで、日本の書物文化は豊かなものとなった。

京都の地誌を網羅

今も役立つ丁寧な記述——雍州府志

久しぶりでちょっと高い本を買った。貞享三（一六八六）年刊『雍州府志《ようしゅうふし》』全十巻、二十万円也。京都の地誌、つまり地理、歴史、民俗、自然などを総合的に記述した書物。漢文体。買ったのは刊記に京の茂兵衛と加兵衛が名を連ねる版だからだ。刊記を削除した後版はよくあるが、この初版本は少ない。

とはいえ、同じ版は国文学研究資料館にもあり、画像データベースで公開されている。無理して買わなくとも参照できるのだが、それでも欲しいのは、要するに『雍州府志』と著者黒川道祐《どうゆう》（一六二三〜九一）のファンだからだ。

たとえば、巻七、土産《どさん》つまり自然と人工の産物類を録した巻に「古金棚《ふるかねだな》」の項がある。「およそ人家に在りて久しく用いて敗壊《はいえ》の器、また無用の物、或《ある》いは大小格好、主人の心に称《かな》わざるもの、又《また》久しく用いて後、之《こ》れを嫌厭《けんえん》のもの……総じて旧物《ふるもの》と称す。又古金と謂《い》う」とある。廃品の金属類を扱う店のことで、今も存在するように、ごく普通の商売だから、特に同時代の人にとって説明の要はなかったはずだ。それをこのように、いたって懇切に記述している。基本的にこんな調子だから、三百年後の我々に役立つことは言うまでもない。

今も昔も、人は日常を記述しないものだ。ところが、たまに普通の人とは違う眼《め》を持ち、あたかも地球人の生態を観察する宇宙人のように、見聞した現実を丁寧に描写してくれる人がいる。黒川道祐もそんな一人だ。

　ただ、道祐先生、ちゃんとした版元に頼めぬ事情でもあったのか、この本は板木の彫りが拙くて、誤刻が多い。特に後版では板木が荒れ、文字や訓点の読めない箇所がある。それが初版本ではほぼ鮮明なのが嬉《うれ》しい。

　初版本は、再版本と本文に異同のあることが知られている。たとえば、巻一、京の街路の説明で、今も市場町《いちばまち》として賑《にぎ》わう錦小路について、初版本では「伝え言う、異僧（不思議な僧）これに糞《くそ》す。俗に屎《くそ》小路と曰《い》う。人、その名の雅ならざるを忌《い》みて、これを改む」とあるが、再版本ではカットされる。『宇治拾遺物語』に見える説話で、由緒の古い話なのだが、食品を扱う町の名にはふさわしくないので、苦情でも入り、改訂したのだろう。

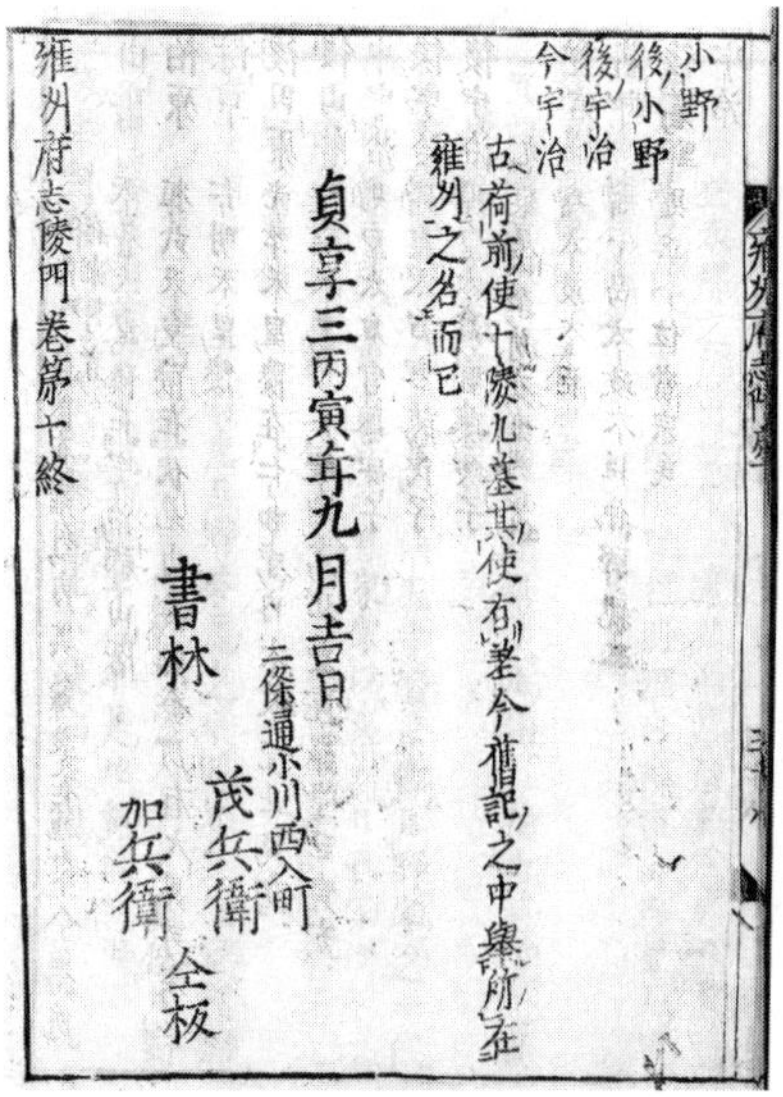

『雍州府志』刊記

安政地震の体験記

臨場感あふれるルポルタージュ――後昔安全録

岩瀬文庫蔵『後昔安全録《あとむかしあんぜんろく》』自筆本一冊。安政二（一八五五）年の江戸地震の記録書。同類書は多いが、臨場感ある描写で異彩を放っている。

この時の地震は直下型で、範囲は狭かったものの、特に深川や本所、入谷、浅草といった下町の被害が甚大だった。著者はまさにその南本所番場町（墨田区東駒形一）の借屋に住む町人で、当年四十歳。名前もわからない。家族は六十九歳の母、妻てつ三十三歳、六月に生まれたばかりの息子新平で、商売は小さな蝋燭《ろうそく》屋らしい。

十月二日の晩、近所の按摩《あんま》久悦を呼び、母を療治、その間、側《そば》にいてあれこれ伽話《とぎばなし》をした。昔の人は親孝行だ。

四つ時（午後十時）久悦は帰り、母に挨拶《あいさつ》して寝間に行き、寝支度をして横になり、煙草《たばこ》一服を吸い付け、枕に付いた。「天井の方にてがたがたと物音致し候まま、鼠《ねずみ》の荒れ候やと存じ居り候所、妻事、『地震なり』と申す故、早速飛び起き」、障子を明けながら片手で新平をつかみ、次の二畳の間のタンスの側に行った。妻もやってきたその時、「みしみしと音して、頭の上へ家潰《つぶ》れかかり候まま、取りあえず片手を延ばし請け留め候。……新平は驚き泣き出し候まま、手さぐり顔を撫で見申し候所、壁土崩れ候が、顔へ一面にかかり候様子ゆえ、手にて払い、『早速乳を付け候え』と申候」。乳を飲んで子が泣き止《や》んだが、また地震が起き、居場所の根太《ねだ》が落ちたため、ようやく体の周囲に少し余裕ができた。ところが母の安否がわからず、「我々ばかり助かり候て、母に不慮の事も候節は、世間へ対し申し訳なしがたくと種々身を」揉《も》んだ。

その後、近所の人たちの協力で、母ともども無事救出され、近隣の多田の薬師境内に避難する。翌日、親戚が運んでくれた飯と味噌《みそ》を口にするが、心が動転して「味もなく、殊《こと》に空腹とも存じ申さず候」。こんな調子で、自身が実際に体験したこと、その時々に思ったことを実に詳細に記述してくれており、上々のルポルタージュ文学となっている。大した書き手がいたものだ。

また、近隣住民や親類、友人との助け合いがよく機能している。明日は我が身の我々にとって、こういった昔の記録を参照する意味は大きい。

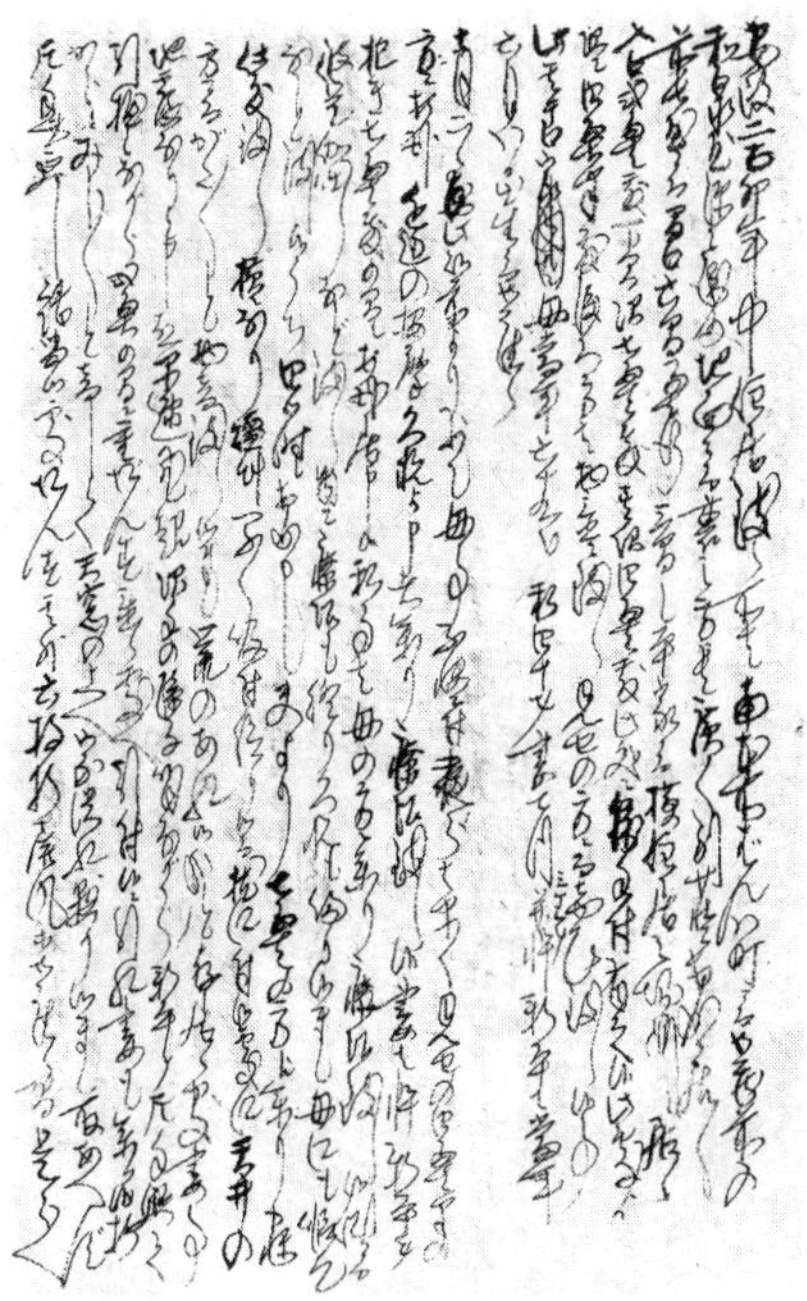

『後昔安全録』

有りなりに任せる

伝統疑わぬ風潮を批判――蟻息

日本は素晴らしい自然風土に恵まれているものの、風水害と地震という自然災害が多い。また木造住宅が中心で、火災にも悩まされてきた。

これは岩瀬文庫所蔵『蟻息《ありのいき》』という写本で、江戸期に書かれた防災論書として珍しい。

まず、話に聞くオランダの住宅のように、家の内外をしっくいで塗り固めて、類焼しないようにする。次に梁《はり》や柱には、図のように筋交《すじか》いの木を入れる。また、屋根も、当時一般的だった板《いた》葺《ぶ》きは、火災で火の粉が飛散すると危ないので、瓦葺《かわらぶ》きにし、瓦は一枚一枚、針金で留める。家の土台は、通常のように土台石の上に直接柱を置かず、別に「こま石」という約三十センチ四方の切り石を据え、その上に横木を渡し、その上に柱を立てる。

そのほか、天上裏や床下には人が入りやすくして、火事の原因となるほこりがたまらぬようにすること、囲炉裏《いろり》をやめて竈《かまど》にすること、土蔵の窓には銅製のふたを付けることなどなど、家の隅々にまで新たな工夫を施すことを提案する。

しかも、これらの新案は地震や火事への対策ばかりでなく、家屋の耐用年数を大幅に増やし、森林の伐採を減らし、国の経済にとってもためになるという。たしかに、住宅は環境に対する負荷も大きく、頻繁《ひんぱん》に建て替えることは望ましくない。ところが、人は衣食住については保守的になりがちで、現に今でも日本は先進国の中で突出して住宅の寿命が短いといわれている。

それに対して、本書の筆者は、「何事も古《いに》しえよりの有りなりに任せ、固くこれを守るは、古法に縛らるるという」と、ただただ伝統を無批判に墨守《ぼくしゅ》する態度を批判する。「有りなり」とは「自然に任せる」という意味だ。そして、士農工商のうち為政者である士は、常に政事に心力を尽くし、時世の変化を考え、世の中をよりよくする方向に導くべきと主張する。

この斬新にして覇気あふれる著述を残したのは、楠部肇《はじめ》（一七六〇〜一八二〇）という金沢の商家だ。外に『加賀古跡考』という著書もあったらしいが、所在がわからない。この『蟻息』は著者自筆本で、残念ながら翻刻《ほんこく》はないが、是非《ぜひ》広く読んでもらいたい本だ。

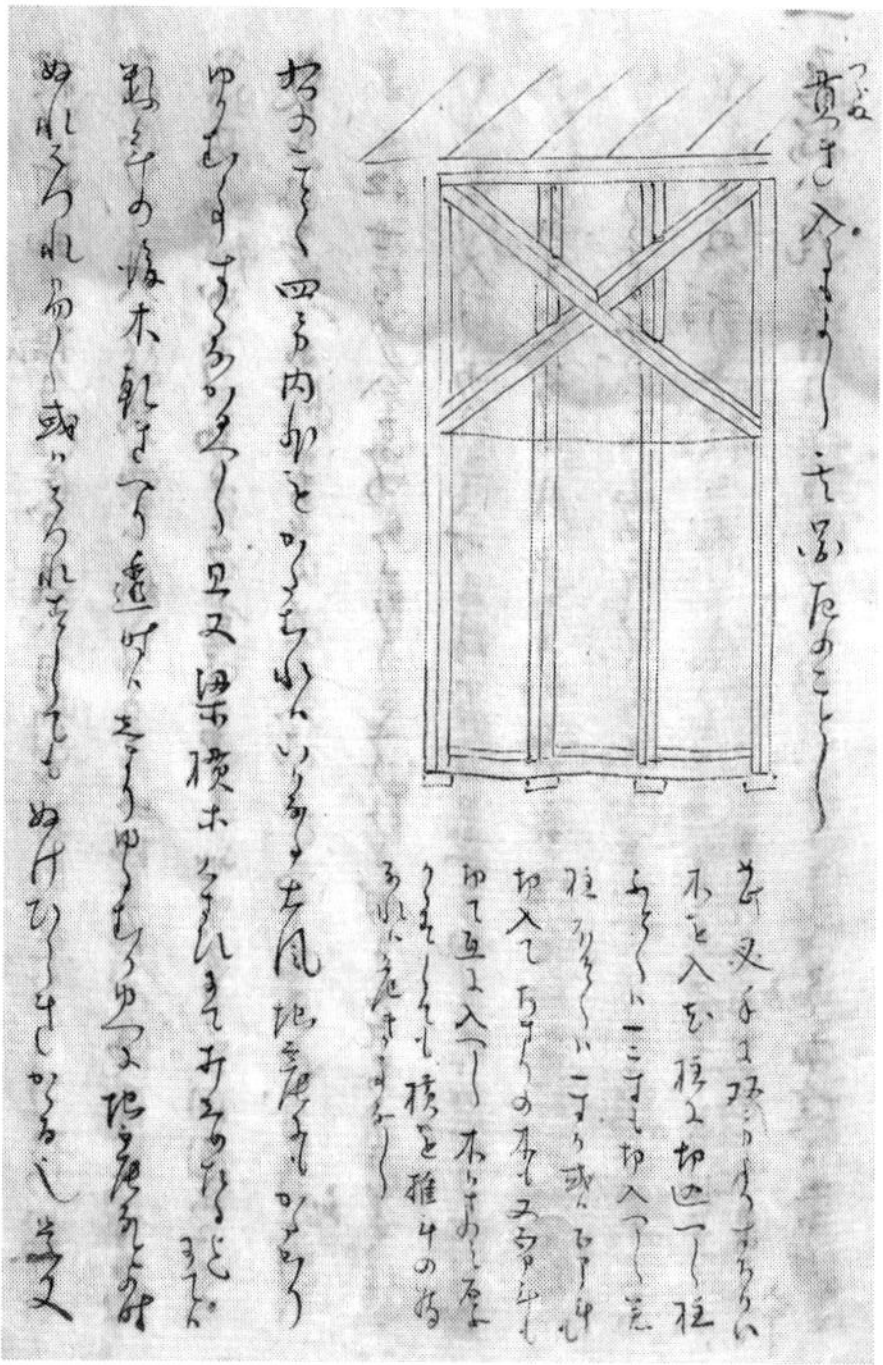

『蟻息』

お相撲論

現代に残る唯一の童形の者たち――三都角力番付

岩瀬文庫には、はかない蜉蝣《ふゆう》資料（エフェメラ）が多い（212頁参照）。たとえば、江戸時代の相撲番付もそうで、日本でも有数のコレクションだろう。

その中心をなすのは「三都角力番付《さんとすもうばんづけ》」と題された大判十四冊で、享保二（一七一七）年より嘉永五（一八五二）年に至る三都つまり京・江戸・大阪の相撲番付類がざっと三百五十点ほど貼り込まれている。幕末期、大阪の四つ橋近くに住む八百屋谷蔵という煙草入れ屋が集めたもので、そのうち主な部分は大阪の飛脚問屋の主人で有名な俳人、大伴大江丸《おおえまる》（一七二二～一八〇五）の旧蔵品を、大枚はたいて買い求めたという。

その真偽は不明ながら、「乗掛《のりかけ》の相撲にあひぬ宇津の山」（乗掛は人を乗せる駄賃馬）などの句を数々残した相撲好きで知られる大江丸だから、ありえない話ではない。

図は、その巻頭に貼られた、国貞描く錦絵で、谷風梶之助《たにかぜかじのすけ》（一七五〇～九五）の土俵入りだ。六十三連勝の記録を達成した大横綱で、大江丸もその死後に「谷風が居風炉空し《すえぶろむな》秋の水」の句を谷風の弟、達ケ関《だてがせき》に贈っている。

ところで、この絵では頭頂部の月代《さかやき》を剃《そ》った、普通の成人男性の髪型になっている。江戸時代、年配の力士には、こんな月代頭もいた。ただし、多くは現代の力士と同じように、月代を剃らずに前髪を残した髪型で、それは若衆《わかしゅ》（少年）の姿なのだ。

近代以前には、明らかに大人なのに、童子の姿をする者たちがおり、これを童形《どうぎょう》という。有名なのは「牛飼いの童《わらわ》」で、中世の絵巻物を見れば一目瞭然、実際には子どもではなく、髭をはやしたおじさんなのに、髪型は童子の姿なのだった。なぜそんなことをしたかというと、擬似的に童《わらべ》の神聖性を保持するためで、普通の人には制御しがたい牛を制御するために、それが必要と考えられた。

力士は、現代に残る唯一の童形の者たちなのだった。たとえば八百長をするなど、邪悪な大人の世界の論理とは無縁な、畏怖すべき神聖な存在で、だからこそ、彼らは「お相撲」と敬称で呼ばれる。

芳しくない話題でかまびすしい近年の相撲界だが、このような伝統的相撲観の見直しこそが、明るい未来のためには必要なのではないか。

『横綱土俵入之図』

銭湯業界の広報本

社会教育の場を強調――洗湯手引草

学生時代、新潟県出身の友人が、高校時代に朝礼で校長がこんな話をしたと教えてくれた。諸君はいずれ進学や就職で都会に住むことがあるだろう。すると、銭湯に通うようになる。銭湯では湯に入る前に、必ず下半身をよく洗いなさい。できれば石けんを使うようになどと、懇切に教えてくれたという。

立派な訓話だ。これまでの生活と違い、見知らぬ人々の中で暮らす際に、公的な空間でいかにふるまうべきか、見事に伝えている。まことに銭湯は、人生に必要なさまざまのことを教えてくれる場でもある。

嘉永四（一八五一）年刊『洗湯手引草《せんとうてびきぐさ》』は銭湯史の重要資料として知られる。私は例によって岩瀬文庫で知る本になった。文庫には同じ本が二つあり、そういうことはめったにないので両方を比べてみると、一本は慶応三（一八六七）年ごろに増補を加えた後版《あとばん》だった。

天保十三（一八四二）年、天保の改革で江戸の銭湯の組合である湯屋十組株が廃止となり、翌年には大人八文・小児六文だった湯銭が、大人・小児とも六文ずつに定められ、銭湯は経営が苦しくなった。この時期の業界の危機がきっかけとなって本書が発刊されたらしい。

もっとも、業界の窮状をまともに訴えるのではなく、教訓書「実語教《じつごきょう》」をもじり、「湯語教《ゆごきょう》」とするなど、往来物（教科書）になぞらえた戯作《げさく》とするのが江戸時代的だ。たとえば冒頭部は「実語教」の「山高きが故に貴《たつと》からず」を「薪《まき》高きが故に多分焚《たんた》かず」とやって笑わせる。

また「それ湯屋家業ほど人をさとすに捷径《ちかみち》の教えなるはなし」で始まる序文も名文で、老若も身分も関係なく、みんなが裸で入る銭湯が、いかに人倫を涵養するものであるかを軽妙に説く。つまり一種の社会教育の場として、銭湯は不可欠な施設であることを強調し、暗に業界の救済を当局に訴えている。たしかに銭湯のない世の中は闇だ。

ただ、この文章は式亭三馬の名作、文化六（一八〇九）年刊『浮世風呂』前編の序文を真似《まね》している。その『浮世風呂』も山東京伝の黄表紙、享和二（一八〇二）年刊『賢愚湊《けんぐいりごみ》銭湯新話《せんとうしんわ》』を取っているから、江戸期の文物に独創を見いだすのはむずかしい。

『洗湯手引草』

江戸時代の職業別電話帳

社会の実相表わす名鑑――懐中京江戸大坂名所町案内者

名古屋の古書店藤園堂の店頭で入手した横本の版本一冊。題簽《だいせん》（書名を記して表紙に貼られた付箋）が失われているが、以前見た本について記した私の手控えによると「懐中《かいちゅう》京江戸大坂名所町案内者《あんないしゃ》」（「懐／中」と「江戸／大坂」は割り書き）というらしい。延宝六（一六七八）年八月、京の堺屋庄兵衛刊。完本は滅多《めった》にない稀書《きしょ》だ。

京の絵入り案内記で、まずさまざまな商人や職人の所在をイロハ順で示し、次に各町筋ごとに町名や名所旧跡を解説し、さらに江戸と大阪についても町案内を付している。

特に冒頭の職業別電話帳みたいな名鑑の部分は、当時の社会の実相を知る上で参考になる。たとえば、前に取り上げた西鶴の『万《よろず》の文反古《ふみほうぐ》』「京にも思うようなる事なし」で、仙台で妻を置き去りにしてきた男が、京で最初に貰《もら》う女房は寺町の白粉《おしろい》屋の娘だった。

本書を見ると、寺町二条下ル丁に「艶白粉の始まり」丹後と藤屋越後、寺町三条上ルに長右衛門、寺町下御霊《しもごりょう》前に鶴屋信濃などがおり、西鶴が当時の実態を踏まえていることが直ちにわかる。

ただし、江戸期の書物は先行書を焼き直すことが多く、本書も前年の二月に出た『京雀跡追』に多くを拠っていることがわかっている。

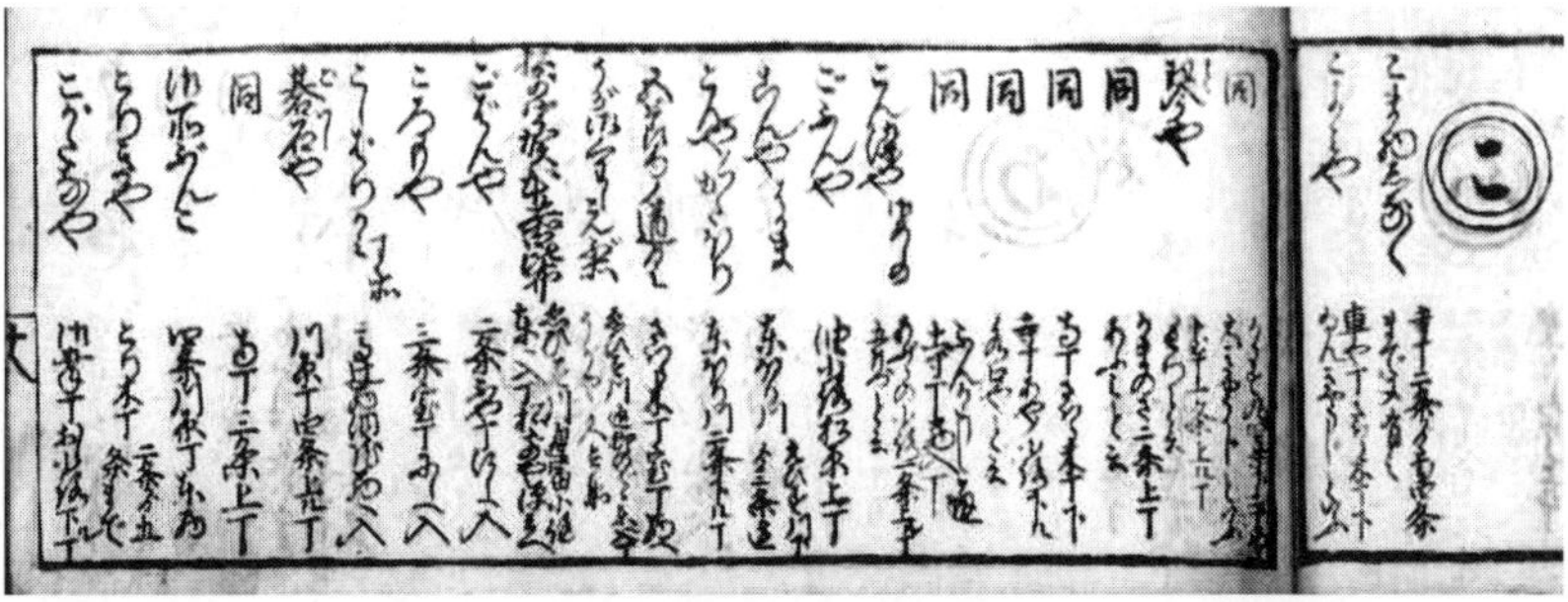

『懐中京江戸大坂名所町案内者』

また、名鑑類は内容に部分的な改訂が加えられていることが多いので要注意だ。

元禄以前に刊行された大阪の案内記五種については、全ての伝本を比較調査し、本文の翻刻に異同を細かく注記した校本を拵《こしら》えたことがある（『古版大阪案内記集成』一九九九年刊）。西鶴を読む参考資料になるからだが、分厚い名鑑ばかりで、うんざりする校合《きょうごう》作業だった。

本書についても、たとえば国文学研究資料館蔵本では「こんぶや　えびす川　御幸丁西へ二三丁ノ間」とあるのが、塩村本では「うが御くわしこんぶ所　ゑびす川通柳のばゝ東へ入丁　うがや久兵衛」と改められている。ちなみに、うが（宇賀）というのは今の函館近くの昆布の名産地の地名で、菓子昆布とは昆布に山椒《さんしょう》の実を巻き込んだ加工食品のこと。

江戸時代の書物は、版本といえども異同のあることが多く、取り扱いが厄介だ。でも二つと同じもののないところがまた魅力でもある。

カカシの原形

煙を「嗅がし」作物守る――山中日記・土功緒言

テレビの夕方のニュース番組の季節ネタで、伊勢湾にある離島、答志島《とうしじま》（鳥羽市）の節分風景を見たことがある。映像では、炙《あぶ》った鰯《いわし》を持ち「あらくさあらくさ」と唱えながら、家の周囲を回っていた。

江戸時代前期の狂歌名人、半井卜養《なからいぼくよう》（一六〇七～七八）は泉州堺の医者で、後に幕府御番医に召されて江戸で暮らした人。その狂歌に「福は内鬼は外へと打つ豆の腹に当たりてあらくさやふん」という作がある。鬼が脱糞《だっぷん》する姿を描いた絵の賛という。これによると、当時は節分に「あらくさやふん」と唱えていたらしい。答志島では、この床しい古民俗を今に伝えてくれているとわかる。

これは焼いたタンパク質の発する悪い臭いによって邪気を払う、ヤイカガシ（焼き嗅がしの転訛《てんか》）という習俗だ。実は田畑に立てるカカシも、ここから来ている。

岩瀬文庫で見た『山中日記《さんちゅう》』という本。著者永田武八（済美）は筑後久留米藩士で、文政十二（一八二九）年十月、藩命により久留米城下（福岡県久留米市）より豊後日田《ひた》（大分県日田市）へ抜ける山中街道を経て、山間部の藩領を巡見する十一日間の旅の日記だ。原本（清書本）一冊。そこでは、ふだん目にしないような生活風俗が見られ、それを的確に観察記録している。

そのうち豊後との国境、竹原《たかはら》峠（福岡県八女市矢部村）あたり、奥深い山間部での記事。「この辺の切り畑（山の斜面を切り拓《ひら》いて作った焼き畑）中に、髪毛を竹に挟み、三寸（九センチ）ほどの四角なる木切れを笠木とし、幾所にもこれを立て、毛は焼け縮れたり。これを問えば、この辺、日夜、猪《いのしし》・鹿出て作物を害すこと絶えず。然れども、髪毛を焼く臭気をば、甚だおそれ嫌うをもって、しかす（そうする）という」。これこそがカカシの原形で、このころまで山村では、まだ現役で残っていたらしい。

『土《ど》功緒言《こうちょげん》』という、対馬藩における勧農策を論じた写本（塩村蔵）に「（鳥獣は）人家朝夕《ちょうせき》の炊煙を恐れ申す事にて、古しえより〈かぶし〉とて、原野山谷に火焚き候えば獣害減り、猪鹿は煙を嫌い候由」とあった。江戸時代の日本の人口は、現代のほぼ四分の一程度で推移したから、農村の生活は野獣との闘いそのものだったことだろう。

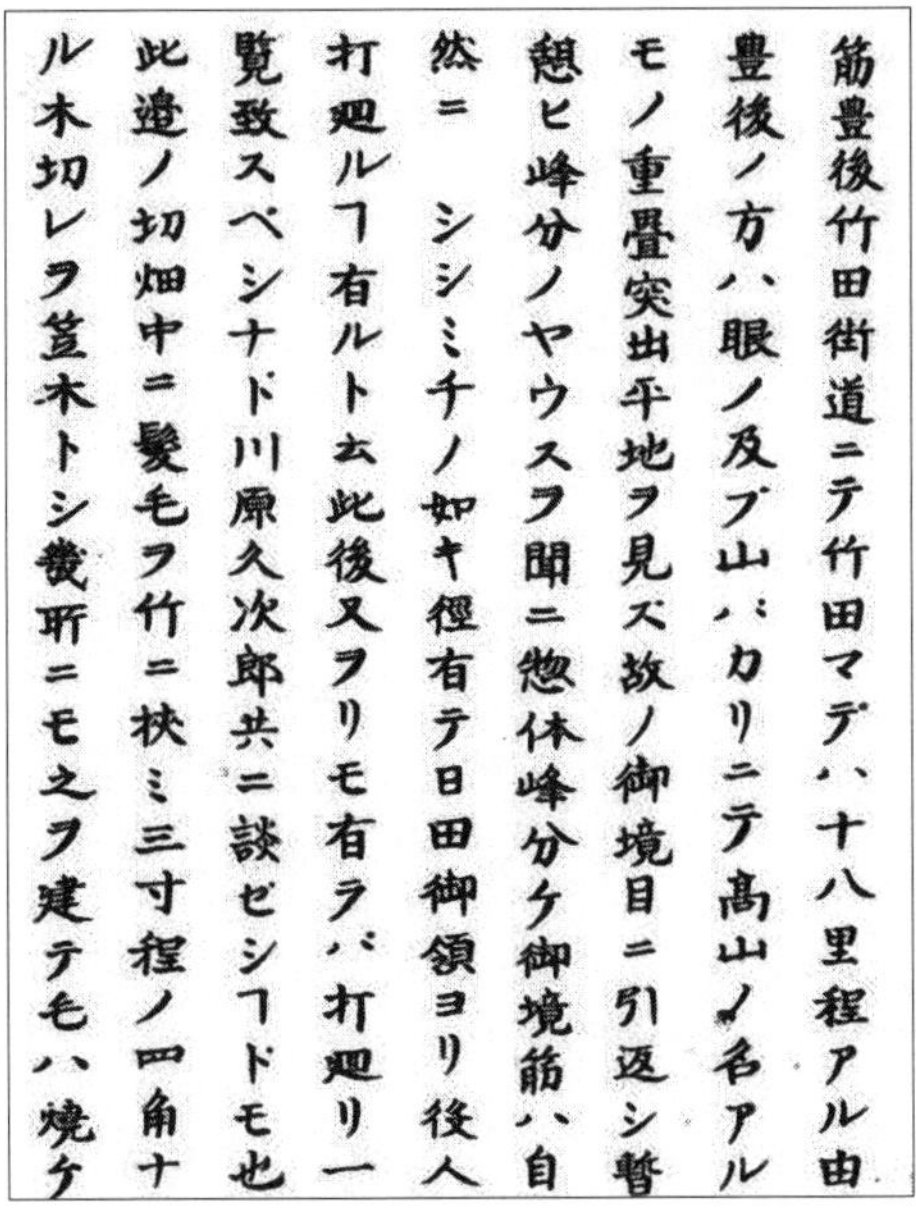
筋豊後竹田街道ニテ竹田マデハ十八里程アル由
豊後ノ方ハ眼ノ及ブ山ハカリニテ高山ノ名アル
モノ重畳突出平地ヲ見ズ故ノ御境目ニ引返シ暫
憩ヒ峰分ノヤウスヲ聞ニ惣体峰分ケ御境筋ハ自
然ニ　シシミチノ如キ径有テ日田御領ヨリ後人
打廻ルヿ有ルト云此後又ヲリモ有ラバ打廻リ一
覧致スベシナド川原久次郎共ニ談ゼシヿドモ也
此邉ノ切畑中ニ髪毛ヲ竹ニ挟ミ三寸程ノ四角ナ
ル木切レヲ笠木トシ幾所ニモ之ヲ建テ毛ハ焼ケ

『山中日記』

町内の雑用役の記録

髪結いから童歌まで記す――番太日記

写本一冊、『番太《ばんた》日記』一名『髭爺《ひげじい》日記』という。番太とは各町内に雇われた番人で、清掃などさまざまな雑用に従事した人のことだ。唯一の古書文化専門雑誌『日本古書通信』に載る古書店の販売目録から、魅力的な書名に惹かれ、内容もわからぬままに注文購入した。

江戸時代中期、熊本の町における、さまざまな風俗や商売の変遷を、独自の視点で取り上げ描写する。序文などがなく著者も不明。まさか本物の番太ではあるまいが、実際に髭爺ではあったのだろう。

まず、元結い、鬢《びん》付け、鬢水入れ、さし櫛《ぐし》、綿帽子、菅笠《すげがさ》など、髪や頭にかかわる品々の流行について記す。これらに詳しいことは、謎の著者の職業を暗示している。

七つ八つから十三歳くらいの女の子が熱狂した盆踊りの風俗が記され、その唱歌がいくつも紹介される。

また、幼い子どもが寝入らない時に、おどして寝入らせることばについて考察する。子どもにかかわるさまざまな唱えことばの類（童詞《どうし》という）は文献資料が乏しく、年来収集しているので、これはありがたい記事だ。

熊本では「そっからそらい、王よの来る」とか「がごうじょう」といって怖がらせたらしい。王よは王輿、天皇の乗る牛車という。後者は上方では「がごぜ」といった。

子守唄も四種類引いている。「ねんねこよう、ねんねこよう、ねんねしたそのるすに、ぼっちいついてさまいて……」。「ぼっちい」以下は「餅をついて冷まして」の意味の方言だろうか。

さらに鬼子《おにご》（鬼ごっこ）やてんぐるま、幸仏《こうぼとけ》（上方では、中の中の小坊主）など数々の子ども遊びについても詳しい。著者は髭爺でありながら子どもの心を忘れぬ人で、独特の観察眼の持ち主だ。私の知りたいことばかりを教えてくれる。

本書は古典籍総合目録データベースには見えないものの、熊本県立図書館に明治の写本が蔵され（未見）、それによって『日本都市生活史料集成三』（一九七五年刊）に翻刻されている。

新出本も明治の写本ながら、精密な模写本で、活字本の本文の誤りを修正できる。原本（所在不明）の達者な筆跡をよく写しており、著者の教養をうかがわせている。

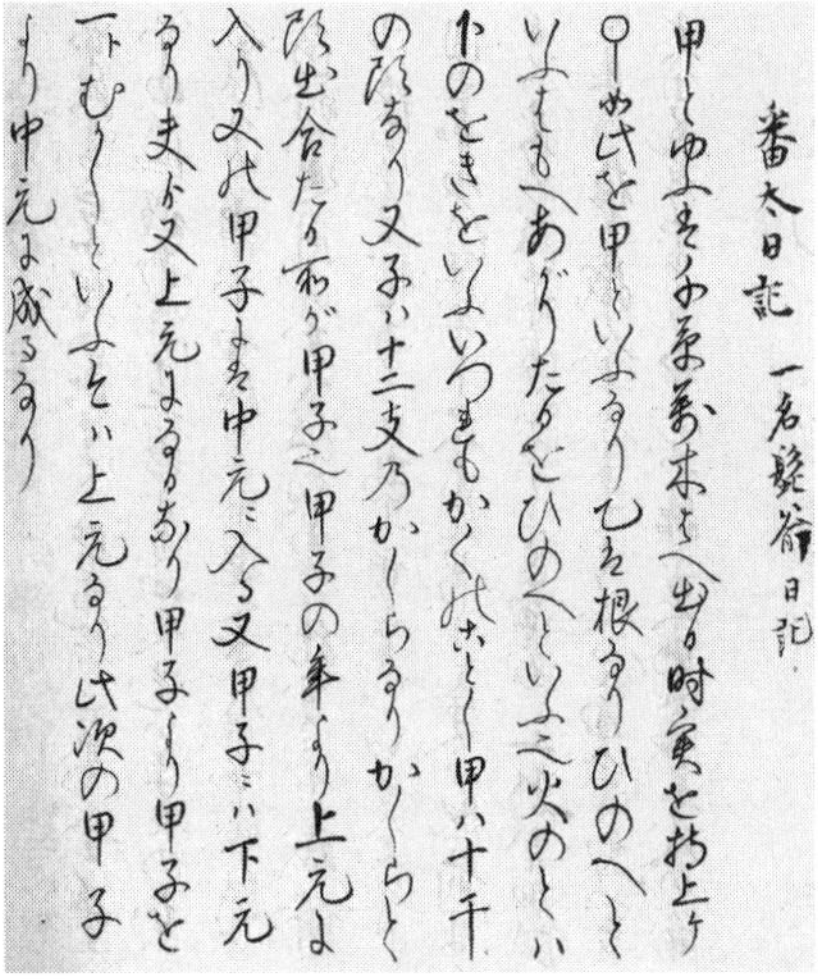
番太日記　一名髭爺日記

『番太日記』

掃苔家の悲嘆

名家の墓石を処分する僧――掃墓余談

掃苔《そうたい》とは墓石についた苔《こけ》を掃除するという意味で、名家の墓石を探索し、刻まれた文字などを記録し、それらの情報を同好の士と共有するいとなみをいう。古くからある趣味で、明治から戦前にかけては『見ぬ世の友』とか『掃苔』などの専門雑誌さえあった。

上方落語「天神山《てんじんやま》」の主人公の偏屈《へんくつ》男は花見ならぬ墓見《はかみ》に出かけるが、そんなに変な趣味ではなく、現に今も墓マニアは多い。墓を通して古人に親しもうとする精神は立派で、貴重な伝記研究でもある。とりわけ掃苔家の残す記録は重要で、なぜなら墓石はしばしば消滅してしまうからだ。

岩瀬文庫蔵、明治東京の掃苔家、四世絵馬屋額輔《えまやがくすけ》（一八五九～一九〇一）の自筆稿本で、掃苔の苦労話を綴《つづ》った『掃墓余談』の中にこんな話があった。

ある時、二朱判吉兵衛《にしゆばんきちべえ》の墓をもとめて東京谷中《やなか》のある寺を訪ねた。これは江戸時代中期に人気を博した道化方《どうけがた》の歌舞伎役者だ。二朱判とは一歩金（一両の四分の一）の半分に相当する小さな金貨で、品位が良かったことから、小男で芸が達者だった中村吉兵衛のあだ名となった。

寺僧に墓の所在を尋ねたところ、そんな墓はないという。残念に思いながら、寺の門を出ようとすると、門番の花売りの老婆がいた。念のために墓のことを尋ねたところ、その墓はたしかに先年まであったが、寺の井戸を修繕する際に、住職が井戸の囲いの石に流用したという。

そして、ほかにも面白い形の墓石があるから、ご所望なら相談に乗りましょうと語るのだ。これを聞いて著者は、「いかに仏法末世とはいえ、実にあるまじき、ひがごとなり」と、いたく憤慨している。たしかに掃苔家にとって悪魔のような老婆と僧だ。

一方でこんな記事もある。江戸時代後期の戯作者、奇々羅金鶏《ききらきんけい》の墓所、群馬県の長学寺に書面で墓のことを問い合わせたところ、返信がなかった。半年ほど経ったある夕暮れ、突然見知らぬ旅僧が来訪、長学寺の佐藤悦苗と名乗り、金鶏のみならず、息子の銀鶏《ぎんけい》、孫の鉄鶏《てつけい》と三代の墓碑銘の写しをわざわざ持参してくれた。著者は「実にありがたき心がけの僧といふべし」と感激し、前の谷中の寺僧とは「雲泥黒白《うんでいこくびゃく》の違いなり」と怒りを再燃させている。

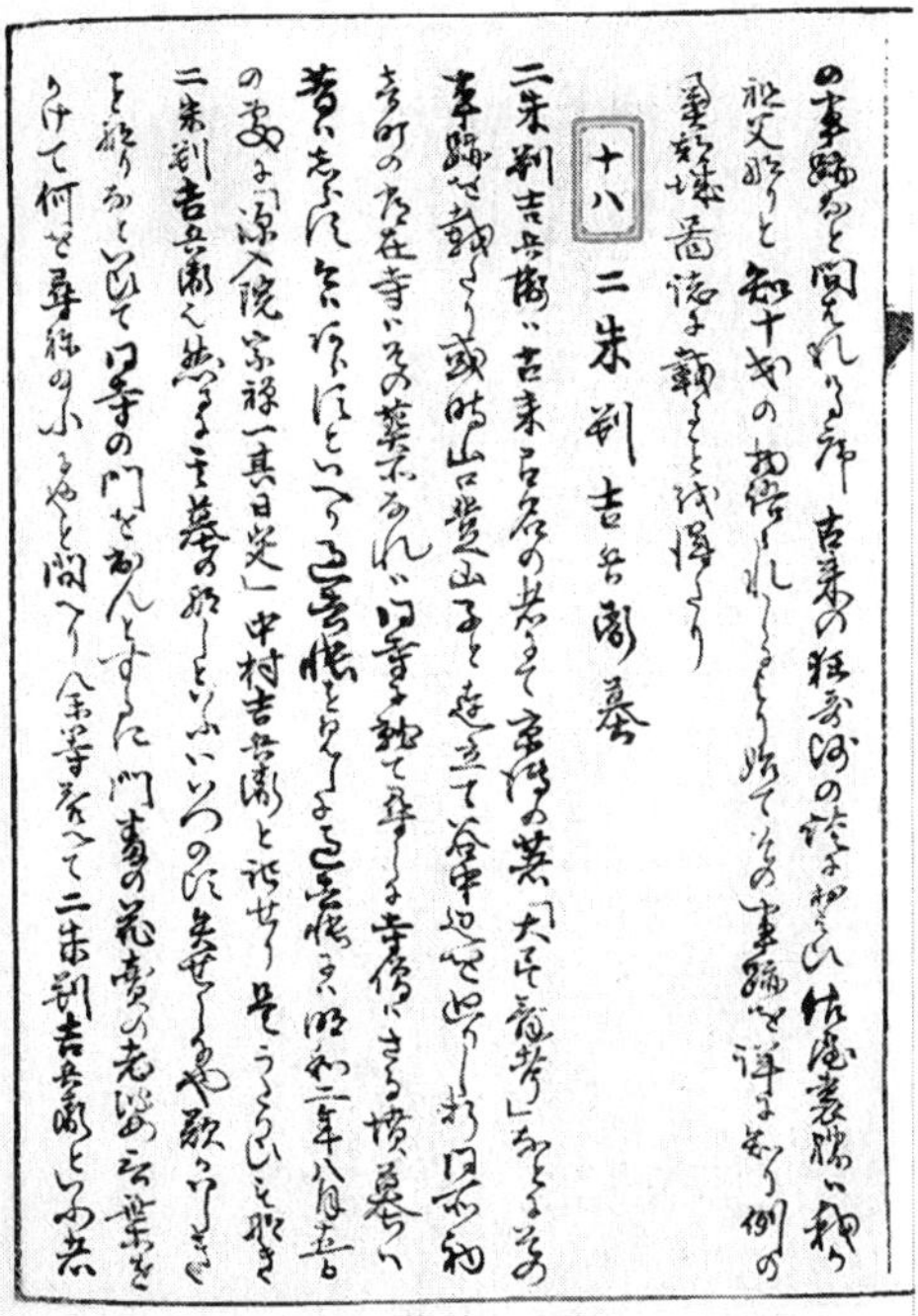
十八　二朱判吉兵衛墓

『掃墓余談』

金を隠しに墓に通うスリ

掃苔家として名を成す——東都佳城墨影集・墓碣余志稿

岩瀬文庫には掃苔《そうたい》（名家の墓石研究）関係の資料が妙に多くある。明治大正の掃苔家で蔵書家、兼子伴雨《かねこばんう》（一八七六〜一九二四）の旧蔵書群を核に、岩瀬弥助が増補を加えたものだ。弥助自身、雑誌『掃苔』の購読会員で、この方面に趣味があったらしい。墓も書物も、死者をしのぶよすがとなるもので、両者は似ている。

岩瀬文庫全調査の終盤に入りかけたころ、『東都佳城《かじょう》墨影集』と題した名家墓碑の拓本集が三冊と、自筆の掃苔覚え書『墓碣《ぼけつ》余志稿』一冊が出現した。表紙に「三世大江丸旧竹著」とある。

学生時代は暇《ひま》なもので、何という目的もなくアトランダムに図書館内の古書をひもといていたが、そのころに親しんだ名だ。林旧竹（?〜一九一〇ごろ）は明治の掃苔家の雄で、その自筆の掃苔記録『墓碣余誌』十八冊は東京大学図書館に所蔵され、貴重書扱いとなっている。昔とった読書カードによると、その巻七に付された明治三十四年の大松園旧瓶老人の序文に、旧竹には転居癖があり、馬喰町《ばくろちょう》に始まり、最後の浅草千束《せんぞく》の里まで、十二回も転居を繰り返したとある。変な人だ。

さらに、やはり東大図書館にある、森鷗外自筆の伝記研究覚書『雑記』の「己未《きび》（大正八年）」

分に以下の驚くべき記事があった。

「林旧竹　墓癖家なり。初め女帯仕立てを業とす。中ごろ本所外《ほんじよそと》手町《でちよう》に住す。妻は女髪結なり。旧竹は俳諧をも善《よ》くし三世大江丸と称す。然《しか》るに実は箱師《はこし》にて妻もまた、まん引《びき》をなせり。旧竹入獄数度、最後には三年獄にありき。晩年本所押上《ほんじよおしあげ》橋本屋側に住したりしに、脚気《かつけ》を患い衝心して死す。田甫《たんぼ》の法華宗コウリウ寺に葬る。遺稿は南葵《なんき》文庫にあり（武田信賢話）」。

箱師とは、もっぱら汽車や電車内を仕事場とするスリのことだ。すり取った財布や金品を、すぐに隠すため、当時は東京市中のあちこちにあった寺の墓場に入り込み、墓石の裏に置いた。その隠し場所を記憶するうちに、墓にやたら詳しくなり、掃苔家として名を成したという。

図版は下谷池之端《したやいけのはた》正慶寺にある、偉大な国文学者で俳人、北村季吟《きぎん》の墓の拓本だ。こんな風に心血を注いだ掃苔記録は、今や東大図書館と岩瀬文庫という安住の地を得ている。著者はもって瞑《めい》すべきだろう。

『東都佳城墨影集』

人生・家産は〃分の斗かき〃

古今東西人間みな同じ——異域同日譚

岩瀬文庫蔵『異域同日譚《いいきどうじつたん》』写本三巻。尾張津島神社の神職で和学者、真野時綱《まのときつな》（一六四八〜一七一七）が元禄十二（一六九九）年に書いた。日本の故事や伝説について、漢籍に見られる似通った事例を集め、考察を加えた書物だ。

ある貴人が命令に応じなかった従者を懲らしめるのに、麦飯に鰯《いわし》を加えたものを食わせたが、従者は快く食べ終わり、平気だった。少し補足しておくと、貴人は地方に出かけた際にそんな庶民の食を見知っていて、とうてい人間の食べるものではないと思っていたのだ。鎌倉時代の説話集『古今著聞集《ここんちょもんじゅう》』に見える話だが、時綱は『三楚《そ》新録』という漢籍に見える類話を挙げる。唐王朝の末裔《まつえい》、李載仁が出かけようとした時に、家来が殴り合いを始めた。怒った載仁は飯と豚肉を家来に食わせ、今度やったら豚肉に酥《そ》（バターのような乳製品）を加えるぞと戒めた。どちらも貴人の生ぬるい、よく言えば上品な性質を笑う話で、確かに似ている。二つ並べるとよけいにおかしい。

連想力をはたらかせて似通った話を集め、比較するというのは、理屈抜きに面白く、文学研究の基本ともいうべき営みだ。たとえ両者に影響関係のない偶然の類似であっても、古今東西、人間相同じという人文学的感懐が得られるからだ。

『異域同日譚』の興味は、書物のみならず民俗に及ぶ。たとえば人家の門戸に蒜《にら》やガザミ（ワタリガニ）の殻、馬の頭、南天の葉などを掛けて邪を避ける習俗。あるいは、肉食を禁ぜられていた僧侶の使う隠語、魚を亡者《もうじゃ》、鮨《すし》を剃刀《かみそり》、鯛《たい》を首座《しゅざ》、鰹節《かつおぶし》を独鈷《とっこ》という風俗まで挙げ、中国の類例を引いて考察している。

こんな話もある。貧富は天命により定められているのに、無理に富有になると、家に不幸が続いて、苦しい人生を送る者が多い。「俗に分《ぶん》の斗《と》かきありて家産を平均にすといえり」。これを中国宋代の奇談集『夷堅志《いけんし》』に見える掠《りゃく》剰使《じょうし》（不当な財を奪う天帝の使）になぞらえている。分の斗かき（斗かきは枡《ます》で米などを量る時に盛り上がりをならす棒）は用例の少ない諺《ことわざ》だが、これによりニュアンスがよくわかる。

文献のみならず民俗や俗語に対する関心の高さが、尾張の和学の良き伝統でもある。

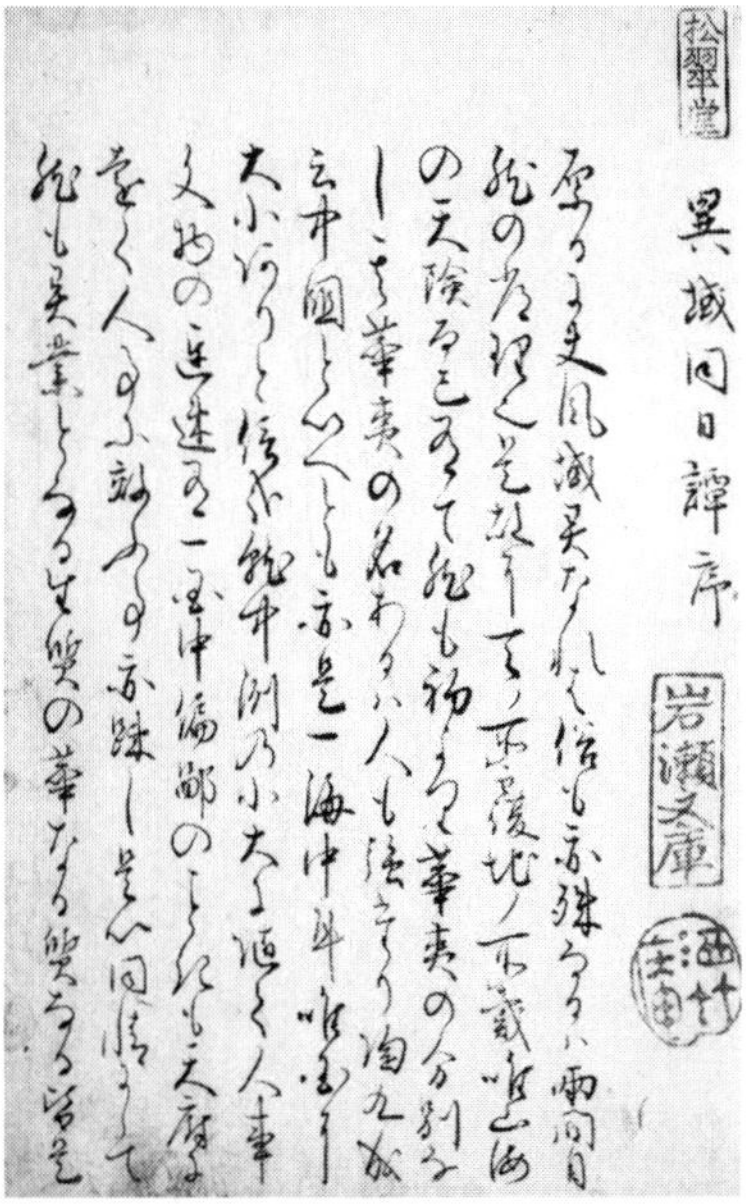

『異域同日譚』

ペテンの語源

明治の俗語辞典に驚きの説——俗語考

『俗語考』という明治大正ごろの新しい写本一冊。序文などはなく、巻頭に「原田種徳端洲著」とあるのみ。この塩村蔵本以外に伝本があるのかどうかもわからない。

「いっぱたのひと」「いっこくもの」「いきまく」以下、いろは順で俗語表現を挙げ、その語源を解説する一種の辞典だ。小冊ながら随所にはっとする記述がある。

たとえば、「いじめる」について、「非道に人を苦しむる意。古言〈ゆがむる〉を〈いしむる〉という。〈いしむる〉が訛りて〈いじめる〉となりしなり」とある。確かに器などがゆがむ意味の「いしむ」という古語があり、そこから来たという語源説を示す。

また「べそかく」については、「べしみかく」のつづまったもので、「小児泣かんとする時、圧《べ》し口をするよりいう」とある。圧し口とは、下あごにぐっと力をこめて、口をへの字に結ぶことで、そんな表情をした能面を「べしみ」という。その面のような顔をする意らしい。

あるいは「ばれる」は、「破れて実体の顕るる意。物を破るを〈ばらす〉というより、物自身より破るるを〈ばれる〉といいしなり」。「ばらす」の自動詞形が「ばれる」であると明解な説明を下す。

現代は耳遠くなった俗語表現についても教えてくれる。たとえば、「はめにかかる」。本書によれば、「はめ」とは、取りはずしができるような、板を張った壁のことで、室内に大きなものを入れる際には板をはずした。そんな風に、どうしてもそれをしなければならない事態におちいる意味だという。これなど、辞書には「勢いに乗じる。興に乗じる」との説明があるが、訂正を要するのではないか。

近代の新語も載っており、たとえば今も用いる「ペテン」について、「織物の商標にパテントの文字あるをペテンと読み、織物の称となせり」、そして安価な木綿に薬物を施して絹のように見せたまがいものがあったことから、人をだますことを「ペテンにかける」と称したという。

これも一般には中国語に由来するかと説明されているが、こちらの説の方が説得力があるように思われる。

原田種徳という未知の著者は、ただならぬ学識の持ち主なのかもしれない。伝記が知りたいものだ。

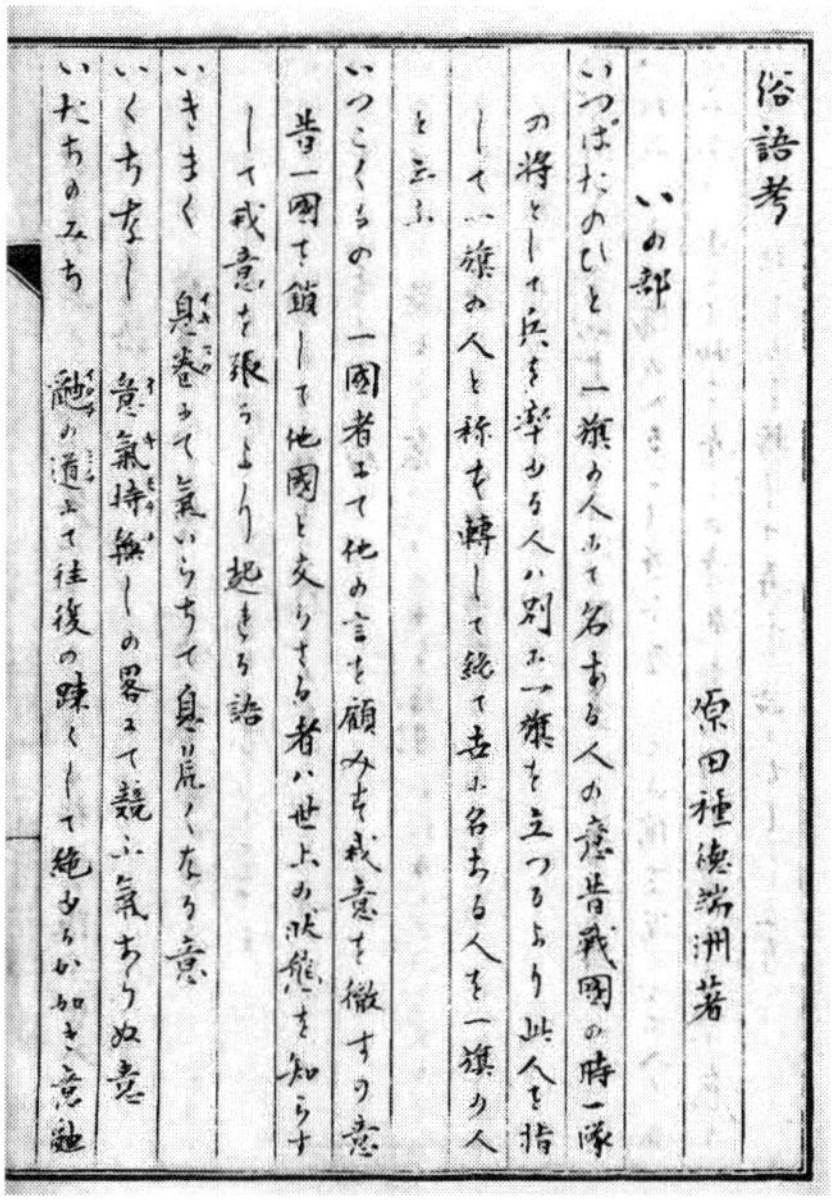
俗語考　原田種徳端洲著

いの部

いつばたのひと　一旗の人にて名ある人の意昔戦國の時一隊の将として兵を率ゐる人は別に一旗を立つるより此人を指して一旗の人と称を轉して總て世に名ある人を一旗の人と云ふ

いつこくもの　一國者にて他の言を顧みず我意を徹すの意昔一國を鎖して他國と交らざる者は世上の状態を知らずして我意を張るより起れる語

いきまく　息巻にて氣いらちて息荒くなるの意

いくぢなし　意氣持無しの略にて競ふ氣あらぬ意

いたちのみち　鼬の道にて往復の跡なくして絶ゆるか如き意趣

『俗語考』

終章　岩瀬文庫のあとさき

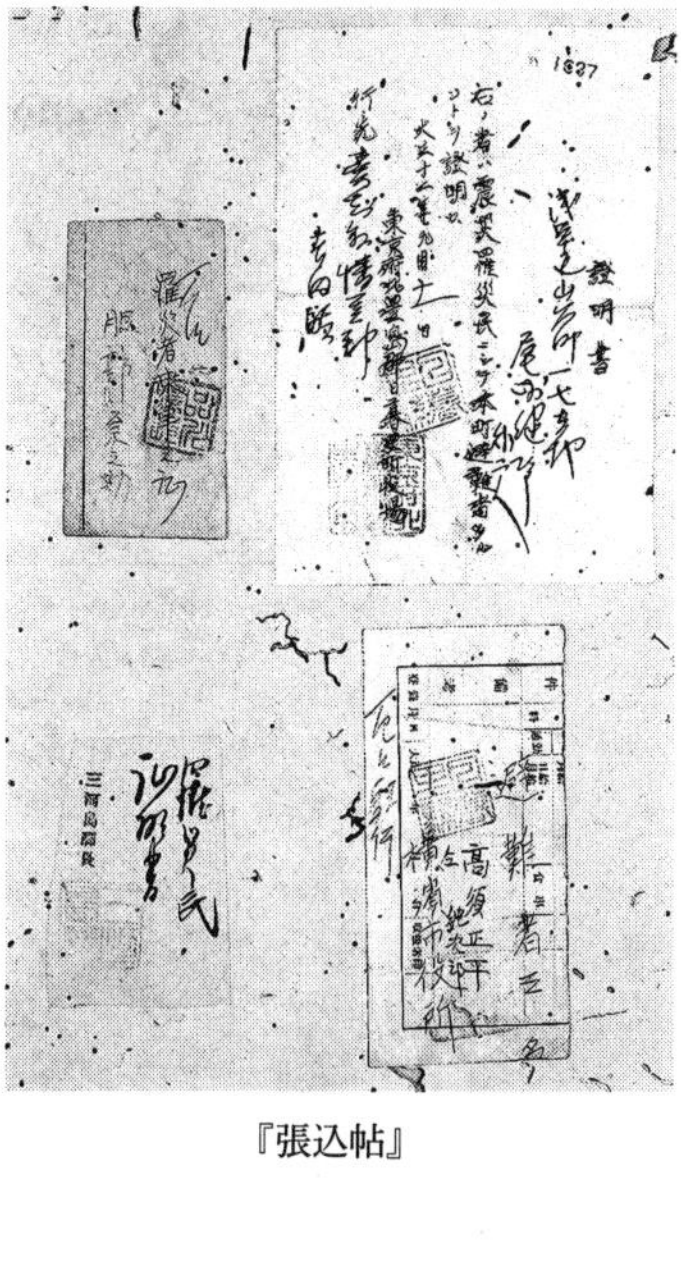

『張込帖』

江戸初期の黒船

相反する恐怖と富――――――――――御当家御先祖物語・唐船来朝図長崎図

大阪の古書店の目録から、表紙が取れて書名もわからぬ写本を二万円で買った。目録の写真を見ると、明らかに江戸時代前期の写本なのに黒船の文字が見えたからだ。黒船というと、幕末の嘉永六（一八五三）年に相模浦賀にやって来た、ペリー率いる米国艦隊をすぐに思い浮かべるが、実は安土桃山から江戸初期にかけて来航した、西欧諸国の船を指す古いことばだった。

手に入れた写本は延宝八（一六八〇）年に日向国稲葉崎《いなばさき》村（宮崎県延岡市）で写された本で、末尾に『御先祖物語』の書名が見え、どうも『御当家御先祖物語』というのが正しい書名らしい。御当家とは当時延岡藩主だった有馬家を指す。家中の伝承に基づく有馬家の史書で、素朴な語り口から戦国の雰囲気が伝わってくる内容。

その後半部で、慶長十四（一六〇九）年、長崎湾で黒船が焼き沈められた事件について詳細に語られていた。家康がチャンパ（ベトナム南部にあった国）産の伽羅《きやら》（香木）を所望、それに応えた有馬晴信が六人の使節を派遣する。ところが途中の天川《あまかわ》（マカオ）に寄港中、黒船（ポルトガル船）のカピタンたちと喧嘩《けんか》になり、六人は討ち果たされる。報《しら》せを受けた晴信は、家康に報告、その上意により黒船を召し捕ることとなる。折から、件《くだん》のカピタンは商売のため長崎に渡航しており、危険を察知して出港しようとする。そこへ駆けつけた有馬方の軍船と交戦になり、敵は放火用武器の「火がめ」を投げて抵抗するも、煙硝《えんしょう》がめ（火薬入れ）に火が入り爆沈、夥《おびただ》しい荷物が引き上げられた。

この一件は、人々によほど強烈な印象を残したらしく、岩瀬文庫で見た、元禄三（一六九〇）年刊の『唐船来朝図長崎図』に「黒船焼き沈め候所」がわざわざ描かれる。幕末に渡来する外国船も、ことさらに黒船と呼ばれたし、それは外圧を象徴する語として、現代にも生きている。

昔の日本人にとって黒船は、根源的な恐怖の対象である一方で、富をもたらすものでもあったことがわかっている。愛憎相反する二つのイメージは、いまだにわれわれの心の奥底にこびりついていて、冷静な対応をむずかしくしているのではないか。アマゾンやグーグルを日々利用しつつ、そんなことを考える。

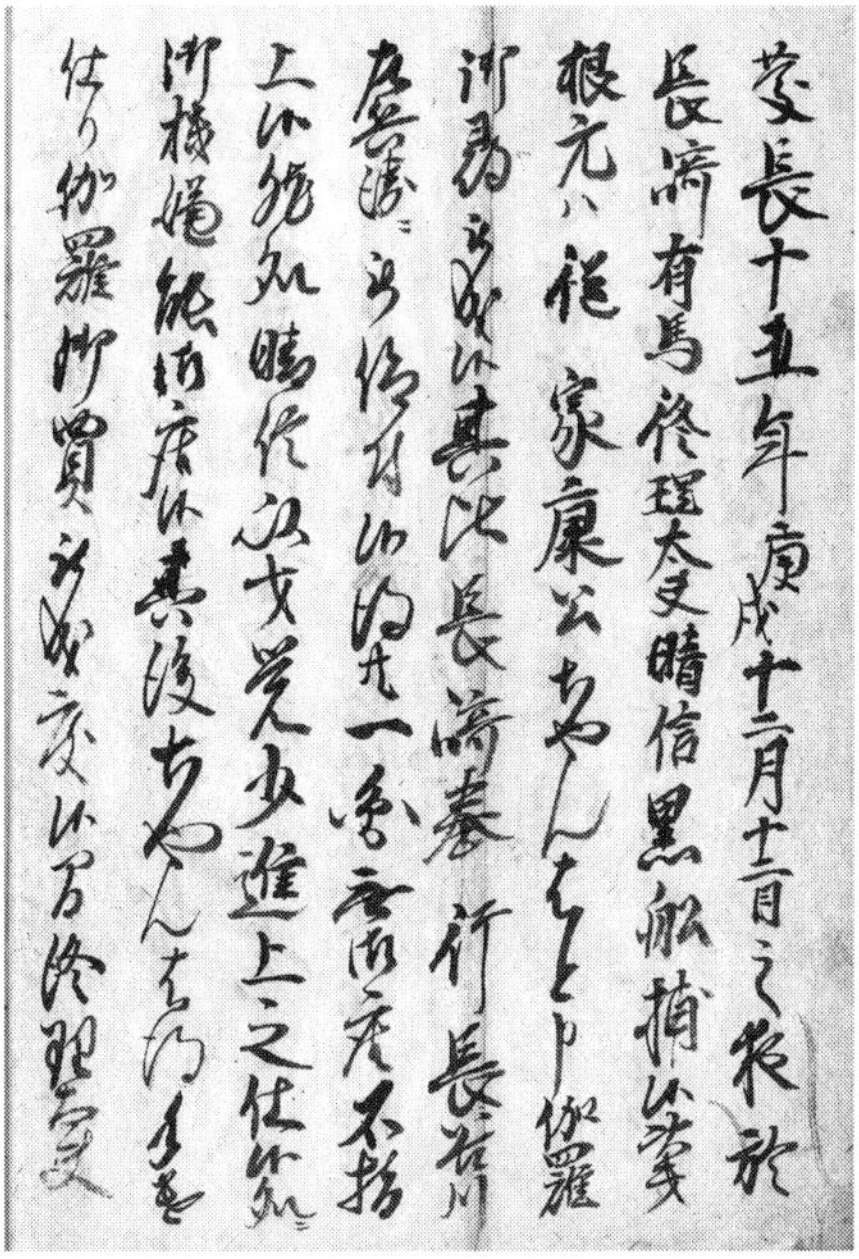

『御当家御先祖物語』

人は走らなかった!

日常語について解説する奇書――当国鄙言勿通理草噺

『当国鄙言勿通理草噺《とうごくいなかことばもつつりくさばなし》』という江戸時代後期ごろの写本一冊。著者も成立年も不明、塩村蔵本以外に知られないという謎の本だ。

書名の「当国」とは越後（新潟）をさす。ある夏の日のこと、岡という納涼の景勝地（中魚沼郡津南町《つなんまち》にあるそうだ）の茶店で、年老いた農夫がため息をついて、「やれやれ、いっこに、のくとくて、もっつり、しんのや」とつぶやく。一向に温かくて、ひどくつらいといった意味の田舎ことばらしい。それを聞いて、店にいた裕福な商人風の若者二人が、ぶっと吹き出す。それを契機に、実はたいへんな知識人であった老人の饒舌《じようぜつ》な語りが始まり、敬服した若者の問いに、老人が次々と答えるという、架空の問答の趣向だ。

主な話題は、当時、越後辺で普通に話されていた、方言を含む日常会話の表現について、ことばの由来や意味を丁寧に解説するというもの。牽強付会《けんきょうふかい》を含むものの、老人の説明には、参考となる見解も少なくない。たとえば、急いで行く意味の「飛ぶ」について、こんな説明があった。

「飛ぶは〈鳥飛ぶ〉〈虫飛ぶ〉など、こちらよりあちらへ、中に足をつけぬことなれども、〈飛ぶがごとく〉といふ時は急ぐことなり。〈駆けて来へ（来い?）〉は馬よりいい、〈走って来へ〉

は犬や猫の類よりいうなり」。

たしかに「飛ぶ」は鳥や虫などにいう語で、人に使う場合は比喩的な表現だ。しかし、「駆ける」や「走る」も同様だったとは、もはや日本人の多くは忘れてしまっているのではないか。

江戸時代前期の延宝四（一六七六）年に成った『類船集』という偉大な連想語辞書がある。そこに「走る」の連想語として挙げられているのは、蟹《かに》、犬、狐《きつね》、小鮎《こあゆ》など人間以外のものばかりで、人に類するのは、童《わらべ》、科人《とがにん》、早使いなどわずかしかない。つまり、かつて人は走らなかったのだ。

私の記憶では、日本で緊急時以外に普通の大人が走るようになったのは、前の東京オリンピックで初めてマラソン中継を見てからのことであるように思う。それ以前、ランニングを趣味とする人は、いたとしても少数で、肩身の狭い思いをして走っていたのではなかろうか。

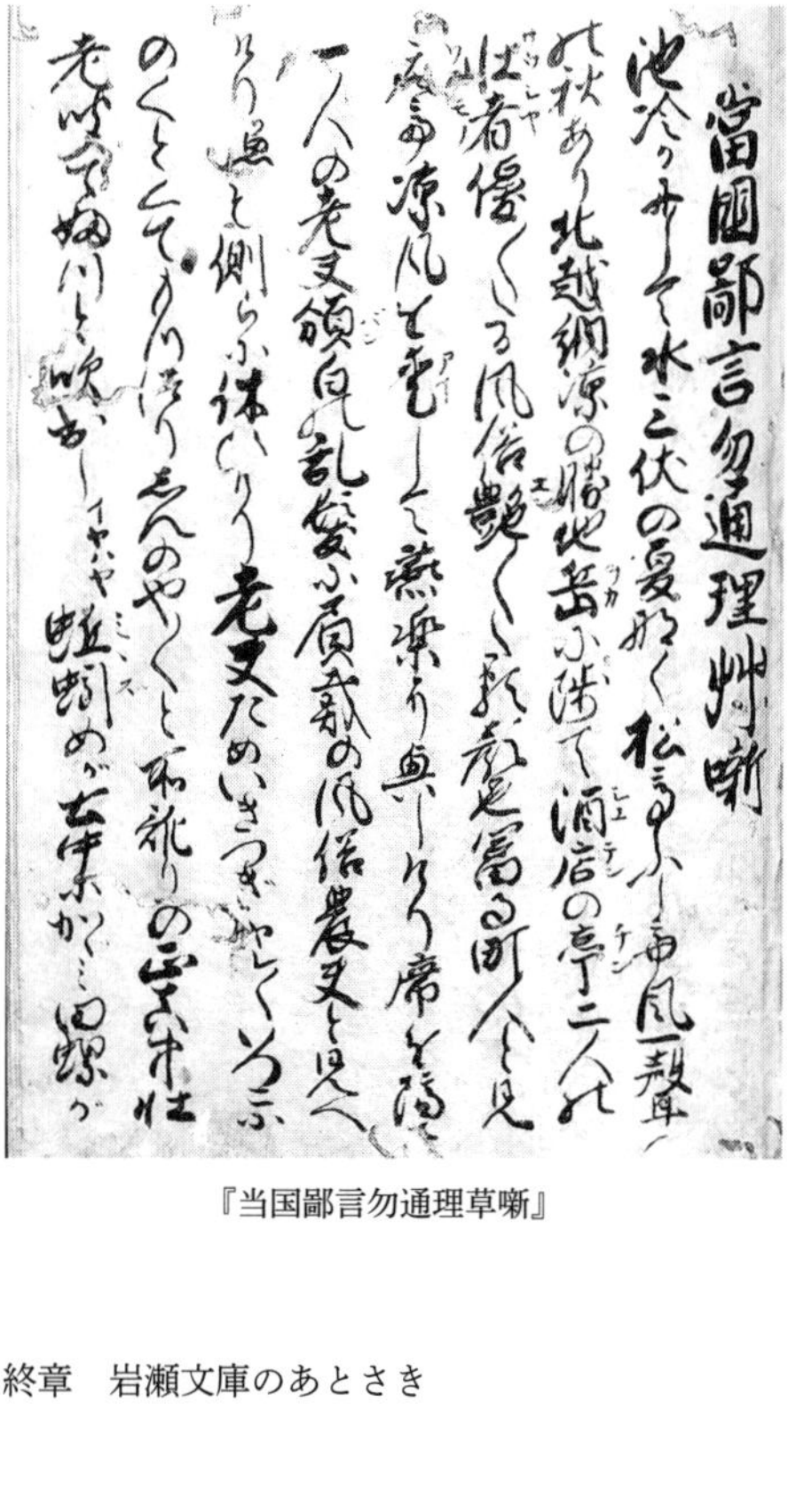

『当国鄙言勿通理草嘶』

「女よけ」伝授の刷り物

日本のエフェメラ――女よけ七ヶ条

たとえばポスターやチラシ、マッチ箱のラベルなど、通常の書物に比べ、保存を期していない、滅びやすい紙の資料類を、英語でエフェメラという。カゲロウのように短命なものを意味するギリシャ語に由来し、欧米の人文学では重要視されているそうだ。日本でも伝統的に、そういったものの価値は認められ、収集する人も多いのに、エフェメラみたいな総称がない。漢語でも同様らしい。それは口惜しい事態なので、仮に蜉蝣《ふゆう》（＝カゲロウ）資料と呼んでおく。世間では通用しない用語なので、念のため。

さて、岩瀬文庫の創設者、岩瀬弥助は蜉蝣資料を好んだ一人だ。たとえば、略縁起類を大量に集めている。有名な社寺や名所の由来を記した一枚刷や数丁の刷り物で、近年になってようやくその価値が注目されだした。全国でどれくらいあるのか、全貌は不明だが、岩瀬本については、書誌データベースに概要を記しておいたので、基礎資料となるはずだ。

あるいは、弥助自身の作った張込帖《はりこみじょう》（スクラップブック）が文庫に残されており、中に大正十二年の関東大震災で罹災し、西尾に避難してきた人たちが持っていた罹災《りさい》証明書や罹災者乗車船証の類が九十二点も貼ってある。たぶん支援半分、金品と交換して集めたのだろうが、蜉蝣好きの血が騒いだに違いない。

その帖に「女よけ七ヶ条」という江戸時代後期のふざけた一枚刷があった。「衣服は垢《あか》の付きたるに限るべし、虱《しらみ》は多きをいとわず（いくら多くともよい）」「歯を磨くべからず、髭剃《ひげそ》るべからず、爺《じじ》むさきこと専一《せんいつ》なり」「物言い、生聞《なまぎ》き（知ったかぶり）なること勿論《もちろん》なり」「金銭をきれいに遣うべからず、ただし、見栄坊《みえぼう》を言うことは苦しからず」などという七ヶ条で、これを守るならば「生々《しょうじょう》世々《せぜ》（永久に）女に好かるることあるべからざるものなり」という。女にもてる秘伝などと称して、色街で売り歩いたものだろうか。

　同じ刷り物は早稲田大学にもあり、ネットで画像が公開されているので、女にもてて困るという男性は、全文を参照されたい。そちらは包み紙が残っており、「女除《おんなよけ》之守《のまもり》／武蔵坊」とある。武蔵坊弁慶は女嫌いの代表とされたからで、洒落《しゃれ》がきいている。

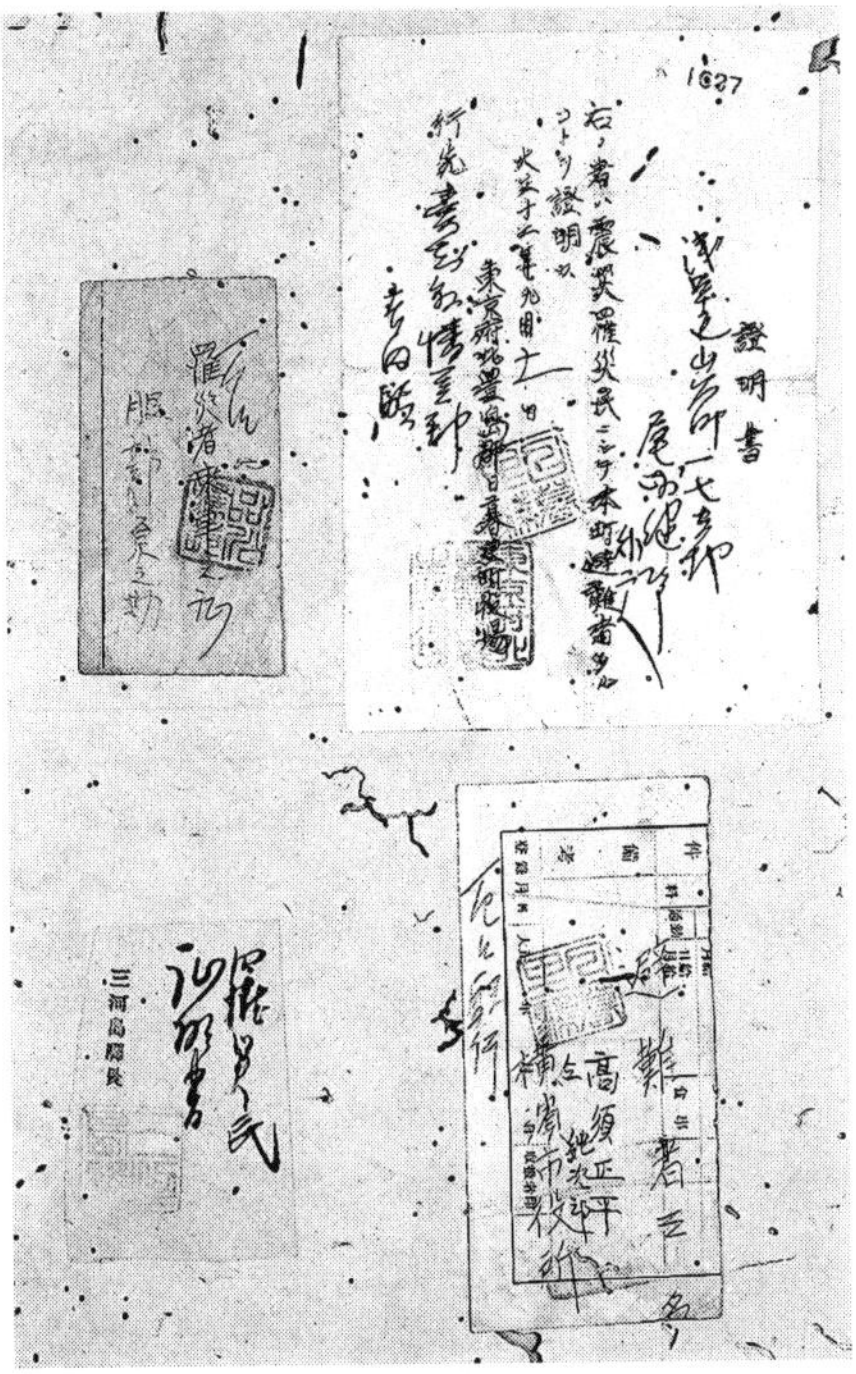

『張込帖』

蔵版書の意義

書物文化の質を保証――西村屋与八の出版見積書

一枚の古文書がある。まずは全文を読んでいただこう。

「覚／一、七百弐拾匁《もんめ》也。紙数六拾丁／上下物、表紙白、角包／弐百部、筆工・彫板等代、紙代共《とも》一式／右弐百部出来《しゅつたい》、其後《そのご》ハ百部ニて百七拾匁、百八拾匁位。／右之通、荒増《あらまし》見積《みつもり》申上候。以上／十二月八日　西村与八／河合正阿様」。

江戸馬喰町の老舗の本屋、永寿堂西村屋与八の出した出版見積書だ。おおよそ文化年間（一八〇四〜一八）ごろのもの。

丁数全六十丁（一丁とは袋綴《ふくろと》じの本の紙一折り分で、二頁《ページ》に相当する）の上下二巻本。シンプルな白色表紙に角包み（本文の背の上下の角を、紙が折れ込まないように色絹で包むこと）を施した製本。これを二百部、出版するのに、諸経費がしめて銀七百二十匁、ざっと百二十万円くらい、再版分以降は版木を作る経費がないので、百部につき百七、八十匁、三十万円くらいかかるというのである。小さくない金額だが、当時の出版経費がおおよそどのようなものだったたか、よくわかる。

本屋が経費を負担する一般的な商業出版に対して、こういった自費出版的な書物のことを蔵版書という。蔵版の版とは版木のことで、出資者が版木すなわち版権を所有するという意味だ。

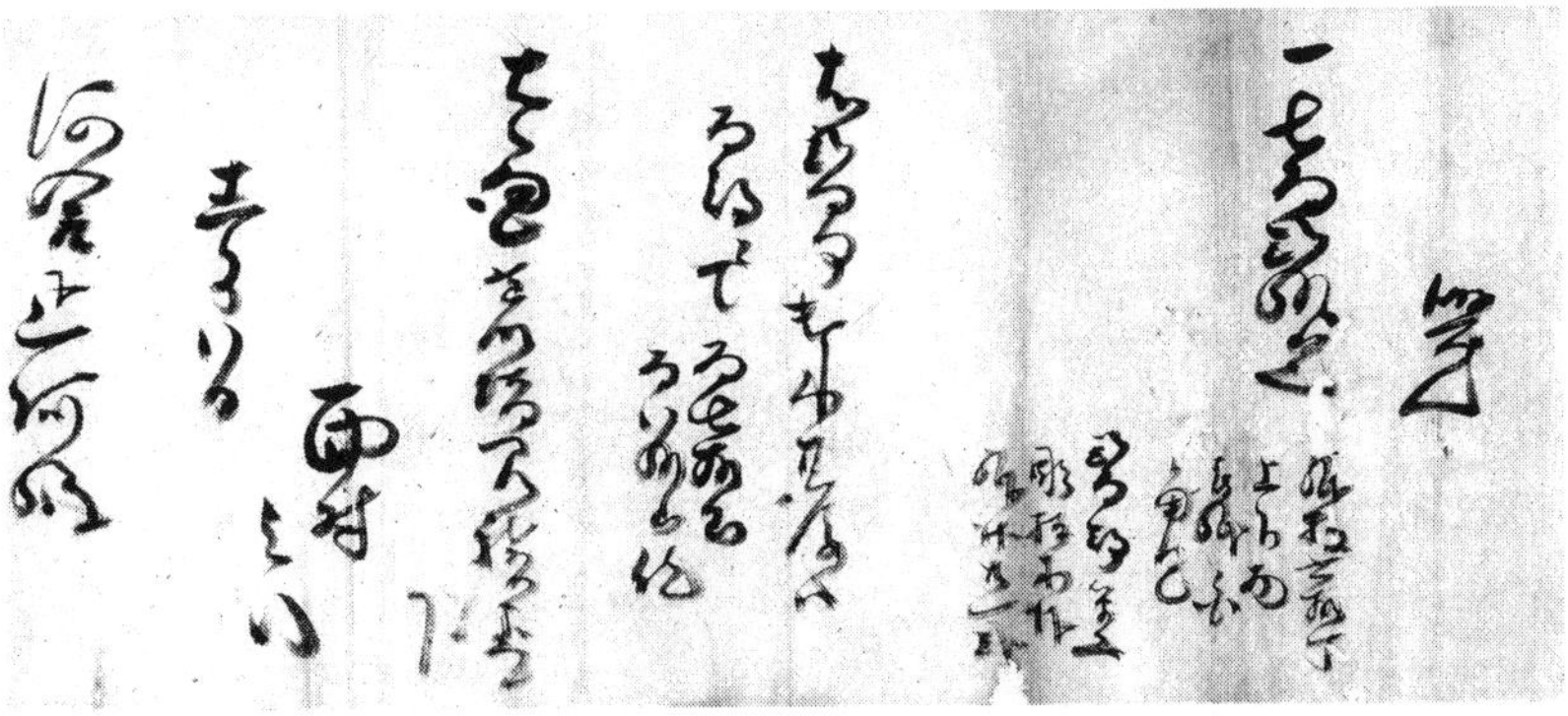

西村屋与八の出版見積書

いつの時代も同様、商業出版には見合わなくとも、刊行しておくべき書物がある。書物の命は悠久で、その価値は長い目で見てやらないといけないからだ。蔵版書は、江戸時代の書物文化の質を保証する存在でもあった。

文書の宛先の河合正阿《しょうあ》（一七七六〜一八三八）とは信州諏訪郡矢ヶ崎村（長野県茅野市本町）の人。若いころに諸国を遊歴し、長崎で蘭方《らんぽう》医学を学んで帰郷、医業の傍《かたわ》ら、和漢の学問を深め、さらには俳諧を能《よ》くした。実際の刊行物は不明だが、江戸で自著を出版しようとしたらしい。

出版史の解明に資する、この文書は二年前の秋に浮世絵のオークションに出たもの。西村屋は浮世絵の有力な版元でもあるからだ。一般の古書市場に比べ割高で、歯を食いしばって応札、最低価格で落ちたものの、手数料とも九万九千円也。江戸時代の文化の基盤をなした出版については、まだまだこういった直接資料を集積する段階にある。

明治の遊戯解説書

かわいい歌、脳裏に響く――小児遊戯法

『日本古書通信』に載る古書目録から、書名に惹《ひ》かれて『小児遊戯法』という和本一冊を買ってみた。明治三十年に書かれた写本。当時の小学校で行われたさまざまな「遊戯」約百種類について、遊び方や所作、歌謡の歌詞などを収録している。

序文などはなく、詳細は不明ながら、表紙に小学校の卒業証書の書き損じを裏返しにして折ったものを流用している。それは明治三十年三月、徳島県名西《みょうざい》郡神領《じんりょう》村立神領尋常小学校が明治十七年三月生まれの杉本佐平君に授与しようとした証書だ。この学校は現在、徳島県名西郡神山《かみやま》町《ちょう》神領にある町立神領小学校の前身らしい。

著者は「桃源菊潭《きくたん》の童子」を筆名とする人で、同校の教師だろう。この種の資料がよくあるものなのかどうか知らないが、既成の本の写しではなく、草創期の小学校教師の熱意が産んだ労作であるように思われる。

巻頭は「蓮花《れんげ》」。手をつないで輪になって「開いた開いた、蓮の花開いた、開いたと思ったら、やっとこせとすぼんだ」と歌いながら、輪を広げたり、すぼめたりするもので、これは覚えがある。「やっとこせ」が古風でよい。

「民草《たみくさ》」は近隣の高畑《たかばたけ》尋常小学校（同郡石井町立藍畑《あいはた》小学校の前身）の教諭「林亀子嬢」（嬢は未婚の女性に付く敬称）より贈られた別紙を綴じ込む。「民草の栄ゆる時と苗代《なわしろ》に水堰《せ》き入れて……」の唱歌を歌いつつ、稲作の諸作業を象徴する所作を行う。

「鴿《いえばと》」は輪になった生徒を籠《かご》に見立て、中に鴿役の生徒四、五人を閉じ込め、「鴿の巣の戸開きて放ちやる行方《ゆくえ》やいずこ……」の唱歌を歌いながら、鴿が籠を出入りする。そして円周の一人が鴿に「どこへ行きて来ましたか」と問い、「大滝山へ行きました」などと問答を行う。大滝山は徳島城下の近郊にある景勝地で、戦前は桜の名所だったらしい。神領の子どもたちも遠足で出かけたのだろうか。

ありがたいことに、右の優雅な唱歌をはじめ、所収の歌謡には数字譜（数字と簡単な記号による楽譜）が付記されている。つまり、四国山間部の美しい山河に響きわたった、子どもたちの歌ごえを、脳裏に再現することができる。

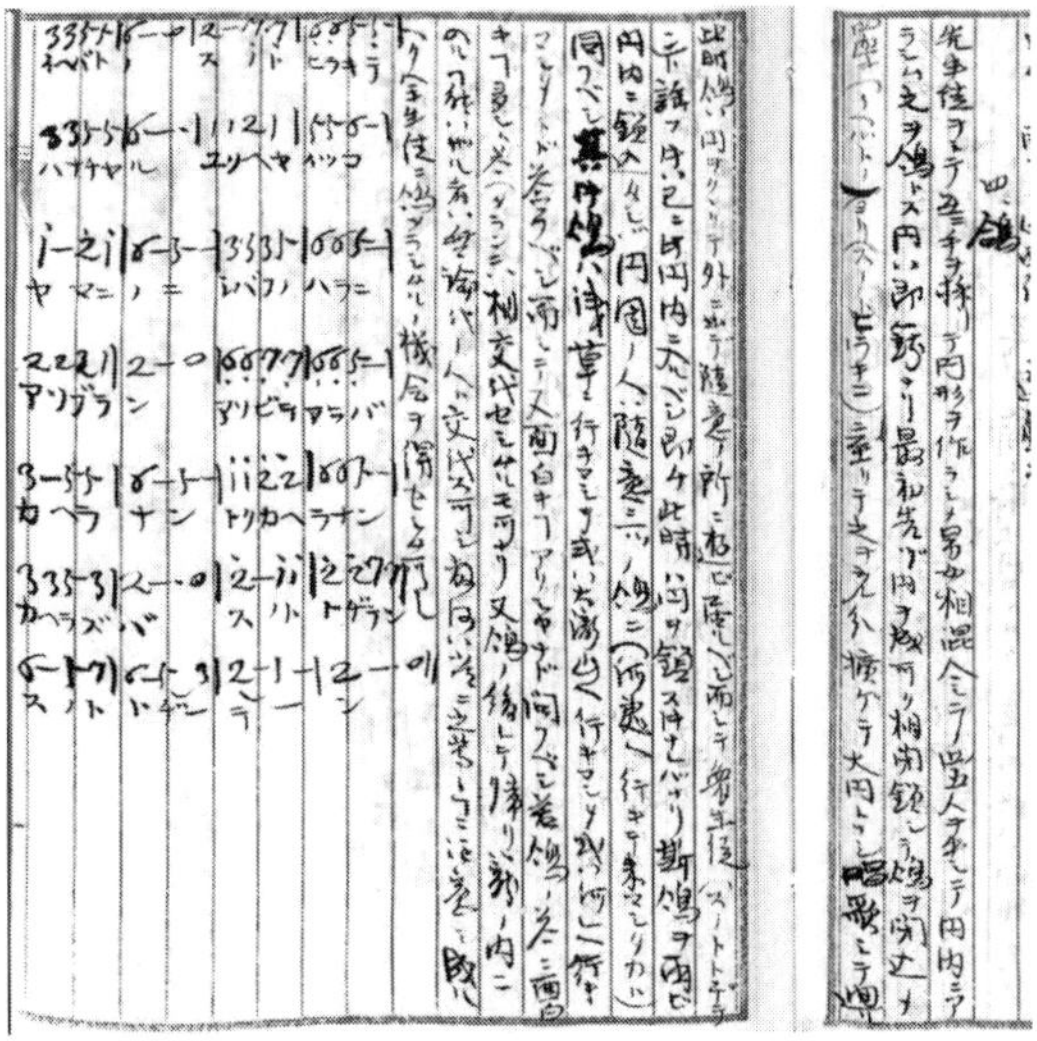

『小児遊戯法』

少年事件への配慮

「今後も仲良く」と役所が諭す——手明村願書

岩瀬文庫の功績の一つは、明治大正期に全国の役場から廃棄された行政文書類を大量に救出したことである。もしもここで拾われていなかったならば、古紙のリサイクルに回されたことだろう。そんな文書の一つ、「福島県雑記録」として一括された資料の中に「手明村願書」という帳面がある。その末尾に、興味深い事件の記録があったので紹介しておこう。

享和二（一八〇二）年、飯野村（福島市飯野町）の弥七郎が、地元を支配する川俣役所（幕府の代官所）に恐れながらと書面で訴え出た。同人が所持する石平という山に、切った薪木《たきぎ》を積んで置いたところ、正月十四日の晩に何者かが火を付け、百六十駄余りを焼き払ってしまった。現場に「友吉」と記した書き付けが落ちていたため、友吉少年の家に出かけ、祖父と父の立ち合いのもと、問いただしたところ、一切を白状、甚七倅甚右衛門以下十五名の少年による悪事と判明した。そこで彼らを召し出して吟味してもらいたいとの願書だ。

想像するに、正月十四日の晩だから、これは左義長《さぎちょう》（どんど焼き）だろう。今も各地で行われる火祭りだ。その延長で、調子に乗った少年たちが薪木を積み上げて盛大にファイアストームを楽しんだのだろう。

これに対して、訴えが役所に取り上げられてはたいへんと、少年の親たちはすぐに相談し、五大院と観音寺という村の寺に間に入ってもらい、元通りに薪木を積み上げ、弥七郎に「侘《わ》び誤り一札」（謝罪の証文）を入れたところ、内済《ないさい》、つまり表沙汰にせず、訴訟を取り下げてもらうこととなった。まずはめでたしめでたし。

面白いのは、これに付け加えられた一通の文書だ。事件発覚のきっかけを作った友吉に対して、ほかの少年たちは憎んだりせず、「朋友《ほうゆう》の情合《じょうあ》い」をこれまでの通り続けるよう、役所で説諭されたらしく、少年たちはその通りにする旨を誓約した一札を差し出している。

自分のしたことは棚に上げて、「ちくった」などと通報者を恨むのは、未熟な少年のいかにもやりそうなことだ。少年に対し、こんなきめの細かい指導が江戸の昔から行われていたことがわかる、嬉しい資料ではあるまいか。

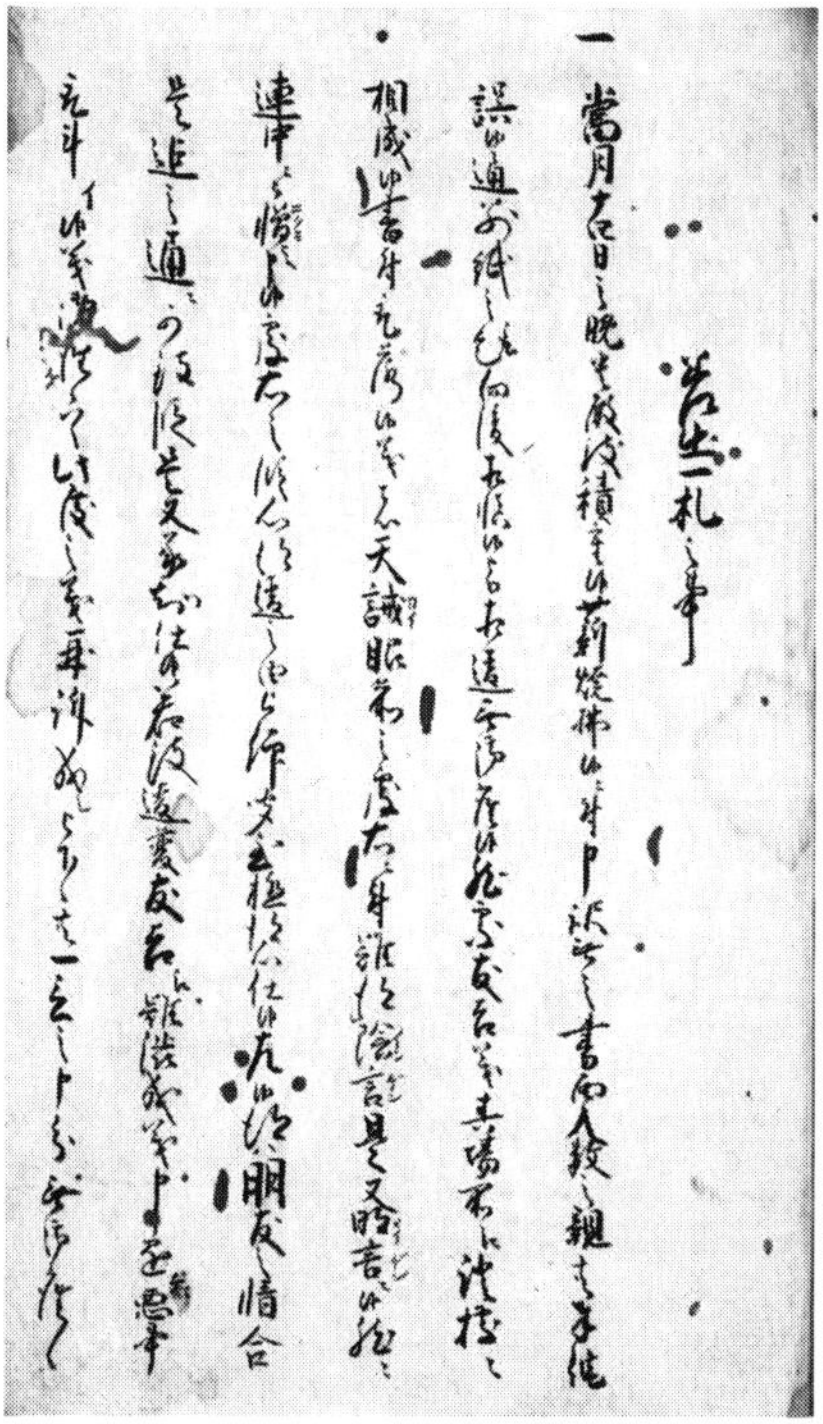
「手明村願書」

書物の敵

貴重書を死蔵する収集家は極悪──木村兼葭堂書簡

庄司浅水《しょうじせんすい》『書物の敵』は、英国の書誌学者ウィリアム・ブレイズが一八八〇年に刊行した同名書に基づき、取捨補正を加えた古典的名著だ（講談社学術文庫などに所収）。火、水、害虫など書物に害を与える敵を列挙し、結局、人間、なかんずく貴重な書物を集めて死蔵する収集家が極悪と結論する。

もっとも買った本を読まずに積んでおくというのは、読書家の多くが経験するところだろう。しかし、せっかく手に入れた貴重書を、読みもしないで独占するというのは、憎むべき行為だ。

とりわけまずいのは、書物が放置されることで、そういう本は知らないうちに虫が食っていたりする。ある旧家で、江戸時代の代々の日記が保存されているのを見たことがあるが、三日坊主的で記事の乏しい当主の日記は、虫損が甚だしかった。後の世代に参照されなかったせいだろう。

したがって、よほどの貴重書を除き、古書は適当に閲覧に供した方がよい。ところが、パソコンが進歩して、デジタル画像が普及するにつれ、原本を見る機会が少なくなった。将来の書物の敵は、画像となるやもしれない。

別の意味の放置から、貴重資料を失いかけたことがある。

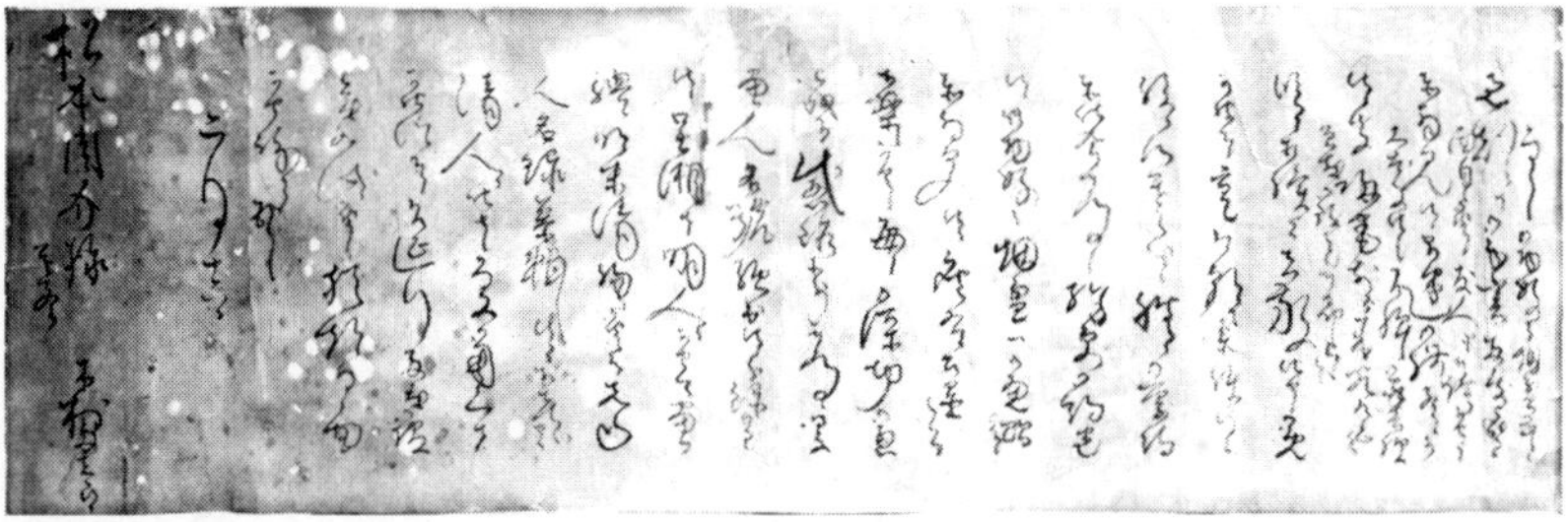

木村蒹葭堂書簡

その年の正月早々、近世中期浪華《なにわ》の巨人、木村蒹葭堂《けんかどう》（一七三六～一八〇二）の自筆書簡をオークションで入手した。宛名の松本周介とは、松本奉時《ほうじ》のこと。ユーモラスな蛙《かえる》を好んで描いた、大阪の異色画人だ。煙草《たばこ》盆を贈られた礼、中国画人の名号についての情報などが記される。

「こいつは春から」と悦に入り、机上に無造作に置いたところ、正月明けのゴミ出しに殺気立つ家人にゴミとして出されてしまった。すぐに環境局に連絡、名古屋港近くの巨大なゴミ焼却場に駆けつけた。フロアに広げて下さった収集車一台分のゴミは小山の如《ごと》くで、一目見て私は内心諦めた。ところが探し始めて間もなく、家人が「あったー」と見つけ出したではないか。何でも、同じゴミ袋に入れた息子のメモ書きの筆跡が、目に飛び込んできたという。まことに女の一念おそるべし。

こわごわ開いた袋の中から、全く無傷の手紙が出てきた。それを囲んで、収集車の皆さんがまるで我がことのように喜んで下さった。大迷惑を掛けたのに……。今でもその時のことを思うと、忝《かたじけな》さに目頭が熱くなる。

俗語の妙味

卑俗なことばを収録した俳諧辞書――名所山水辺居所人倫文体

　岩瀬文庫は西尾の地に突然出現したのではない。そのルーツは、江戸時代の文政六（一八二三）年、西尾近郊寺津村（西尾市寺津町）にある寺津八幡社の神主、渡辺政香《まさか》（一七七六〜一八四〇）が公開図書館として神社に付設した文庫にある。書物の公開を通して、地域の文化振興と書物の永久保存を願った政香の志を、岩瀬弥助は巨大な規模で引き継いだのだった。

　政香の旧蔵書は岩瀬文庫に吸収されて現存する。そのうち「政香雑録」として一括される雑多な写本群の中に、興味深い資料があった。『名所山水辺居所人倫文体《さんすいへんきよしょ》』と題した手製の俳諧辞書だ。政香よりも一時代前、享保（一七一六〜三六）ごろの写本。

　たとえば「馬糞《ばふん》先生／儒者なり。元は有徳《うとく》の人（金持ち）なりしが、弟に世を譲りて、常に馬糞をかきて、歩きながら書を読み給《たま》う。故にこの名あり。句に、賢人酒飲む馬糞先生」。当時、こんな奇人の先生がいたらしい。句の作例を示すが、説明がないと、意味がわからないところだ。他に「猫先生／江戸の人、儒者なり。猫を多く飼いて愛せし人とぞ」「干鱈《ひだら》先生／大儒なり。常住の食事に干鱈を好みて喰《く》う故、この名あり」など、学者は変人が多い。かの中根東里《なかねとうり》が講書のかたわら、草履《ぞうり》を作って売ったので「皮履《ひり》先生」と呼ばれたことが思い出される。

また「羽織着た屋根／破れたる屋根へ菰《こも》など当てたるをいう」「如来手／碁を打つ時の手つきをいう」「天竺《てんじく》肌／左の方の肌を脱ぐことなり」「弓取《ゆみとり》上戸／燗鍋《かんなべ》（酒を温める弦《つる》の付いた鍋）の弦へ手をかける故、この名あり」「簀垣《すがき》上戸／大上戸をいう。何ほど酒を呑《の》みても腹にたまらず下へ抜ける」、これらは辞書にも見えぬ表現だ。

総じて俗語は盛衰が激しく滅びやすい。中世以前には書き留められることさえ稀《まれ》だった。江戸時代になって俳諧文芸が発達して、初めて文字の世界にすくい取られるようになった。俳諧はその点で文化史に甚大な貢献を果たした。

本書に収録する語彙《ごい》は卑俗さが際立っており、伝統的な俳諧ではなく、雑俳（川柳など遊戯的な俳諧）の参考に供されたものだろう。政香旧蔵書の中に、古い雑俳の版本があり、政香の何代か前に熱心な愛好家がいたらしい。

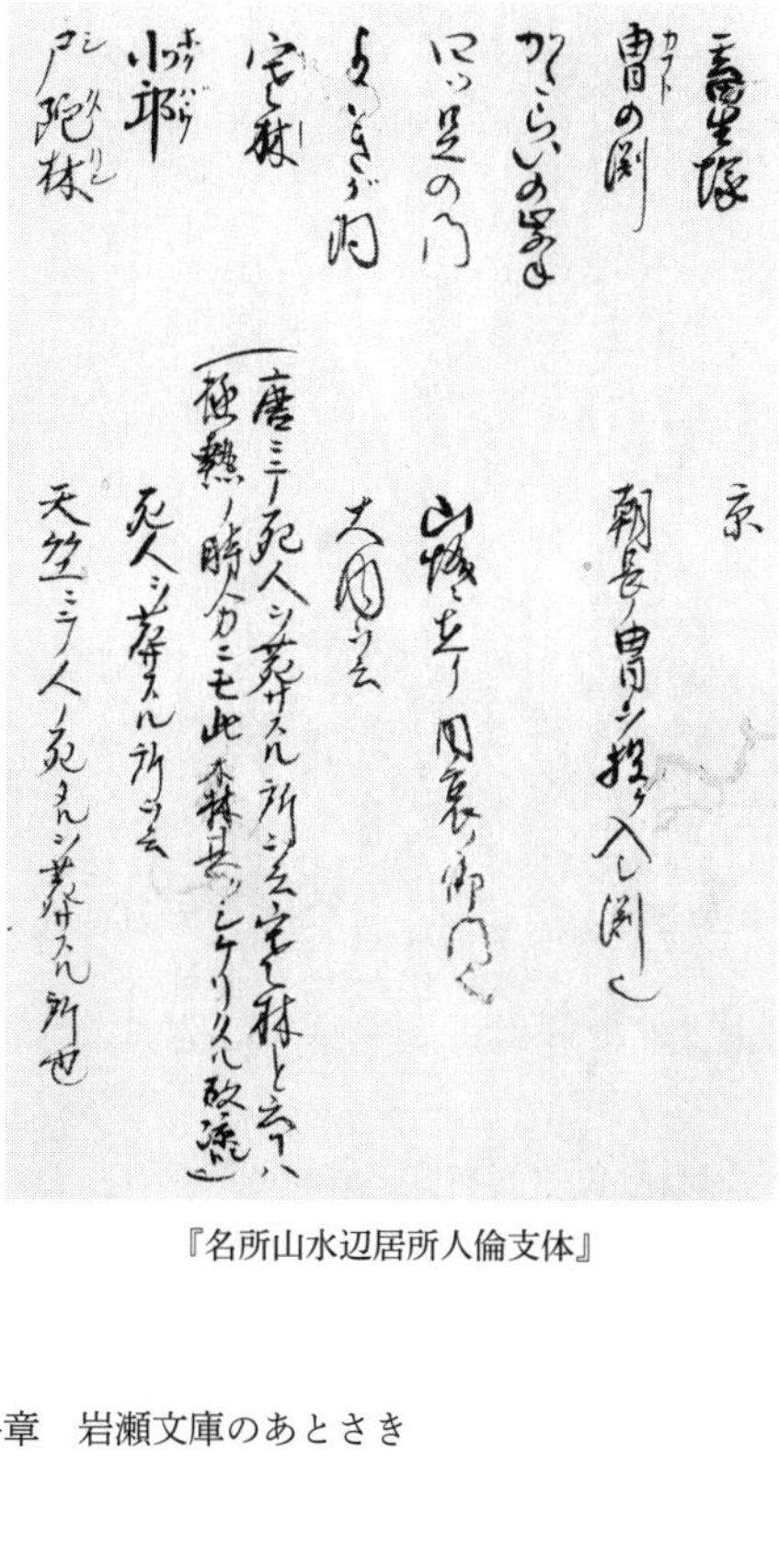

『名所山水辺居所人倫支体』

岩瀬弥助と古書店

豪傑　独自に値引率設定――松雲堂の納品書

二〇〇〇年六月に着手した岩瀬文庫所蔵古典籍の全調査も、配架番号の付いた資料については、二〇一九年夏に終了し、その後は残された未整理資料について落ち穂拾い的な調査を進めている。そんなある日、文庫内の古紙の堆積の中から、文庫創設者である岩瀬弥助（一八六七～一九三〇）に宛てた古書店の手紙や領収証の類が一山出現した。

数年前にも同じような書簡の束が出現、それについては『三河に岩瀬文庫あり』（二〇一六年刊）で触れたが、今回のものと併せることにより、文庫草創期の弥助の奮闘ぶりが、より鮮明にわかるようになった。

図版は、かつて大阪船場にあった古典籍専門の伝説的古書店、松雲堂鹿田静七が、明治四十二年四月に寄越した納品書の一部だ。文庫はその前年の五月に私設図書館として開館している。この時は『新撰類聚《しんせんるいじゅう》往来』『国文《くにつふみ》世々《よよ》の跡』はじめ二十九点の古書を送られ、請求金額は三十三円三十銭。明治末年の一円は、今の一万円くらいに相当する。欄外に「内2・050返／12・930／2・210割引／差引41・970」とあり、これは岩瀬弥助による書き入れだ。その謎解きをすると、以下のようになる。二十九点のうち返品したものが四点あり、その金額が二円五銭。十二円九十三銭は未払い金と思われる。計四十四円十八銭が今回支払うべき金額となる。次の二円二十一銭は、そのほぼ五％に相当し、これは弥助が設定した値引き率で、それを差し引いた四十一円九十七銭を送金したというのである。

弥助は古書を買うのに、必ず値引きをさせた。それも売り手の承諾を得ず、相手に応じて値引率を独自に設定して、ぽんと送金する。これは豪傑のなせるわざだ。よい子は真似《まね》をしてはいけません。

ここでは五％引きとしているが、これは最もおとなしい方で、松雲堂が格式も見識も高い大古書店だったからだろう。店によっては三割近い値引きをさせている。

筋金入りの商人である弥助が、こんな風に精魂を傾けて、少しでも多くの古書を集めてくれたのだ。その結果、ざっと見るだけで二十年もかかるような分量の古書が今に残された。その苦心を、われわれは忘れるべきではない。

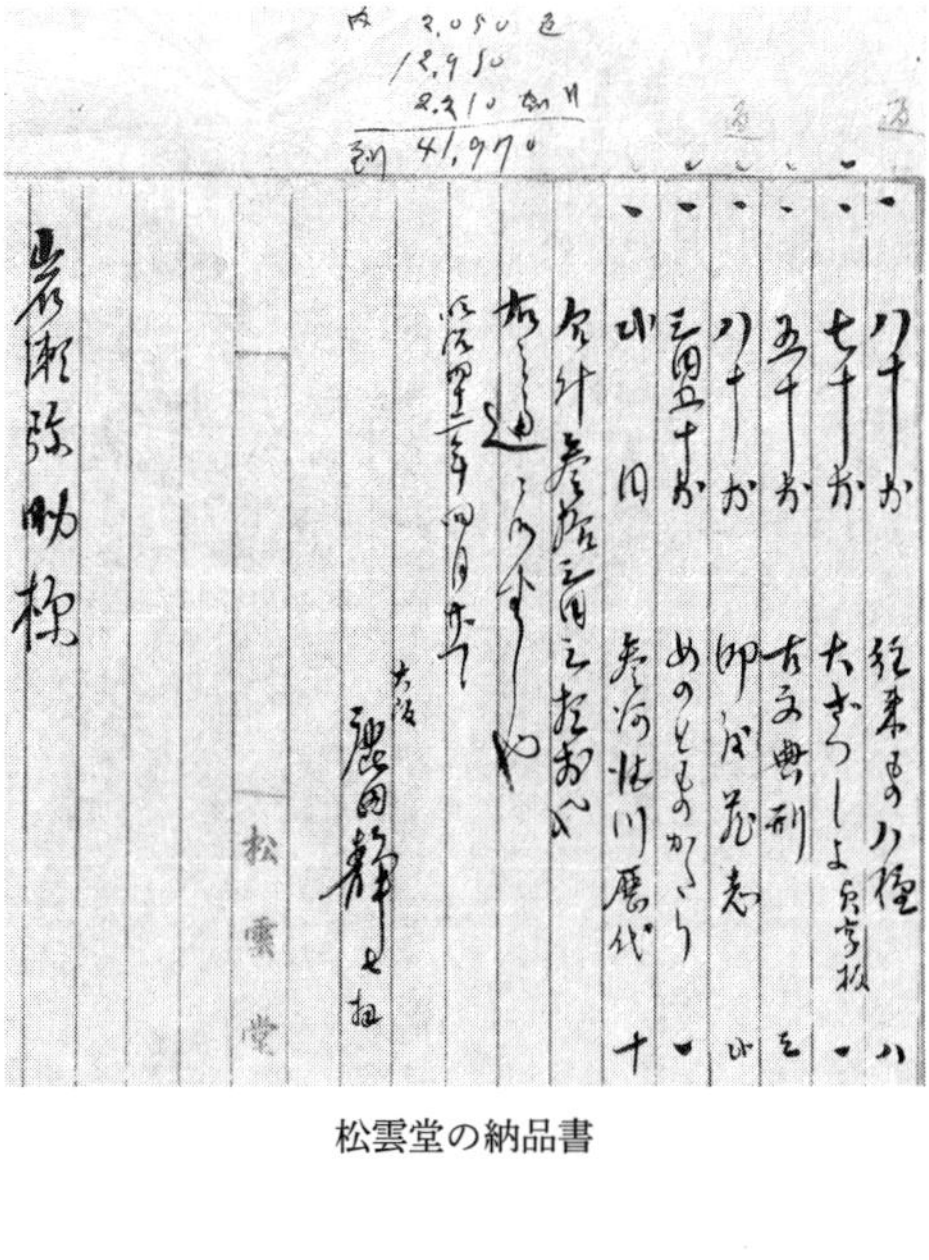

松雲堂の納品書

西尾市岩瀬文庫所蔵資料掲載リスト

頁	資料名
7,19	『東里先生遺稿』　168－38　1
9,21,137	『東里外集』　168－38　1
15	『旗峯先生文録』　168－116　1
27	『徳本上人勧誡聞書』　148－55　3
39	『現文部大臣の国語科の説に就て』　162－229（「藤園襍誌」の10）　13
43	『今昔物語集』　67－121　28
45	『麻奴廼周散斐追加』　152－234　3
47	『想山著聞奇集』　136－49　5
51	『実説奇談紫陽花著聞』　76－112　3
53	『新古茶話雑談軽口噺』　146－18　2
57	『長寿貝由来』　126－78　1
59,117,177	『見聞随筆』　136－54　9
61	『希有談』　52－219　1
69	『当世はなしの本』　95－27　1
81,101	『絵図第一之巻』　丑－1（「山田家秘伝巻物」の2）　13
83	『中川家文書写』　2　38-62
89	『八盃豆腐』　95－183　1
93	『先賢遺墨』　辰－106　1
97	『話稿鹿子餅』　120－73　1
99	『切腹口訣』　166－150（「剣法類聚」の16）　23
103	『買櫝雑話』　151－102　1
107	『刪補長寿養生論』　100－6（「長寿養生論」）　6
109	『上杉軍記』　140－122　23
111	『石山再来』　143－6（「近畿遊覧遺稿」の11）　11
129	『三十三間堂絵図』　寅－271　1
153	『茶譜茶話聞書空也堂来由』　180－124　1
161	『蓑唱老稿初編』　145－15　1
165	『用因抄』　18－14　1
169,179	『木曽山中材木伐出絵図』　寅－42（「雑図一束」の11）　19
171	『阿之折記行』　152－176　1
175	『伊豆濃国懐記行』　143－30　2
181	『三河みやげ』　84－188　1
185	『後昔安全録』　37－62　1
187	『蟻息』　166－43　1
189	『三都角力番附』　辰－101　14
191	『洗湯手引草』　34－79　1
195	『山中日記』　127－82　1
199	『掃墓餘談』　166－55　1
201	『東都佳城墨影集』　子－402　4
203	『異域同日譚』　78－85　3
207,213	『張込帖』　50－10　1
219	「手明村願書」　166－149（「福島県雑記録」の2）　3
223	『名所山水辺居所人倫支躰』　168－84（「政香雑録」の11）　17
225	「松雲堂納品書」

※本文掲載資料名と西尾市岩瀬文庫所蔵資料名は異なる場合があります。

西尾市岩瀬文庫

明治41（1908）年、愛知県西尾市須田町の実業家・岩瀬弥助（1867-1930）が、本を通した社会貢献を志して創設した私立図書館として開設。第二次大戦後に文庫の運営が困難になった時、存続を希求する市民の運動に応え市が蔵書を一括購入し、昭和30年４月より文庫を引き継いだ。平成15年4月日本初の「古書の博物館」としてリニューアル、平成20年には創立100周年を迎えた。重要文化財をふくむ古典籍から近代の実用書まで、幅広い分野と時代の蔵書8万冊余りを保存・公開し、日本の本の長い歴史やゆたかな文化について体験しながら学べるユニークな展示を行っている。

岩瀬文庫創設者、岩瀬弥助の胸像と著者

あとがきにかえて

コロナとコロリ

「昔はものを思わざりけり」という恋の古歌の下の句は、非日常の事態に遭遇した際の感懐に最もふさわしい、古今の名言というべきか。神ならぬ人の身は、時を超越して何かを思うことがむずかしい。

このあとがきを書いている今は、令和二（二〇二〇）年四月十七日。コロナ禍に伴い、政府の緊急事態宣言が全都道府県に拡大された日だ。三カ月前の穏やかな正月の日々を想い出せば、つくづくと同じことを思う。それが、また何カ月か何年か後には、今は昔となり、あんな日々もあった、あるいは（想像するだに怖いが）あのころはまだましだった、などの感懐を持つのだろう。

１８４頁で取り上げた『後昔安全録』は、時をめぐる、そんな感覚を踏まえた表題だと思う。江戸市井に住む名もない一人の町人が、幕末の江戸を次々と襲った災厄、すなわち安政二（一八五五）年の大地震、安政五年と六年のコロリ禍、文久二（一八六二）年のコロリ禍と麻疹（はしか）禍、文久三年のコロリ禍をくぐり抜けた体験とその間の見聞を、臨場感ある筆致で詳細に書き留めた稀有な記録だ。

コロリとはコレラのことだが、さっきまで元気に生活していた者が、急に病を発してコロリと亡くなるという、特異な病態による転訛《てんか》で、当時の人は虎狼痢という漢字を巧みに当てている。その惨状は、著者が知人の死去に伴い、野辺送りに参加した際に目撃した「葬式の棺桶、何れの火屋（火葬場）にも、門内より裏の方に至るまで、山の如く積み重ねこれある事、前代未聞の儀と存ぜられ候」という光景に明らかだろう。市中の様子は「江戸橋へ参り申し候ところ、灯りをつけ、商い致し候見世（店）一軒もなく、見世を明けおるも少なく、盆提灯など出し候うちもなく、空は曇りおり候故、真黒闇にて、江戸の中央とは中々思われぬ位の淋しみにて御座候」などとある。コロナの緊急事態宣言下の繁華街とよく似ている。

そのような悲惨な状況の中にあって、著者をはじめとする人々は、さまざまな風説に惑わされおびえつつも、知人の看病や葬式の手伝いに、江戸の市中を歩き回り、淡々と日常生活を送っており、胸を打たれる。

「昔はものを思わざりけり」、それはその通りなのだけれども、人は古書を通して、未来に体験すべきことの幾分の一かは、未然に体験することもできるのである。

塩村　耕

索引

人名

資料名など

本書は、平成二十九（二〇一七）年十月より令和元（二〇一九）年十二月まで、中日新聞と東京新聞に連載した「江戸を読む」の原稿に、若干の手を入れて改編したものです。

塩村 耕（しおむら・こう）

名古屋大学大学院人文学研究科教授（日本文学）。1957年兵庫県生まれ。東京大学文学部国文学専修課程卒。専門は井原西鶴を中心とした近世前期文学、書物文化史など。2000年より岩瀬文庫の書誌データベース作りに没頭、2010年11月より「古典籍書誌データベース」のインターネット公開を開始。編著書に『三河に岩瀬文庫あり—図書館の原点を考える』など。

江戸人《えどじん》の教養《きょうよう》
——生《い》きた、見《み》た、書《か》いた。

発行日　二〇二〇年七月二十三日　初版第一刷発行
　　　　　　　　十月八日　初版第二刷発行

著者　塩村耕
発行人　仙道弘生
発行所　株式会社 水曜社
〒160-0022 東京都新宿区新宿一-一四-一二
電話　〇三-三三五一-八七六八
ファックス　〇三-五三六二-七二七九
URL : suiyosha.hondana.jp/

装幀　西口雄太郎（青丹社）
DTP　小田純子
印刷　日本ハイコム 株式会社

ISBN 978-4-88065-484-3 C0021

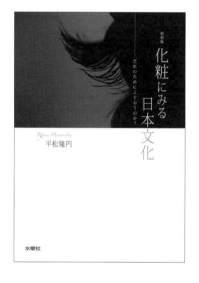

忍藩（埼玉県行田市）の下級武士が書き残した「石城日記」。
家族や市井の人々の交流が描かれた武士たちの日常生活を
知る貴重な記録。　オールカラー挿絵180点収録の大型本。

新訂 幕末下級武士の絵日記

その暮らしの風景を読む

大岡敏昭 著

ISBN 978-4-88065-459-1　本体価格2,500円+税

登場人物関係一覧と年譜を初掲載

全国の書店でお買い求めください。価格は税別です。